SOCIÉTÉ

DES

BIBLIOPHILES NORMANDS

TROIS CENT SOIXANTE ET SIX
APOLOGUES D'ESOPE

TRADUICTS

EN RITHME FRANÇOISE

PAR

MAISTRE GUILLAUME HAUDENT

REPRODUITS FIDÈLEMENT TEXTE ET FIGURES

D'après l'édition de 1547

AVEC INTRODUCTION, TABLE ET GLOSSAIRE

PAR

CH. LORMIER

ROUEN

IMPRIMERIE DE HENRY BOISSEL

—

M.DCCC.LXXVII

INTRODUCTION.

L'étude des grands écrivains du siècle de Louis XIV s'est faite longtemps presque exclusivement par la comparaison de leurs œuvres avec celle des écrivains de l'antiquité. C'était surtout le souvenir de l'art dramatique chez Sénèque et le style précis et nerveux de quelques historiens anciens que rappelait Corneille, Racine était volontiers comparé aux tragiques grecs, Molière mettait en mémoire la comédie d'Athènes et de Rome, Ménandre pour les uns, Plaute ou Térence pour les autres, et La Fontaine enfin, pour nous en tenir à ces seuls exemples, n'avait eu, semblait-on croire, comme devanciers et modèles qu'Esope et Phèdre.

De nos jours, abandonnant ce point de vue injustement restreint, les yeux ont scruté avec soin les nombreuses productions de notre littérature nationale au temps de ses débuts. Quelque grand qu'ait été le génie de ces hommes qui plus tard se sont imposés à l'admiration de tous, et qui ont fait leurs écrits le type par excellence d'un genre particulier, aucun d'eux ne saurait réclamer la gloire impossible d'avoir tout d'un coup fait française une partie quelconque de notre littérature. D'autres écrivains avant ceux-là, proclamés avec raison poëtes par leurs contemporains, avaient harmonieusement bégayé nos divers idiomes. Sous l'influence d'idées nouvelles, de mœurs différentes, d'une civilisation tout autre, ils avaient bientôt et comme à leur insu, abandonné la manière antique, trouvé des formes originales, admirablement préparé la voie. Il y a quelques noms de ces époques qui, mis en lumière par l'étude et la publication de leurs écrits, ont acquis une gloire universelle; il en est d'autres, phalange bien plus nombreuse et non moins intéressante, n'ayant pas droit à une aussi grande notoriété, mais méritant pourtant encore d'être connus, étudiés dans leurs œuvres, sources brillantes et fécondes auxquelles ont incontestablement puisé les maîtres du genre.

C'est au cours d'une étude sur les poëtes, qui avant 1668 s'étaient en France essayés à écrire l'apologue, que Guillaume Haudent fut retrouvé et révélé. Robert, conservateur de la Bibliothèque Sainte-Geneviève, reprenant en 1825 les recherches tentées une vingtaine d'an-

nées auparavant par Guillon sur les prédécesseurs de
La Fontaine, consacra quelques pages, peu bienveillantes
il est vrai, à notre vieux fabuliste rouennais, et citant
en même temps plusieurs de ses apologues, laissa prévoir l'intérêt qu'il y aurait à faire de cette partie de
son œuvre un examen plus complet. La difficulté de rencontrer le volume renfermant ses fables, arrêta sans doute
bien des curieux, car ce ne fut que dans ces dernières
années, que M. Millet Saint-Pierre, mis en éveil par la
lecture de l'ouvrage de Robert, *Fables inédites des* XIIe XIIIe
et XIVe *siècles et fables de La Fontaine rapprochées de celles de
tous les auteurs qui avaient, avant lui, traité les mêmes sujets*..... prit, sans s'inquiéter autrement des peines qu'il
y aurait, la résolution de rechercher l'ouvrage de G. Haudent. Après de nombreuses et inutiles démarches faites
chez les libraires, chez les amateurs d'anciens livres et
dans les bibliothèques publiques, le dépôt de l'Arsenal
si riche en vieux poëtes lui permit enfin de consulter le
seul exemplaire complet que l'on connaisse au moins jusqu'à présent des *Trois centz soixante et six apologues d'Esope....
traduictz.... en rithme françoyse;* il le lut, l'étudia avec
soin, et vint apporter en décembre 1865 à l'Académie de
Rouen le résultat de son consciencieux travail. Le mémoire qu'il présenta, écrit avec goût, plein de conviction
et de verve, concluait en ces termes : « Cet auteur a le droit
de sortir de l'oubli où il est resté plongé, son initiative à

l'égard du genre narratif de l'apologue, l'influence évidente qu'il a eue sur l'esprit et la vocation de La Fontaine suffiraient pour lui mériter l'estime de la postérité ; en réimprimant ses trois cent soixante-six fables on rendrait un grand service aux lettres. » Ces paroles, par une circonstance aussi heureuse qu'inattendue, furent prononcées devant un membre de la Compagnie, M. l'abbé Colas qui, grand amateur de livres, avait quelque temps auparavant acquis un exemplaire incomplet de ces apologues. A la suite de cette communication, ses yeux se portèrent plus attentifs sur ce précieux recueil et bientôt, convaincu, à son tour, de l'intérêt tout particulier que présentait sa lecture, après avoir fait combler les lacunes de son volume à la bibliothèque de l'Arsenal, il en proposa la réimpression à la société des Bibliophiles normands dont il était un des membres les plus actifs (1).

Au temps où M. Millet Saint-Pierre entreprit son travail sur Guillaume Haudent, aucun biographe n'avait mentionné son existence, aucune bibliographie raisonnée n'avait davantage parlé de ses ouvrages ; vainement chercherait-on un examen de ses productions littéraires dans

---

(1) Quelques feuilles seulement furent imprimées du vivant de notre regretté confrère, mais grâce à l'obligeance de la personne héritière de sa bibliothèque, l'exemplaire jadis mis à la disposition de la Société a été laissé entre nos mains jusqu'au complet achèvement de la présente réimpression.

les auteurs où se trouvent d'ordinaire étudiés nos vieux poëtes : le P. Niceron, l'abbé Goujet, Anguis, Viollet Le Duc, aucun ne semble l'avoir connu ; à peine apparaît-il cité pour une autre de ses œuvres dans Du Verdier, et rapidement, à deux ou trois endroits, dans le *Manuel du Libraire* de J.-C. Brunet qui le dit curé de Rouen, se trompant sur le seul détail biographique qu'il hasarde à son égard. Grâce à l'étude de M. Millet Saint-Pierre et aux recherches continuées depuis, la lumière s'est presque complètement faite sur notre auteur. A n'en point douter, G. Haudent naquit à Rouen, c'est là où nous le rencontrons pendant une longue période de son existence. D'abord il nous apparaît prêtre à Rouen prenant part aux concours palinodiques, puis pendant vingt ans, tantôt dans un établissement religieux de la ville et tantôt dans un autre, tenant le modeste emploi de précepteur ; nous voyons qu'il y possédait plusieurs immeubles, et lorsque la fatigue, la maladie ou la vieillesse lui font désirer une retraite pour finir tranquillement ses jours, c'est encore dans Rouen qu'il la choisit.

Les archives de l'Académie de Rouen conservent, parmi plusieurs autres manuscrits, un recueil composé de trente-neuf pièces en l'honneur de l'Immaculée-Conception Notre-Dame. L'une d'elle ayant pour sujet *l'Auriflamme des Chrestiens* fut présentée au Puy du Palinod vers 1530 par Guillaume Haudent. Il paraît plus utile de mentionner à cette date la première apparition de son nom, qu'intéressant d'insérer ici cette production littéraire (1). Le programme imposé aux poëtes dans ces sortes de concours laissait peu de liberté à leur inspiration, et ce chant, auquel on ne paraît pas avoir accordé l'honneur du prix, rappelle sans plus d'intérêt, dans ses cinq strophes et son envoi, toutes les autres pièces du même genre que nous ont laissés les recueils imprimés. En 1536, un acte de prêt, retrouvé par M. E. Gosselin dans les Archives du Tabellionage, nous montre G. Haudent, sans doute par suite de ses travaux littéraires, en rapport avec Pierre Lynant, libraire à Rouen, lui prêtant une somme de 20 livres à raison de 40 sols de rente; à cette époque, l'acte le constate, il demeurait sur la paroisse Saint-Laurent.

L'année suivante, en mars 1537, les registres capitulaires nous l'indiquent succédant à Guillaume Thibault dans la place de précepteur des enfants de chœur du Chapitre de la cathédrale, fonction qu'il conserva jusqu'en 1545; vers le milieu de cette dernière année, il demanda

(1) Ce chant royal a été publié en entier dans le Précis des travaux de l'Académie de Rouen, pages 233-234 (année 1865-1866). On croyait à cette époque l'avoir reproduit d'après un document autographe, mais depuis, M. C. de Beaurepaire ayant retrouvé dans les archives départementales le reçu ci-contre, écrit et signé par G. Haudent, a constaté que la pièce de 1530, bien que d'une écriture du temps, n'était point de la main de notre auteur.

et obtint le droit de se démettre de ce modeste emploi. Nous connaissons, grâce aux recherches et à la complaisance de notre savant confrère M. C. de Beaurepaire, les termes mêmes et pour ainsi dire la physionomie de cette démission :

> A tresvenerables et discretes personnes Messrs les doyens et chapitre de Nostre dame de Rouen.

> Supplye treshumblement votre humble serviteur guillaume haudent prebtre quil vous playse de votre grace ordonner quil soyt payé de ses gaiges ordinaires qui sont sept livres et demye pour avoir instruict en grammaire vos petiz enfantz de chœur le temps et espace de troys termes escheuz a la sainct Jehan Baptiste dernier passé. Oultre plus ledict supplyant prend congé et se desiste de ladicte charge (si cest votre playsir) en vous remercyant tresaffectueusement et protestant a jamais prier dieu pour vous.

Au verso de ce curieux document, dicté par G. Haudent à une main inconnue, on lit la mention suivante certainement écrite et signée par lui :

> Receu par moy guillaume haudent prebtre par les mains de venerable personne maistre guillaume le senechal la somme mentionnée en l'aultre part Tesmoing mon signe yci miz le XXI° jour doctobre mil v° XLV   Guill haudent.

C'est à partir de cette année que nous voyons apparaître (si d'autres plus anciennes n'ont point échappé à nos recherches) les différentes productions littéraires de notre auteur. — En 1545, *Le véritable discours de la vie humaine nouvellement traduit de latin en rithme françoyse par M. Guillaume Haudent, avec une ballade contenant en somme les lettres de la qualité. Dung amour que l'on dict et nomme fol amour de charnalité*, Paris, Nycolas Buffet, pet. in-8 de 12 ff. — En 1547, *Trois centz soixante et six Apologues d'Esope, tresexcellent philosophe, premierement traduictz de grec en latin par plusieurs illustres Autheurs; comme Laurens Valle, Erasme et autres. Et nouvellement de latin en Rithme françoyse par Maistre Guillaume Haudent*. Rouen, Robert et Jehan Dugord, in-16, fig. — En 1551, *Les cent premiers apophtegmes d'aucuns illustres princes et philosophes, jouxte la traduction latine d'Erasme reduictz en rithme françoyse*, Paris, Nycolas Buffet, in-16, fig. sur bois. — En 1556, *Les Propos fabuleux moralisez extraitz de plusieurs auteurs tant grecz que latins, non moins utiles a l'Esprit que recreatifz à toutes gens*, Lyon, Rigaud et Jean Saugrain, in-16 (réimpression de 137 fables appartenant au recueil de 1547). — En 1557, *Les faits et gestes memorables de plusieurs gens remplis d'une admirable doctrine et condition tant honneste que profitable aux amateurs de vertu traduictz par G. Haudent*, Lyon, Benoist Rigaud et Jean Saugrain, in-18; mais ce dernier ouvrage n'est, suppose-t-on, sous un titre différent, que la réimpression de celui publié à Paris en 1551.

En voyant l'époque de la publication du premier ouvrage de G. Haudent coïncider précisément avec le temps de sa démission donnée comme précepteur des enfants de chœur du Chapitre, on serait porté à croire que cette résolution lui avait été inspirée par son désir de chercher dans la retraite, ou tout au moins dans une vie plus indépendante, le temps utile à ses travaux littéraires, il n'en est rien cependant ; à peine se trouva-t-il relevé de ses engagements près de Messieurs du Chapitre qu'il reprit immédiatement chez les Carmes de Rouen, au profit de leurs novices, son rôle de maître de grammaire. Cette circonstance nous est révélée avec nombre d'autres détails curieux, et jusqu'à présent inédits, sur les habitudes et la parenté du prêtre littérateur, par la note suivante recueillie aussi dans les archives du Tabellionage, par notre confrère M. C. de Beaurepaire qui l'a généreusement mise à notre disposition :

Du mercredi 27 novembre 1555. — Contrat de fondation en faveur des Carmes de Rouen, par maître Guillaume Haudent, prebtre, chapelain de la confrairie Dieu et de Madame sainte Catherine vierge et martyre fondée au mont de Rouen, ladite fondation faite par le fondateur pour la rédemption de ses péchés, afin d'être accueilli ainsi que ses pere, mere, freres, sœurs et autres ses parents, amis et bienfaiteurs, ensemble les freres et sœurs tant vivants que trépassés de ladite confrairie aux prières bienfaits et oraisons qui avaient été faits et se feraient à l'avenir au prieuré des Carmes de Rouen. — Basse messe chaque dimanche de l'année ; — après le décès du fondateur, outre les basses messes de chaque dimanche, messe aux 5 fêtes de Notre Dame ; — basse messe le jour de son décès. — A la fin de chaque messe *De profundis* et les oraisons *Deus venie largitor,* en la chapelle Notre Dame de Pitié où il veut etre enterré. — Les Carmes laisseront à Haudent la chambre où il est à présent residant audit couvent; — ils lui administreront à boire, manger, sain et malade, excepté les médecines, sa vie durant comme à un religieux prebtre de la communauté, — lui porteront à boire et à manger où bon lui semblera, à l'interieur du couvent; — lui bailleront collation ou souper aux jours de jeûne des religieux, et, aux autres jours de jeûne d'eglise, son demyart de vin. — Il donne aux Carmes moitié de maison et un jardin vers l'abbaye de S^{te}. Catherine, paroisse S. Paul, bornés par l'allée commune de la cour tendant à l'eau d'Aubette, laquelle cour s'appelle Cour Durant; de plus, une maison en forme d'appentis, sise au même lieu; de plus un petit jardin près de l'hopital des XV^{xx} (que Haudent avait acquis par décret le 20 septembre 1552). — De plus une rente de 29 sols 4 deniers; — enfin une pension de 15 livres tournois, sa vie durant. — Il fait abandon aux Carmes des gages qu'ils lui devaient pour avoir depuis dix ans donné des leçons de grammaire à leurs novices.

Infatigable dans ses obligeantes recherches sur le sujet qui nous intéressait, M. C. de Beaurepaire nous a encore remis, empruntées aux registres des Carmes, les mentions suivantes :

Avril 1551 : a M. Guill. Haudenc pro primo termino misse sue dominicis diebus celebrate et 1° dominici januari incepte, 25 s.

Dec. 1551 : De missa ad devotionem M. G. Haudenc dominicis diebus pro termino S. Joh. S. Michaelis et Nativitatis, III l. 15 s.

Fev. 1552 : a M. G. Haudenc pro missa dominicis diebus celebrata videlicet pro dimidio anno effluxo in festo nativitatis D^{ni}, 4 s.

Juin. 1552 : De missa M. G. Haudenc pro dimidio anno effluxo in festo S. Joh., 4 s.

Janv. 1553 : a M. Guill. Haudenc ratione misse dominicis diebus per nos celebrate pro anno effluxo in festo S. Joh., 4 s.

Nov. 1555 : De missa M. Guill. Haudenc pro dimidio anno effluxo die S. Joh. B., 4 s.

Janv. 1556 : a magistro Guillermo Hodenc ratione sue nutriture pro dimidio anno effluxo in die S. Joh. Baptiste 1566 ut patet in suis litteris et misse, VII l. x s.

1556 : a Jacobo Preudhomme ultra urbem pro termino S. Joh. recepi per manus Ma. Guillerm. Haudent, 20 s.

1557 : a Mag. Guillermo Hodenc ratione sue misse et nutriture pro dimidio anno effluxo in nativitate Domini Jes. C^{ti} pro anno 1556, VII l. x s.

Sans insister autrement sur l'intérêt de ces notes qui constatent surabondamment la piété de G. Haudent, remarquons au moins cette date de 1557 terminant ici ses acquits de messes, comme nous l'avons vu tout à l'heure inscrite sur le dernier de ses ouvrages connus ; n'y a-t-il pas dans ce rapprochement, présomption suffisante pour penser que cette date dut aussi être gravée sur la pierre qui, dans la chapelle de Notre-Dame de Pitié, au prieuré des Carmes, abrita suivant son désir, l'humble tombe de leur précepteur ?

Telles sont rapidement énoncées, les données certaines recueillies sur notre traducteur des Apologues d'Esope ; ajoutons que l'énumération que nous venons de faire des œuvres dont il a été possible de retrouver le titre, ne donne point la liste complète de ses écrits. Dans *Les faitz et gestes mémorables de plusieurs gens remplis d'une admirable doctrine*...... Lyon 1557, Haudent se déclare, par les vers suivants, l'auteur de sept ouvrages :

> Qui notamment d'un prince magnanime
> Appetera les apophtegmes lire,
> Desquelz chacun l'homme en vertu anime,
> Ce petit œuvre il doit prendre et eslire.
> *Qui est de sept le dernier, a vray dire*
> *Qu'a ja mis hors la muse haudentine.*

Quels titres convient-il donc d'ajouter à ceux tout-à-l'heure cités? A l'heure présente, personne ne le saurait dire, mais il y a là une question qui ne peut manquer d'intéresser nos savants confrères, et il n'y a pas à douter que bientôt ils apporteront à cet essai de bibliographie le résultat de leurs persévérantes investigations.

A l'époque de G. Haudent la fable n'était pas à beaucoup près un genre qui n'eut pas été cultivé en France; de bonne heure, et dans la langue nationale, on en avait vu apparaître de curieux recueils. Laissant à part le Roman du Renard et les Bestiaires, qui ne nous intéressent pas au point de vue plus spécial où nous nous plaçons, écartant encore certains livres où l'apologue n'apparait qu'à l'état d'épisode, citons au XIIIe siècle une des parties les plus populaires des poésies de Marie de

France, les cent trois fables qu'elle mit en vers français d'après le latin de Romulus, et au XIV° siècle les recueils anonymes des fables connus sous le nom d'Ysopet. Dans tous ces ouvrages, déjà le récit des passions, des injustices, des caprices, des travers humains est bien différent de la forme plus compassée des anciens, la nouvelle mise en scène est presque toujours plus habile, et la narration mieux suivie révèle bien souvent, d'une façon particulièrement intéressante, le temps et le lieu où l'auteur recueillait ses observations. Mais comme la fable cherche, vers ce temps encore, moins à plaire qu'à enseigner, elle est moins agréablement narrative qu'essentiellement pédagogique, et, suivant son propre aveu, fait moins de cas de ses fictions que de l'utile morale qui les termine. Son but est entier rempli,

> Si à la fin on se veut prendre,
> Mais aux *bourdes* ne garde mie.
> Toute la mouelle et la mie,
> Tout le sens, toute la substance
> Vous enseigneront sans doubtance
> Les derreniers vers de la fable.

Cette remarque, que Lessing renouvela plus tard pour en argumenter contre La Fontaine coupable, suivant lui, d'avoir enlevé à la fable sa tendance philosophique en la faisant surtout agréable et littéraire, eut pu être appliquée avec quelque vérité à G. Haudent. Je ne vois avant lui que Guillaume Tardif le *Maistre-liseur du Roy Charles huictiesme*, qui dans sa traduction des trente-trois fables de Laurent Valle ait donné un plus libre cours à son imagination, mais Guillaume Tardif a écrit en prose, et d'ailleurs cette partie de son œuvre est trop peu étendue pour que nous ayons quelque intérêt à l'étudier ici. Il est un autre écrivain avec lequel la comparaison a plus raison d'être faite, d'abord parce qu'il vivait à la même époque, ensuite parce qu'il a traduit en vers français une notable portion des mêmes fables, enfin et surtout pour avoir été particulièrement étudié et cité comme un des plus intéressants prédécesseurs de La Fontaine, je veux parler de Gilles Corrozet. En 1542, ses *fables du très ancien Esope phrigien premièrement escriptes en Græc, et depuis mises en rithme Françoise* furent imprimées chez Denys Janot. Il n'y a nul doute à concevoir que le fabuliste rouennais ait connu cette traduction de G. Corrozet. S'il était utile d'en fournir des preuves, nous les trouverions d'abord dans le succès que semble avoir eu ce livre à son apparition, succès qui franchit certainement en bien peu de temps l'espace entre Paris et Rouen; nous la trouverions plus évidente encore, par la publication dans notre ville, en 1545, d'un petit volume *le Jardin d'honneur*, dans lequel se lisent, parmi d'autres poésies, quelques-unes de ces fables de Corrozet, publication faite précisément chez les frères Dugord, éditeurs de G. Haudent.

Mais cette constatation ne nous paraît devoir rien retirer au mérite de notre auteur ; si l'idée de traduire des fables a pu lui être inspirée par l'exemple comme aussi par le succès du poëte parisien, disons de suite que le nouveau traducteur sut donner à son œuvre des qualités particulières. Il nous suffira de prendre au hasard une ou deux fables de Corrozet et de les comparer avec les mêmes sujets dans notre recueil, pour rendre évidentes des différences tout à l'avantage de notre fabuliste. Lisons d'abord la fable *des deux Rats* :

   Voluntiers la richesse
   Porte avec soy tristesse
   Mais seure pauvreté
   Porte joyeuseté.

Ung rat de ville eut volunté d'aller
S'esbattre aux champs pour ung peu prendre l'aer,
Ung rat des champs trouva dans une plaine
Qui le semond, et puis chez soy le maine,
Et luy donna de sy peu qu'il avoit
Petit bancquet, comme faire sçavoit.
Le Rat de ville en voyant l'ordonnance
Pauvrete blasme, et loue l'abondance :
Et pour monstrer son bien et son estat,
Dedans la ville il amena ce Rat.
Quant ilz sont là, le riche Rat ordonne
Un beau bancquet, et pour manger luy donne
Pain, lard et chair, mais ce pendant survint
Dans le celier ung bouteiller qui vint

> Tirer du vin, lors s'allerent cacher,
> En laissant là leur viande et leur chair
> En grande peur : Puis l'homme retourna.
> Le Rat de ville apres ne séjourna :
> Mais de manger à l'aultre feit envie.
> Dict l'invité : ma sobre et pauvre vie
> Est bien plus seure et stable que la tienne,
> Combien que bons repas elle contienne :
> Ce que je mange icy me semble fiel,
> Pauvres morceaulx aux champs me semblent miel.
> Sobre repas en seureté sans faincte
> Vault beaucoup mieulx que grand bancquet en crainte.

Quel lecteur ayant en mémoire les vers d'Horace et la narration si vive de La Fontaine, ne critiquerait ici la scène si mal disposée et le style si complètement dénué d'entrain et de finesse? Certes, Haudent ne rappellera que de bien loin et le poëte latin et notre immortel fabuliste, mais combien il l'emporte sur Corrozet par l'agencement heureux des divers épisodes, par la vie donnée à ses personnages et par le ton naturel de son récit; c'est volontiers par ces points que la différence s'établit entre ces deux traducteurs du XVIe siècle. J'en montrerai un exemple bien plus frappant encore dans la charmante fable *du Laboureur et de l'Alouette :*

> Il faut avoir en soy plus grand fiance
> Qu'au dict d'autruy, quant à son propre affaire :
> Car quand le temps s'approche de la faire
> On est laissé et mis en oubliance.

> Un homme ses voisins pria
> De moissonner ce qu'il y a
> De blé en son champ, mais n'y vindrent,
> Et bonne excuse vers luy prindrent.
> Depuis en pria ses amis,
> Qui ne s'en sont en peine mis,
> Dont luy frustré de sa pensée,
> Sa parole il a addressée
> A son fils, disant : Dans demain
> Nous deux mettrons icy la main,
> Et ferons l'aoust sans ayde aucun,
> Puisque le temps est oportun.
> Dedans le blé estoit cachée
> Une Alouette et sa nichée,
> Qui ses paroles entendit,
> Lors s'en alla, plus n'attendit :
> Disant ainsi : Ce temps pendant
> Que le maistre estoit s'attendant
> A ses prochains, je n'avois crainte,
> Et tenois la promesse à feinte
> Mais puisque je voy qu'il y vient
> Luy mesme, c'est a bon escient
>
> Ceste fable nous fait entendre
> Qu'on ne doit à nully s'attendre :
> Et qu'il n'est serviteur, ne maistre
> Plus propre que soy pour y estre.

Combien autour de ce tableau de Corrozet le cadre est rétréci, et comme sur sa toile, le dessin et la couleur font défaut ! Aucun ou presque point de ces détails familiers et fins que nous voulons à la fable pour lui trouver son véritable charme ; c'est à peine, vraiment, si l'on sait reconnaître, ainsi ternie, l'aimable et délicieuse peinture que nous a laissé le talent d'Aulu-Gelle. Mais si maintenant nous cherchons cette fable dans Haudent, elle nous apparaîtra entière, animée, pleine de son attrayante simplicité, tout à fait digne enfin de soutenir la périlleuse comparaison avec le texte primitif. Comment s'imaginer que cinq années à peine séparent l'œuvre des deux fabulistes que nous venons d'examiner, et comment croire surtout que plus d'un siècle devra s'écouler avant de nous donner la ravissante narration due à la plume de La Fontaine !

Si nous écrivions une notice sur Haudent qui ne serait pas immédiatement suivie de ses apologues, nous devrions peut-être confirmer par un plus grand nombre d'exemples le mérite que nous attribuons au fabuliste rouennais de donner généralement à sa narration un tour vif et naturel, le rendant supérieur à ses devanciers ; mais c'est ici au lecteur, trop facile et agréable occasion de faire lui-même cette recherche, pour que nous en prenions le soin indiscret.

Il ne paraîtra pas sans doute aussi inutile de faire connaître quelles ressources ont été offertes à Haudent pour son œuvre, d'indiquer les auteurs et le livre qui lui ont fourni le texte de ses apologues.

Contrairement à ce que ferait penser l'intitulé de sa traduction, ce n'est pas exclusivement les fables d'Esope que

G. Haudent a mises en vers, mais un recueil composé par divers auteurs. A peu d'exceptions, et presque suivant l'ordre ou nous les lisons ici, elles se retrouvent dans un volume plusieurs fois imprimé, dans la première moitié du XVIᵉ siècle, sous ce titre : *Æsopi Phrygis vita et fabulæ à viris doctiss, in latinam linguam conversæ. — Apologi ex chiliadibus adagiorum Erasmi, — Ex Lamia Politiani, Crinito, Johanne Antonio Campano, Gellio, Gerbellio, Mantuano et Horatio. — Fabulæ Aniani, Hadriano Barlando, et Guilelmo Hermanno interpretibus. — Fabulæ item Laur. Abstemii.....* Robert Etienne en particulier a donné deux très belles éditions de ce recueil, Paris, 1537 et 1545, in-8°.

C'est, il faut bien le reconnaître, une assez singulière réunion que celle de ces fables; les unes, sans grand art, traduites du grec en prose latine par divers auteurs, et souvent deux ou trois fois répétées en termes quelques peu différents (1), les autres écrites par des contempo-

(1) L'ancien conservateur de la Bibliothèque Sainte-Geneviève, Robert, a prétendu que lorsque les mêmes sujets s'étaient trouvés répétés dans le recueil latin, Haudent ne les avait traduits qu'une seule fois; c'est une erreur qui prouve combien peu ses fables lui étaient connues. La table que nous avons mise à la fin du volume indique au contraire ces répétitions assez fréquentes, et une lecture attentive les fera découvrir plus nombreuses encore, des titres différents ne laissant pas toujours prévoir un même sujet traité deux fois; ainsi la fable du livre 1ᵉʳ : *de deux autres Compaignons* est le même sujet traduit dans le 2ᵉ, sous ce titre : *d'un Veneur et d'un Courrieur*.

rains, assez souvent plutôt des contes satiriques que des apologues. Si Haudent, en élaborant sa traduction en vers français, n'avait eu, joint à un grand amour du travail, un véritable talent pour l'accomplir avec facilité, il aurait certainement renoncé à une tâche si longue et si pénible. Il ne devait, en effet, rencontrer presque partout qu'un texte privé d'ornement, simple jusqu'à la sécheresse. C'est surtout dans le contraste de ce texte et de sa traduction que peut véritablement être jugé son talent poétique; qu'il nous suffise de deux seuls exemples pour le faire apercevoir.

Rimicius traduisant de grec en latin la fable *d'un Singe et d'un Renard*, débute par ces simples mots, avant-goût digne du récit tout entier : « Apud brutorum animalium concilium simia ita apposite saltavit, quod omnium fere consensu rex statim fuit creatus. At vulpes...... », et G. Haudent, sans aucun doute, inspiré par la muse de l'apologue, traduit ainsi :

> Le singe plein de grand' finesses
> Fit quelque jour tant de souplesses,
> De petits saulx et momeries,
> De bons tours et de singeries
> Qu'en effect par commun ottroy
> Toute beste l'esleut pour roy
> Fors le renard. . . . . . .

Le texte primitif, on le voit, n'est accepté par le poëte

que comme un tracé, un simple canevas, le laissant entièrement maître du choix des ornements.

Dans la fable *d'un Loup et d'une Truye*, dont le traducteur latin n'est pas nommé, le récit est comme le précédent, d'une brièveté manquant tout à la fois d'entrain et d'intérêt, qu'on en juge : « Parturiebat sucula : pollicetur lupus se custodem fore fœtus. Respondit puerpera lupi obsequio se non egere : si velit pius haberi, si cupiat gratum facere, longius abeat. Lupi enim officium constare, non præsentia, sed absentia. » Avec la traduction de G. Haudent, la fable, au contraire, prend une allure vive, intéressante, les acteurs agissent, parlent, la chaleur et la vie sont données à ce récit tout à l'heure froid et inanimé.

> Un loup voyant une truye preste
> De cochonner, s'en est venu vers elle
> En luy disant, Dieu vous gard, sœur beneste !
> Tant vous semblez gentille damoyselle
> Certainement j'ay grand desir et zelle
> De m'employer a vous faire service,
> Plaisir aussi, en toutte heure en laquelle
> Il vous plaira que je my exercice.
> Surquoy respond la truye : ô mon frere !
> Du bon vouloir qu'avez, je vous mercy ;
> Puis qu'il vous plait aulcun plaisir me faire,
> Je vous supply vous retirer d'icy
> Tout au plus loing que vous pourrez, car ainsi
> Me donnerez plaisir et reconfort,

> Et mosterez hors de crainte et soucy
> Lequel j'auroye en faisant vostre effort (1).

On comprend que La Fontaine à la recherche de sujets, trouvant parmi les auteurs qui avaient composé ou traduit des apologues, le livre de G. Haudent, ait pu, ait dû s'y arrêter. La lecture de Marot, pour ne citer qu'un de ses anciens auteurs favoris, lui avait rendu familier le vieux langage, et ces fables, déjà françaises par l'expression comme par le sentiment, avaient certainement, plus que celles des anciens, fixé ses regards et sollicité son génie si admirablement prédisposé pour ce genre de narration.

Un critique ordinairement plus attentif et mieux informé, Sainte-Beuve, a cru pouvoir dire cependant que l'illustre fabuliste n'avait connu aucun de nos vieux conteurs d'apologues : « Le piquant, c'est que La Fontaine ne connaissait pas ces poëmes gaulois à leur source, qu'il n'était pas remonté à tous ces petits Esopes restés en manuscrits, à ces Ysopets, comme on les appelait, et que, s'il les reproduisait et les rassemblait en lui, c'était

---

(1) *Effort* est bien le mot qu'on lit dans le texte imprimé par les frères Dugord, c'est ce qui l'a fait conserver, mais il paraît meilleur pour la rime que pour le sens assez difficile à bien comprendre ainsi ; ne faudrait-il pas plutôt lire *essort :* sortie ; *en faisant vostre essort :* en opérant votre sortie, en vous retirant. Le mot latin *absentia* semble lui-même imposer cette interprétation.

à son insu, et il n'en est que plus naturel et il n'en obéit que mieux à la même sève. »

Que de preuves on pourrait apporter pour combattre une telle allégation ! Et d'abord, plus ou moins précis, l'aveu certain de La Fontaine lui-même, quand, faisant paraître en 1668 ses six premiers livres, il disait au cours de sa préface : « Après Phèdre, Avienus a traité les mêmes sujets, enfin les modernes les ont suivis ; nous en avons des exemples non-seulement chez les étrangers, mais chez nous. Il est vrai que, lorsque nos gens y ont travaillé, la langue étoit si différente de ce qu'elle est, qu'on ne les doit considérer que comme étrangers. Cela ne m'a point détourné de mon entreprise ..... »

On a encore, avec raison, donné comme preuve de sa connaissance de notre recueil, quelques imitations, ou, si l'on aime mieux, quelques réminiscences ; ces deux vers par exemple,

> C'était un chat vivant comme un dévot ermite
> Un chat faisant la chatemitte

ne rappellent-ils point ceux-ci précisément dans la même fable :

> . . . .
> Qui les guettoit soubz l'ombre et couverture
> D'estre amyable et de bonne nature
> Comme seroit celle d'un sainct hermitte
> Ou d'aultre simple et doulce creature
> Tant bien sçavoit faire la chatemite.

La fable *du Renard et du Bouc* a laissé voir dans les vers suivants de La Fontaine,

> Lève tes pieds en haut, et tes cornes aussi ;
> Mets-les le long du mur : le long de ton échine.
> Je grimperai premièrement ;
> Puis sur tes cornes m'élevant,
> A l'aide de cette machine
> De ce lieu-ci je sortirai
> Après quoi, je t'en tirerai.

une similitude assez frappante de pensée et d'expression avec ceux-ci de notre auteur :

> ..... dresser convient ta teste
> Et l'estocquer encontre la paroy
> Par ce moyen je sailliray sur toy
> Et par aprez dessus le bord du puis,
> Facillement pourray saillir, et puis
> Je te prometz de t'en tirer dehors.

Mais, sans nous arrêter plus longtemps à ces rapprochements faits autrefois plus nombreux par M. Millet Saint-Pierre, apportons une troisième preuve bien autrement décisive encore : l'emprunt fait par La Fontaine à Haudent de la fable intitulée : *la Guerre des Chiens des Chatz et des Souris* devenue dans son 12ᵉ livre *la Querelle des Chiens et des Chats et celle des Chats et des Souris*. — Les plus persévérantes recherches, continuées depuis le commencement du siècle jusqu'à présent, n'ont permis à personne de découvrir ce sujet traité ailleurs que dans notre vieux recueil d'apologues!

Il ne s'agit point ici, on le comprend, de ravir la moindre part de la gloire que s'est si justement acquise La Fontaine, personne n'ignore aujourd'hui que ses fables ont été empruntées à nombre d'écrivains. Volontiers ses commentateurs se sont plu à rechercher les différentes sources auxquelles il a puisé, certains qu'ils étaient, à propos de chaque nouvelle découverte, d'avoir une occasion particulière de louer la manière habile dont le poëte se l'était appropriée. Nous avons seulement voulu montrer la parenté littéraire, l'attache certaine, indissoluble qui unissent l'un à l'autre les deux fabulistes. C'est là un honneur que nous revendiquons pour Haudent, tout en comprenant les dangers qu'il y court. Quelques critiques, mettant en trop complet oubli l'époque pendant laquelle il écrivait, ou bien encore prenant intentionnellement tels de ses plus faibles récits, lui ont déjà infligé les injustes arrêts d'une comparaison toujours écrasante. Heureusement des esprits plus attentifs et plus équitables confirmeront les témoignages meilleurs qui ont été rendus de son œuvre, et feront occuper au vieux fabuliste, près de La Fontaine, une place moins humble que celle d'Ennius auprès du poëte de Mantoue.

Si, comme il paraît probable, la donnée entière de

la Guerre des Chiens, des Chatz et des Souris, que nous citions tout à l'heure, appartient à Haudent, nous devons l'avouer avec franchise, et contrairement à l'avis de son premier biographe, c'est la seule fable de tout son recueil qu'il ait imaginée (1); en effet il n'y en a plus, après celle-ci, que quatre étrangères au recueil latin qui a fourni toutes les autres, et leur origine n'est pas plus ignorée; *du Cousturier de Dieu* et *de deux aultres Cousturiers* sont des légendes pieuses du moyen-âge, *d'un Curé et de son Chien* est un emprunt fait aux contes de Pogge, enfin *la Confession de l'Asne, du Renard et du Loup* est une des facéties de H. Bebellius (*Facetiarum Henrici Bebellii libri tres*, Tubingæ 1542). En citant cette dernière fable, presque un chef-d'œuvre, nous ne nous inquiétons plus d'enlever à Haudent le mérite d'avoir tiré ses récits de son propre fonds; comme nous l'avons déjà fait apercevoir, il y a ici dans sa manière de remettre en œuvre le sujet emprunté, quelque chose de particulier qui est une véritable invention, un souffle qui est la création même! (2)

---

(1) M. Millet Saint-Pierre n'a point connu ou consulté le recueil renfermant le texte latin de nos fables, et pour cela a fait honneur à l'imagination de l'auteur rouennais de la plus grande partie des apologues satiriques qui sont à la fin de son œuvre; c'est une erreur singulière, qu'il importe de rectifier.

(2) Un autre poete normand, Guillaume Gueroult (rouennais aussi, suivant La Croix du Maine), a raconté avec un talent presque égal

Nous ne croyons pas utile avant de terminer cette étude des fables de G. Haudent, de prendre longuement sa défense par rapport à certaines narrations de son II⁰ livre osées dans le sujet et parfois aussi dans l'expression. Il n'y a rien là qui puisse lui être un juste reproche contre le goût, faire mal juger de sa conduite ou suspecter la bonne foi de ses principes religieux; ce que nous connaissons de son existence et de ses autres écrits protesteraient contre toute accusation malveillante. Nous devons reconnaître dans ces rares passages, lecteurs habitués aux audaces ingénues, aux mots hardis de nos vieux poëtes, les symptômes du temps où vivait notre auteur, le fait de cette rudesse sociale à laquelle peu d'écrivains ses contemporains ont échappé (1); nous espérons une meilleure,

dans son premier livre des *Emblêmes*, paru à Lyon en 1550, cette confession des trois animaux; il ne fallait rien moins que la plume de La Fontaine pour oser encore toucher à ce récit; supérieur à ces prédécesseurs, et peut-être à lui-même, il en a tiré l'admirable fable *Les Animaux malades de la peste*.

(1) La délicatesse, le goût plus réservé de notre époque, s'expliquent difficilement et acceptent avec peine le laisser-aller de la littérature et des arts dans ces temps relativement si peu éloignés. Hommes et femmes, clercs et laïcs, catholiques et réformés y ont cependant tous sacrifié sans le moindre scrupule; au xv⁰ siècle, la vertueuse Anne de Bretagne laisse parfois les plus singulières images servir à l'ornementation de son splendide livre d'Heures, comme en 1563, Jean de Tournes encadre de ses bois grotesques et de ses priapées les Pseaumes mis en rimes françoises par Clément Marot et Théodore de Beze.

une plus saine appréciation du livre que nous publions, et si nous l'avons donné entier, c'est pour qu'il soit, à l'homme d'études, un document complet devant lequel son esprit n'ait point à s'inquiéter de suppressions plus ou moins judicieusement faites.

Sans avoir l'indiscrète prétention de placer en première ligne l'écrivain que nous rééditons, nous croyons pouvoir dire que désormais intimement uni à l'histoire littéraire de l'Apologue, il forme dans la série des fabulistes un chaînon précieux impossible à détruire. Il en forme un non moins solidement rivé, dans la longue, dans la glorieuse suite de littérateurs qui ont jadis donné tant de renommée à notre contrée, et la Société des Bibliophiles Normands eut failli à la mission que lui imposait sa devise : *Ne pereant*, si elle avait laissé s'anéantir le dernier témoin des meilleurs labeurs du poëte rouennais, si elle avait lu, sans paraître la comprendre, cette parole pieuse, mélangée sans doute aussi de quelque espérance humaine : Vie après mort.

Après cet aperçu rapide sur Haudent et sur le mérite littéraire de ses fables, il semble encore intéressant d'arrêter l'attention sur ce qu'on a maintenant l'habitude d'appeler l'*illustration* du livre, sur les gravures qui ornent ses pages. Ces bois, reproduits dans notre réimpression avec un soin et une habileté qui en font de véritables *fac-simile*, apparaissent, lorsqu'on les compare entre eux, d'un faire très différent ; les uns montrent ou rappellent les types de la renaissance, si nets et si gracieux, les autres, d'un dessin moins correct, d'une taille moins fine, attestent une main plus lourde et sans doute aussi une époque plus ancienne. En effet, il ne faut pas craindre de le reconnaître, ni hésiter à le dire, en dépit des termes de la requête présentée par les frères Dugord pour l'obtention du privilége, aucun de ces bois n'a été exprès (1) dessiné ou gravé pour le livre de G. Haudent. Suivant un usage vieux autant que l'imprimerie, et dont la tradition à l'heure présente est loin d'être perdue, ils avaient été empruntés à des œuvres antérieurement publiées. Les fables de G. Corrozet en

(1) Le 22 juin 1516, les frères Dugord présentèrent au Parlement une requête dans laquelle ils exposaient que : « M⁰ Guillaume Haudent, prestre, avoit de nouveau traduict les apologues d'Esope et les avoit mises en rithmes françoises pour les faire imprimer avec figures sur chacun apologue ; ce qu'ils feroient volontiers pourvu qu'il leur fut permis par la Cour et donner temps competent de vendre et distribuer lesdicts livres après qu'ils les auroient fait imprimer *pour se rembourser des grands frais et mises qu'il leur faudra faire tant à tailler lesdictes figures que impression dudict livre.* »

Le même jour, la Cour accorda, pour trois ans, le privilége demandé. — L'achevé d'imprimer que nous lisons à la fin du livre des Apologues étant du 26 août 1547, nous voyons qu'il a fallu un peu plus d'un an pour préparer cette publication.

avaient fourni la majeure partie, environ une centaine, et pour tous les sujets que n'avaient point traités cet auteur, il avait fallu chercher ailleurs, prendre ici et là, dans des volumes du genre le plus différent, des images permettant, avec une exactitude relative, de représenter quelques scènes des nouveaux apologues. C'est ainsi que la fable *d'un Calumniateur et du dieu Phebus* laisse reconnaître, non sans étonnement, Moïse portant l'effroi dans l'âme de Pharaon en lui montrant les dix terribles plaies qui devaient affliger le peuple d'Egypte. Le récit intitulé *le Cousturier de Dieu* a pour vignette la représentation des Œuvres de miséricorde. Au-dessous du titre de la fable *d'un Pere et de son Enfant*, à n'en point douter, c'est Job que nous voyons abîmé dans la douleur, près de sa maison en feu, regardant ses moissons détruites. Oserai-je bien le faire remarquer, en tête de l'apologue intitulé *d'un Homme refusant un clistere*, c'est encore une représentation de Job que nous voyons dans un complet état de nudité; il y figure le patient, le singulier héros du récit, et les personnages qui, dans la narration biblique viennent l'avertir de ses malheurs, jouent dans cette image le rôle des médecins dont les conseils sont si peu écoutés et si mal récompensés.

La recherche de ces gravures, dans les livres tous fort rares où elles ont été employées pour la première fois, et même leur recherche dans les livres où elles ont reparu depuis nos fables, sans autre changement que la détérioration causée par leur emploi réitéré, par les années, quelquefois par les siècles, ne nous a point semblé seulement œuvre de simple curiosité, mais une étude vraiment utile. N'y a-t-il pas un intérêt évident à connaître le véritable sujet des figures que nos vieux dessinateurs et nos *tailleurs d'hystoires* avaient en vue au moment de leur travail? L'histoire de la gravure sur bois, habilement tentée, plutôt que définitivement écrite, n'y pourrait-elle d'ailleurs puiser quelques enseignements, y apercevoir, par exemple, les causes d'erreurs qui peuvent naître pour ses auteurs des dates de tant d'ouvrages, où les gravures sans nom et sans monogramme laissent à si grand'peine comprendre leur lointaine origine?

Quelque soin que nous ayons mis à retrouver l'emploi primitif de nos gravures, c'est seulement en 1538, dans l'édition de C. Marot donnée par Denys Janot, que nous en reconnaissons une, au Ier livre des Métamorphoses d'Ovide, celle qui orne la fable intitulée: *un Joueur de harpe.*

Trois ouvrages de Gilles Corrozet viennent ensuite qui nous offrent la plus ample moisson. En 1539, le poëte parisien publiait, en un volume in-16, *Les blasons domestiques contenantz la decoration d'une maison honneste et du mesnage estant en icelle: Invention joyeuse et moderne.* Il y a dans cet ouvrage, parmi ses vingt-sept figures, deux de nos bois, et comme il paraît probable qu'ils sont employés là, pour la première fois, nous croyons intéressant de donner une partie du texte qui les accompagne. La gravure ornant notre 72e fable, liv. Ier, est dans le petit volume de 1539 placée au-dessus du *Blason de la Sasle et de la Chambre* :

>Chambre tresclere et bien quarrée,
>Chambre au corps humain preparée,
>Chambre bastie d'ung masson
>Par tresexcellente facon
>Chambre dont les vitres sont telles
>Qu'on n'en vidt jamais de plus belles,
>Chambre ou pour faire ung doulx marcher
>On a embrissé le plancher.
>Chambre natée en toute place.
>O chambre de tant bonne grace,
>Chambre tapissée si bien
>Qu'on ne scauroit dire combien,
>Ou on void les ruses et tours
>D'armes, de chasses et d'amours,
>Les boys, les champs, et les fontaines
>Les monts et vaulx; et vertes plaines,
>Chambre illustrée de tableaux
>Tant bien faictz, tant riches, tant beaulx
>Chambre de si grand beaulté
>Que l'amoureuse déité
>De Cupido, a chascune heure
>Y vouldroit bien faire demeure.
>Chambre belle tant que peult estre
>Ressemblant Paradis terrestre

INTRODUCTION. XXXIII

> Pourveu que l'homme et femme aussi
> Y soient sans guerre, et sans soucy.
>
> . . . .

Dans le même volume, nous trouvons, personnifiant l'Amour, l'image placée au commencement de la 52ᵉ fable du IIᵉ livre de G. Haudent :

> Amour est painct ainsi qu'ung jeune enfant
> Qui est tout nud et n'a vesture aulcune,
> Blanc et poly, joyeux et triumphant.
>
> . . . .

Un autre ouvrage fort curieux du même auteur portant pour titre : *Hecatomgraphie. C'est a dire les descriptions de cent figures et hystoires, contenans plusieurs appophtegmes, proverbes, sentences et dictz tant des anciens que des modernes.* Paris, Denys Janot 1541 (et 1543), montre, parmi ses cent figures, une vingtaine environ qui ont servi plus tard à représenter diverses scènes de nos fables. Il serait trop long de nous arrêter à les énumérer toutes ; mais pour donner une idée de ce curieux livre et surtout pour bien faire comprendre plusieurs de nos gravures qui sont là dans leur première et véritable situation, nous reproduirons le texte de plusieurs d'entre elles. — La description de la nef placée dans Haudent en tête de la 70ᵉ fable, est ainsi faite :

> Comme en la nef chascun s'applicque
> Faire l'office ou il est mis,

Tout ainsi en la republicque,
Par degré plusieurs sont commis.
   Quand la nef est bien equippée
De mastz, de rames et de voilles
Et que la mer l'a attrapée
Entre les eaux et les estoilles
Là est le patron resident.
Honoré comme un president,
Par qui la nef est gouvernée :
Puis elle est conduicte et menée
Des galiotz le voile au vent,
L'un est a la proue devant,
L'aultre est au mast, l'aultre à la hune.
Ainsi chascun se met avant
Pour venir au port sans fortune.
   A bon droict peult on comparer
La republicque à la navire,
Ainsi la faut il preparer
Pour la bien mener et conduire
Les ungs ont le gouvernement
Dessus tout generalement,
Aultres soubz eulx tiennent office,
Chascun employe son service
Pour le bien du pauvre commun,
Par ordre et en temps opportun,
Selon son degré et puissance,
Et pour l'entretenir, chascun
   Y faict de soy obeyssance.

La fable d'un *Chameau* a pour gravure un cheval sans selle ni bride monté par une femme nue. ce qui n'est nullement en rapport avec son texte ; nous trouvons au contraire à cette figure équestre sa signification naturelle dans l'*Hecatomgraphie* :

> Temerité trop jeune sotte
> Sur un cheval voltige et trotte
> Sans selle, sans resne et sans bride
> Et sans avoir aucune guide.
>   Qui veult paindre a la vérité
> L'ymage de Temerité
> Il fault quelle soit toute nue
> Et pour estre encor mieulx congneue
> Elle chevauche un grand cheval
> Qui court et poste a mont et val
> Pource qu'il n'est encor dompté
> Car aucun n'a sur luy monté
> Et qui pis est n'a bride ou frain
> Qu'elle peut tenir en la main
> Ains court comme descongnoissante
> Sans tenir chemin, voye ou sente
> Et des esperons poingt et picque
> Ce cheval, qui ses piedz applicque
> A ruer et saulter en l'œr
> Si fort qu'on ne le void aller
> Elle a des fleurs une couronne
> Qui son plaisant chef environne,
> Et ses cheveulx longs et espars
> Derriere elle de toutes pars
> Pendent et volettent au vent.
> Ceste hystoyre est mise en avant
> Notant qu'en folle hardiesse
> N'y a grand raison et sagesse
> Car'elle est trop avantageuse
> Trop indiscrete et oultrageuse.

Donnons encore, puisée à la même source, l'explication plus vraie de la figure si singulièrement placée au commencement de la fable *d'un Tahon et d'un Lyon* :

   Un doulx aigneau soubz son pied tient
   Le Lyon des bestes le prince
   Humilité maistrie et vince
   Les plus grands que terre soustient.
Petit aigneau aimable et innocent
Tu as vaincu ce Lyon grande beste
Tu luy as mis ton pied dessus sa teste
Vers toi s'encline et au faict se consent
Il fleure bien ta doulceur et la sent.
Ton pied doulcet faict ses crins abbaisser
Et sa fureur du tout en tout cesser
Ses yeulx cruelz se baissent vers la terre.
Tu as sur luy (non par ta force) acquis,
Mais par douceur, un grand triumphe exquis,
Tant qu'il est prest de te quicter la guerre.
 O que tu es de Dieu la bien aymée,
Humilité au bel Aigneau, semblable
Ta courtoysie et facon amyable
Vince l'orgueil qui a la teste armée
Tu reluyras par claire renommée,
En rapportant triumphe de victoire,
Ton nom au chief de la sacrée histoire
Sera escript, non pas soubz letres closes,
Et soubz ton nom sera mis en memoire
Humilité qui vince toutes choses.

Enfin, car il ne faut pas que nous nous laissions entraîner au plaisir de ces curieuses citations, avant de fermer le livre, empruntons-lui seulement encore la plaisante explication de la figure placée en tête de la fable 121 du IIe livre :

> Un Homme avoit une Femme assez belle,
>   Qui n'estoit pas à son gré bien fidelle,
>   Et meit cela si bien en fantasie
>   Qu'il en tumba au mal de jalousie,
>   Voire à bon droict. Or feit il tost apres
>   Aux parens d'elle un banquet tout expres
>   Et apres boire et levées les tables
>   Leur racompta en mots non delectables
>   Comment sa femme alors se gouvernoit,
>   Et qu'envers luy tresmal se maintenoit,
>   En concluant et donnant à entendre
>   Qu'il la quictoit et qu'il leur vouloit rendre.
>   On luy respond que soubz clere beaulté
>   Estre ne peult telle desloyaulté,
>   Et qu'elle avoit l'apparence et la face
>   D'honnesteté et vertueuse grace.
>   Ha Messeigneurs (dict il) voyez vous pas
>   Ces beaulx souliers dont je marche grands pas?
>   Ils sont tous neufz, mais ne savez ou est-ce
>   Que l'un d'iceulx secretement me blesse
>   Car soubz doulceur par dehors embasmée
>   Gist une aigreur dedans envenimée.
>   Par le propos que ce mary deduict
>   Voyons que n'est tout or ce qui reluyt,
>   Et que vray est du Poete le Proverbe
>   Que le serpent gist souvent dessoubz l'herbe.

Les fables du très ancien Esope phrigien premierement

escriptes en Græc, et depuis mises en rithme Françoise par Gilles Corrozet, dont par ordre de date nous devons parler maintenant, parurent in-8° en 1542, chez Denys Janot. Toutes les figures de ce volume, environ une centaine, ont été employées, nous l'avons déjà dit, dans nos apologues ; c'est l'emprunt le plus nombreux comme aussi le plus naturel qui ait été fait au profit du livre de G. Haudent. Nous n'avons plus besoin d'aller chercher, par rapport à ces bois, dans un texte étranger, l'explication des scènes représentées ; quoique différentes par l'expression, les fables sont les mêmes au fond, et on s'explique très bien la pensée qu'on a eue de les placer dans notre volume de 1547. Disons, pour en faire apprécier la valeur au point de vue artistique, que Papillon les a crues gravées par Jean Cousin, et que F. Didot pense tout au moins que les dessins en ont été donnés par ce célèbre artiste.

En 1545, les frères Dugord (1) firent paraître un charmant petit in-16, portant pour titre : *Le Jardin d'honneur*

(1) Signalons, à propos de ce petit volume, une particularité qui semble avoir échappé aux bibliographes normands et n'a point été non plus signalée par M. E. Gosselin, dans la partie de ses *Glanes* où, s'occupant de nos libraires rouennais, il donne quelques détails sur la famille Dugord : l'existence à cette époque d'un troisième frère libraire lui-même. A la fin du *Jardin d'honneur*, on lit : Imprimé à Rouen par Jehan Petit, pour Robert, Jehan et Guyon Dugord Frères.

contenant en soy plusieurs apologies (sic), *proverbes et dictz moraulx avec les hystoires et figures. Aussi y sont adjoustez plusieurs Ballades, Rondeaulx, Dixains, Huictains et Triolletz fort joyeux* (1). Ce recueil, bien autrement joyeux que le titre ne semble peut-être l'indiquer, contient, pour servir d'ornement à ces poésies prises un peu partout, mais surtout à G. Corrozet, plus de soixante-dix figures parmi lesquelles vingt environ se montreront, deux ans plus tard, dans nos fables. Au milieu de ces textes, prenons discrètement un seul *dixain*, qui nous expliquera mieux que l'apologue *de deux Vaisseaux derain et lautre de terre* la figure assez gracieuse qui commence les deux pièces de vers :

> Pour essayer si le pot est fendu,
> Nous y versons de l'eau à l'adventure
> Non pas du vin, car il seroit perdu,
> Si le vaisseau avoit quelque fracture.
> Cecy nous donne expresse conjecture
> Que si voulons prouver un estranger
> Nous luy dirons quelque segret legier,
> Pour bien scavoir s'il est sobre en langaige
> D'un grand secret serions trop en dangier,
> S'il advenoit qu'en parler fust volage.

Enfin, en 1546, Nicolas Leroux imprimait aussi pour les frères Dugord un petit volume de poésies dans le

(1) Le *Jardin d'honneur* a reparu, même format et mêmes figures, à Paris en 1549, chez Estienne Groulleau.

même format intitulé : *Le Mirouer de prudence contenant plusieurs Sentences Apophthegmes et dictz moraulx des sages Anciens.* C'est un livre d'un tout autre genre que le précédent, mettant en vers, suivant les développements imaginés par l'auteur, quelque courte sentence latine placée en sommaire. Parmi un assez grand nombre de figures qui s'y aperçoivent, douze appartiennent à la série qui nous intéresse.

Citons une de ces sentences ; elle est ornée de la figure de notre fable *d'un Veufvier et d'une Veufve*, et traduit ou plutôt développe cette maxime du philosophe Cléobule : *Cum uxore non contende.*

> Garde toi bien de contendre et de battre
> Avec ta femme en contraires propos,
> Tu ne sçaurois la gagner pour la battre,
> Sois gracieux, si veulx avoir repos.
> Si elle n'est parfois en bon dispos,
> Endure d'elle, ainsi qu'il faut qu'endure
> De tes deffaulx, et si la chose est dure,
> Pensez que c'est pour ensemble avoir paix
> Et qu'onc ne fut de pure creature
> Qui n'eust ung si, fors une dont me tais.

Après l'année 1547 (celle où parurent nos Apologues), nous ne perdons pas davantage de vue ces gravures ; et nous allons tenter l'énumération aussi rapide que possible des livres où nous en avons remarqué à Paris, à Rouen ou à Troyes.

Dès 1548, Jehan Ruelle faisait paraître, avec quelques-unes de ces figures : *Lactance Firmian des divines Institutions contre les Gentils et Idolatres, nouvellement imprimé avec histoires. Traduict de latin en francoys, dedié au Roy de France par Rene Fame, notaire et secrétaire dudit seigneur.*

En 1549, Robert Valentin, libraire à Rouen, publiait dans cette ville un volume de liturgie intitulé : *Diurnale romanum totum officium recens promulgatum ab authore recognitum....* Ce petit in-12 commence par un calendrier où chaque mois est allégoriquement représenté par une gravure. Quatre sur les douze appartiennent à nos fables. Février, avec cette devise : *Ligna cremo*, a emprunté l'image de la fable 64, Ier livre ; Mai, *Mihi flos servit*, reproduit le sujet galant d'un *Jeune homme* ; Septembre, *Semen humi jacto*, a pris fort à propos le semeur de notre 127e fable, Ier livre, et Décembre, *Mihi macto*, la gravure d'un *Laboureur et de ses chiens*.

Les frères Dugord, dont en passant nous pouvons constater l'activité, éditant, en 1550 et 1552, *Les combatz du fidelle Papiste pelerin romain contre l'apostat Antipapiste tendant a la synagogue de Geneve maison babilonique des Lutheriens*., composé par Artus Désiré, trouvèrent encore occasion de placer dans ce livre un certain nombre des susdites gravures ; cet ornement, parait-il, y avait sa place nécessairement marquée, car le même ouvrage.

sous cet autre titre : *Les Batailles et Victoires du Chevalier Celeste contre le Chevalier Terrestre, l'un tirant a la maison de Dieu et l'autre a la maison du Prince du monde chef de l'eglise maligne....*, reparaissant à Paris, en 1553, chez Magdaleine Boursette, et en 1557, 1560, 1579, 1586, chez Ruelle, les reproduisit aussi.

Au reste, les libraires Ruelle (d'abord Jehan et plus tard sa veuve) se sont fréquemment servis de certains de nos bois; dès 1551 (aussi en 1554 et 1567), dans *Le defensoire de la foy chrestienne contenant en soy le miroer des francs Taulpins autrement nommez Luthériens....* une nouvelle œuvre du fougueux Artus Désiré, nous en trouvons encore l'emploi. Citons rapidement de la même librairie, et présentant cette particularité :

Lactance Firmian des divines Institutions contre les Gentilz et Idolatres nouvellement imprimé avec histoires traduict de latin en francoys..., par Rene Fame, 1555, édition différente de celle de 1548, mais contenant aussi quelques figures de nos fables;

Sanctum Jesu Christi Evangelium,... acta Apostolorum simul etiam cum figuris, 1559;

Les Epitres et Evangiles traduicts en françoys avec figures, 1564.

Un de nos imprimeurs rouennais les plus connus, Martin Le Mesgissier, possédait à son tour, en 1609, plusieurs de ces gravures; aussi le voit-on, non sans quelque étonnement, les employer dans deux petits volumes intitulés : *Le dernier tresor des Chansons amoureuses recueillis des plus excellents airs de Court et augmentez d'une infinité de tresbelles chansons nouvelles et musicalles.* Nous n'osons pas dire que cet emploi soit toujours bien justifié par le texte. Qui s'expliquera, en effet, la gravure de la fable 38, livre Iᵉʳ, au-dessus de cette chanson :

> Pendant que le soleil luira
> Et qu'il aura sa clarté belle,
> Et que la terre produira
> J'aymeray tousjours ma rebelle.
>   Plustost l'Hyver sera sans glaçon
> Et le beau Printemps sans fleurette
> Plustot la mer sera sans poisson
> Que n'aime tousjours ma brunette.

Quel rapprochement pourra-t-on bien faire entre la gravure *d'un Jaloux et de sa femme* avec cette autre chanson :

> Rossignolet du bois joly
> Va-t-en dire à mon doux ami
> Que je me recommande à luy
> Tout par amour?
> Et que je vois à l'ombre d'un soucy
> Finir mes jours.

Mais, ne l'oublions pas, le modeste recueil qui contient ces chansons ne semblait pas appelé à prendre un jour rang sur les tablettes des bibliophiles, moins encore à l'honneur d'être regardé avec tant d'attention. Son existence devait être éphémère, amuser un moment les yeux, égayer sans grande prétention l'esprit, et puis aussitôt disparaître pour faire place à quelque production aussi légère.

Par quelle singulière fortune ces gravures, vers ce temps, ont-elles été se réfugier dans une imprimerie troyenne? C'est ce qu'il serait difficile de dire d'une façon bien précise, mais ce que nous fait déjà apercevoir un livre plusieurs fois réimprimé dans le xvii⁰ et le xviii⁰ siècle sous ce titre : *Les Fables et la Vie d'Esope phrigien traduictes de grec en françois selon la version grecque avec le sens moral. A Troyes, chez Garnier, imprimeur.* Ce sont bien là nos bois (80 environ) et non point leur copie (1), l'examen le plus attentif ne peut que confirmer cette allégation. Ajoutons que ce n'est pas seulement cette notable partie de nos gravures, mais leur presque totalité, qui, privées de leur éclat primitif, déchues de leur valeur artistique d'autrefois, sont venues à la fin servir d'ornement à quelques livres de la bibliothèque bleue. Nous en trou-

---

(1) Telle fut sans doute l'espèce de renommée populaire que donnèrent a ces gravures les premières éditions troyennes des fables, qu'il s'en fit des contrefaçons. Nous avons pu en constater une copie fort exacte pour le dessin, mais d'un burin lourd et grossier, dans une édition faite à Rouen en 1619 : *Æsopi Phrygis fabulæ elegantissimis iconibus, illustrata cum latiná versione græco textui adjunctá....... Rothomagi, apud Nicolaum Le Prevost, prope Collegium Societatis Jesu.*

vons la preuve dans deux publications qui nous révèlent, chose bien autrement singulière, que ces bois eux-mêmes existent encore à l'heure présente. Un amateur de Troyes, M. Varlot, ayant réuni dans deux volumes, sous le titre d'*Illustration de l'ancienne imprimerie troyenne*, 1850, et de *Xilographie de l'imprimerie troyenne*, 1859, les anciens bois qui avaient servi dans les livres populaires publiés dans sa ville, nous y avons retrouvé notre collection presque entière (1), mais ne laissant que trop voir le poids et la fatigue de si nombreuses années ; tous sont émoussés, usés, brisés, frustes, presque méconnaissables !

Nous terminons ici ces notes, bien que les sachant incomplètes, inquiet déjà d'entendre blâmer leur étendue trop grande par rapport à ce qu'on serait en droit d'appeler un accessoire dans notre publication. Disons pour nous justifier, que nous avons trouvé dans ces recherches iconographiques un véritable intérêt, et que nous avons espéré le faire partager à quelques-uns de nos lecteurs.

Un mot maintenant sur la manière dont nous avons compris et exécuté cette réimpression. Bien que n'ayant pas le fanatisme du livre rare jusqu'à l'aimer pour ses fautes typographiques, il nous a ce-

---

(1) L'*Illustration de l'imprimerie troyenne* ne nous offre qu'une seule de nos gravures page 36, mais la *Xilographie*, dans les pages 43 et 60 à 69, possède notre série presque complète.

pendant paru convenable de ne rien changer ici au texte original. Nous n'avions à reproduire ni un manuscrit dont l'écriture pouvait avoir été altérée par un copiste négligent, ni un ouvrage ayant eu plusieurs éditions, parmi lesquelles nous avions à rétablir la meilleure version, nous possédions un seul texte et, on le sait, pour quelques pages même un seul exemplaire complet. Aussi telle cette partie des œuvres de Guillaume Haudent nous a été donnée par les frères Dugord, telle nous l'avons réimprimée page pour page, vers pour vers, nous dirions presque avec certitude lettre pour lettre, reproduisant toutes les coquilles et les bourdons, laissant vide la place des caractères tombés (1), élargissant seulement les marges du livre. Au milieu des fautes qui se laissent apercevoir dès le revers du titre, et qui se mêlent bientôt à un texte d'une orthographe indécise, à un français sentant si complétement son vieux terroir normand, il nous a paru qu'il y avait, par rapport aux corrections, une réserve utile,

---

(1) Le 7ᵉ avant-dernier vers de la fable d'*un Lyon et d'une Souris* est ainsi resté privé de son commencement, ce qui le fait assez peu facile à comprendre; c'est, dans tout le volume, l'exemple le plus notable de ce genre d'accident. Nous n'avons point, à cet endroit, rétabli le texte manquant pour rester fidèle à notre parti pris de reproduction fac-similaire, car autrement nous aurions cru très bien interpréter la pensée et l'expression de l'auteur en imprimant :

Que le cordail a peu syer.

indispensable même, à apporter. Ici et là, telle forme anormale pouvait venir d'une erreur d'impression, mais ailleurs et le plus souvent, cette locution singulièrement typographiée, ce mot qui nous étonne dans le bizarre arrangement de ses lettres, cet autre apparaissant avec deux, trois, quelquefois quatre variantes dans sa forme, les accents et la ponctuation manquant à cet endroit, inutiles à telle autre place, en général si peu réguliers dans leur emploi, toutes ces anomalies pouvaient avoir leur raison d'être. C'est beaucoup trop se hasarder qu'essayer de rétablir avec certitude dans de telles circonstances un texte aussi étendu ; le temps, le lieu, l'usage, la prononciation, l'hésitation aussi de la langue soit parlée, soit écrite, sont autant d'écueils surgissant de tous les côtés. Ne valait-il pas mieux laisser à quelques places subsister l'erreur, que tenter de rectifier parfois une forme ancienne mal comprise, et risquer ainsi d'enlever une occasion précieuse pour les recherches philologiques. La faute bien avérée nous a, quand même, paru bonne à conserver au milieu de ces nécessités d'interprétation, comme une sorte d'avertissement utile pour se méfier, dans tel autre passage douteux, de l'exactitude typographique.

Si ces raisons brièvement et sincèrement exposées n'étaient pas agréées par tous les lecteurs, à ceux qui croiraient devoir reprocher ce texte trop servilement suivi, comme à ceux qui reprocheraient, peut-être avec plus de raison, une étude trop incomplète des *Apologues* de G. Haudent, l'éditeur protestant de son intention de satisfaire tout le monde, adressera volontiers en finissant l'humble requête de l'imprimeur Jehan Le Prest :

> Il vous supply tous ces cas luy remettre
> En promettant mieulx faire à l'advenir.

Ch. LORMIER.

Trois centz

soixāte & six Apologues d'Eso
pe, Tresexcellent Philosophe,
Premierement traduictz de Grec en Latin,
par plusieurs illustres Autheurs comme Laurens valle, Erasme, &
autres. Et nouuellement
de Latin en Rithme
Françoyse.
Par maistre Guillaume haudent

VIE APREZ MORT.

Auec priuilege,
A Rouen.

☙ Au portail des Libraires aux boutiques de
Robert & Iehan du gord freres Libraires
1547.

Andreni Leonensis ad suum Gulielmum haudent Tetrastychon.

Muribus arma dedit Smyrneus carmine vates,
  Doctus apes fecit condere iura maro.
Tu salibus gallis pendes Gulielme disertas :
  Magna (nec id mirum) sensa sonare facit.

Horatius in arte Poetica.

Omne tulit punctū qui miscuit vtile dulci :
Lectorem delectando pariterq̄; monendo.

Huictain, a la louenge d'Esope.

Horace dict par escript authentique
Vn vray Poetǫ estre celuy qui ioinct
Moralite à fable Poeticque,
Car en cela il obserue tout poinct.
  Enquoy Esopǫ, entre tous ne fault point :
Quand en la lettre, il est fort delectable,
Dessoubz laquellǫ est caché & conioinct
Le sens moral, vtilǫ & proffitable.

Le premier li-
ure des apologues d'Esope.

Le premier Apologue est
d'un regnard & d'un boucq.

VN fin regnard & subtil par nature
Auec vn boucq se trouua d'auanture
Au bord de l'eau, de quelq puits si hault,
Qu'il en failloit y ßer a double sault,
Ce que voyant le regnard fine beste.

Lors dict au Boucq, dreſſer conuient ta teſte
Et l'eſtocquer encontre la paroy
Par ce moyen ie failliray ſur toy
Et par aprez deſſus le bord du puis,
Facillement pourray faillir, & puis
Ie te promectz de t'en tirer dehors.

Le poure boucq creuſt ce regnard alors
Parquoy s'eſt prins á eſtocquer de front
Les piedz en hault & ce Regnard fort prompt
Deſſus le col luy fault du premier coup
Et du ſecond ſe iecta bien acoup
Oultre le bord de ce puis ainſi hault,
Par ce moyen le regnard fin & cault
Eſchappa lors ſaultant et goguetant
Deſſus le bord de ce puis, entretant
Le poure boucq luy va crier d'enbas,
A faulx regnard ie voy que tu t'eſbas
Laſſus n'ayant aulcun ſoucy de moy
En toy ny à promeſſe qui ait foy
Quand ainſi eſt que d'ayder a me mettre
Hors de ce lieu tu m'as bien ſceu promettre
Mais maintenant ne t'en chault quand tu voys
Eſtrǵ eſchappé par tes fins ambigeois.

Aquoy reſpond le regnard, poure beſte
S'autant de ſens tu auoys en la teſte
Comme de poil as ſoubz gorge pendu
Pas en ce lieu ne fuſſes deſcendu

Sans aduiser premier ainsi que sage
Comment eschapper pourrays de ce passage.

Le moral.

Ceste fable nous peult apprendre
Qu'un homme sage doibt preuoir
Tousiours la fin que peult auoir
La chose qu'il veult entreprendre.

❧ Le second apologue d'un regnard & d'un Leopard.

Ainsi qu'un iour estoient en voye
Vn Regnard & vn Leopard
Afin de pourchasser leur proye
Sur les champs chascun pour sa part

Premier & auant leur depart
Eurent groſſe noyſɇ & querelle
Pour ſcauoir mon lequel appart
Pouoit auoir la peau plus belle.
   Le leopard vient apropoſer
En diſant, o fol regnardeau
Commɇ as tu le vouloir d'oſer
Tenir que tu ſoyes le plus beau
Quant ainſi eſt, que i'ay la peau,
De couleur diuerſɇ & inſigne,
Tu te monſtrɇ vn vray corbeau
Qui ſe veult preferer au cigne,
Combien reſpondit le regnard
Que tu ſoyes trop plus beau & fort
Que ne ſuys, toutesfoys mon art,
Mon ſens auſſi paſſe le fort
De tout ton corporel effort
Car force de corps peu profite
Sel' n'a de l'eſprit renfort
Et n'eſt par prudence conduicte.

Le moral.
Ceſte fable veult inferer
Qu'on doibt force dentendement
A celle du corps preferer
Scelon bon & vray iugement.

La troisiesme d'un ieune
homme & d'une chatte.

VN iouuenceau meist quelque iour
Par telle façon et maniere
Sus vne chatte son amour
Qu'a Venus, il a faict priere,
Aussi requeste singuliere
De la muer pour son playsir
En femme mignonne & gorriere,
Afin d'en faire a son desir.
  Ce que lors d'un vouloir benin
Venus a faict, a sa requeste
Muant en vn corps feminin
Fort beau elegant & honneste,
A l'heure mesme ceste beste

Neantmoins la mutation
Ne luy peust oster de la teste
Sa premiere inclusition.
  Car pendant que c'est amoureux
Auec icelle pouoyt estre
En l'embrassant d'un cœur ioyeux
Venus vint a iecter & mettre
Vne souris par la fenestre
Que ceste dame à poursuyuie
Aussytost que la peust congnoistre
En my laire troter en vie.

Le moral.

Ceste fable nous monstre comme
Pour changer de condition
En riens ne mue vn mauuais homme
Ses mœurs ne son affection.

La quatriesme d'un pere & de ses enfans.

Comme ainsi fut qu'un pere de famille
Sage prudent & disceret entre mille
Eust plusieurs filz ayantz contentions
Guerres, debatz, noyses dissentions
L'un contre l'autre ainsi qu'ont ennemys
Les desirant faire tous bons amys
Feist un fagot bien lié presenter
A chascun d'eulx pour experimenter
Si ce fagot ilz pourroient bien enfraindre
Leur commandant que nul eust à ce faindre
Ce qu'ilz ont faict mais nul d'eulx toutesfoys
Peust oncq froysser ce seul baston du boys
De ce fagot tant estoit bien lyé.

　Or par apres des lors fut deslyé,
Et fut baillé un baston seullement
A chascun d'eulx lequel facillement
Ont peu froysser rompry aussi diuiser

　　　　　　　　　　　　B

Le perɑ́ adoncq les voulut aduiſer
Qu'impoſſiblɑ́ eſt les ſçauroit ou pouoir
Exterminer ne vaincre leur pouoir
Par ce moyen qu'ilz ſoyent touſiours vnis
Et d'amitié & concorde munis,
Qu'ilz ſoÿet auſſi tous enſemblɑ́ alliez
Ne plus ne moins que s'ilz eſtoient liez
Des hars d'amours concordɑ́ et d'amitié
Sans ſeparer par quelquɑ́ inimitié.

Le moral.

Le moral eſt que par concorde
On voit petites choſes croiſtre
Et les grandes ſouuent decroiſtre
Pour maintenir noyſɑ́ & diſcorde.

 La v. d'une veufue & de ſa geline

Vne veufue fut laquelle euſt
Vne geline en ſa maiſon,
Qu'icelle meſme tresbien ſceuſt
Nourrir pour aucune ſaiſon
Sobrement & ſcelon raiſon
Parquoy la poulle luy donnoit
Vn œuf auſſi gros que d'oyſon
Vn chaſcun iour quelle ponnoyt
  Or aduint que la veufue creuſt
Que ceſte geline en effaict,
Pondroit deux œufz, mais quel' luy creuſt
Sa portion, ce que de faict
Par ceſte veufue à eſté faict
Mais aprez qu'el' fut engreſſée
N'a vn ſeul œuf ponnu ou faict
Tant eſtoit de greſſe oppreſſée.

Le moral.

Par ceſte fable on peult ſcauoir
Que quād pluſieurs ſont plans de biēs
Il ne leur en chault plus en riens
De mettre en effect leur ſcauoir.

❧ Le ſixieſme de deux ieunes
compaignons.

Deux compaignons expertz en menterie
Vindrent vn iour en la rotisserie
D'un cuisinier pour du rost marchander
Or ainsi commq estoient pour demander
Combien valloit vne longne de veau
Ou de rosty quelquq aultre bon morceau
Le rotisseur vn peu s'est d'esstourné
Lors aussi tost qui l'eust le doz tourné
L'ung des mignons vn morceau de rost happe
Que l'autre meist au plus tost soubz sa cappe,
Le rotisseur alors s'est retourné
Et luy voyant son rosty destourné
Il à voulu enquerir & sçauoir
Lequel des deux son rost pouoit auoir.
Adonc Celuy qui auoit prins ce rost
Vient a iurer (voyre Dieu) au plustot
Qui ne la point l'autre pareillement

Qui ne la prins ou happé nullement
Ausquelz respond adonc le rotisseur
Combien galantz que ie ne soye bien seur
Lequel de vous mon rost a peu surprendre
Neantmoins Dieu lequel auez peu prendre
Pour tesmoignage, est certain en effect
Lequel de vous cestuy larcin a faict
Car riens y a dessoubz ou sus les cieulx
Qui soit occulté, ou caché a ses yeulx.

Le moral.

Ceste fable nous monstre en somme
Que riens n'est faict en aulcun lieu
Qui ne soit manifesté a Dieu
Combien qui soit latent a l'homme.

⚜ *Le septiesme de deux autres*
compaignons.

AInſi comment deux autres telz galātz
Eſtoiēt ſur chāps & par pays allātz
Voicy vn ours venir de loing cōtrẻ eulx
Cōme voulant les deuourer tous deux
Dont eurent peur, & grand frayeur a l'heure,
Tant que l'un deulx bien toſt & ſans demeure,
Montẻ en vn arbrẻ ainſi que bien agile,
L'autre n'ayant le corps auſſi habile
Ne ſceuſt que fairẻ, alors ſinon au lieu
Faindrẻ eſtre mort, ſe commandant a Dieu
Pourtant ſur terrẻ, il ſeſt couche ſoubdain
Tout eſtendu ſans tirer pied ne main
Et voicy lours qui s'approche de luy
Pour le menger, & voyant qu'iceluy
Membre qu'il ayt aulcunement ne tire
Le penſant mort lors de luy ſe retire
Car d'un corps mort il n'a curẻ en effect.

Or par aprez que tout cela fut faict
Le compaignon lequel nous auons dict
Auoir monté de l'arbre descendit
Et est venu a lautre faire enqueste
Que luy disoit ou faisoit ceste beste.
Ce temps pendant qu'ainsi prez le sentoit
L'autre sans rire a respondu, cestoit
Lours pour certain qui me donnoit conseil,
Que desormais en tel cas & pareil,
Qu'est aduenu d'euiter eusses soing
Celuy qui laisse vn autre au grand besoing.

Le moral.

Ceste fable enseignement donne
Comme en temps de necessité
De besoing ou d'aduersité
Vn faulx amy l'autre abandonne.

⚜ La huictiesme d'un oliuier &
dun roseau.

Iadis aduint qu'un oliuier
Gros puiſſant, fermę & immobile
A quelque Roſeau de viuier
Reprocha qu'il eſtoit mobile
Foyblę inconſtant & non ſtabile
Et qu'a tous ventz obeiſſoit.
Ainſi qu'une choſe debile
Et par tant s'en eſbahyſſoit.
  Or s'eſcheut qu'il print a venter
Vn vent rudę & impetueux
Qui peuſt l'oliuier eſuenter
Tellement qu'il le meiſt en deux
Mais le roſeau fut vertueux
Car audict vent peuſt ſupplier
Sans eſtrę en riens preſumptueux
Commę vn lequel ne veult plyer,

Le moral.

Il fault entendre au sens moral
Qu'en temps il conuient obeyr
Car souuent par desobeyr
A plusieurs est aduenu mal.

⸿ Le neufiesme d'un ioueur de
trompette.

Quelque ioueur de trompette vne foys
En guerre fut surprins des ennemys
Lequel auant que passer les destrois
De mort, leur dict en effect mes amys
A mort par vous ie ne doibs estre mys
Veu que de batre ou de tuer personne
En quelque assault oncques ne m'entremys
Mais seullement de ma trompette y sonne

C

Auquel adonc fut respondu par eulx
D'autant plustost pour vray mort te compete
Veu que tu n'es en riens cheualereux
Ce nonobstant au son de la trompette
Faictz que chascun tuer l'un l'autre appete,
Quand a cela tu incites les cœurs
Ne plus ne moins que faict vne planette
Et pour autant a iustes droict tu mœurs.

Le moral.

Monstré nous est par ceste fable
Que celuy qui aucun m'effaict
Induict faire est aussi coulpable
Ou plus que celuy qui la faict.

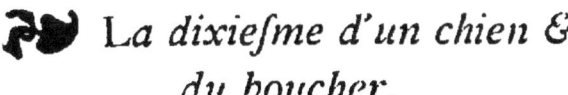 *La dixiesme d'un chien &*
du boucher.

Vn gros mastin de boucherie
Friand de tripe & de tripailles,
Entré en lieu de mangerie
D'un boucher où estoient entrailles,
Hors du corps d'aucunes ouailles
Entre lesquelles il rauist
Plustost qu'vn vaultour ne feist canlion
Vn cœur qu'oncques puis il ne vist,
Quand le boucher eust apperceu
Le tour que ce chien auoit faict,
Il luy cria, tu m'as deceu,
Mais pour l'aduenir en effect
Me garderay de ton m'effect,
Car pour vn cœur que tu as prins
Songneux feray si que desfaict
Plus de toy ne feray surprins.

Le moral,

Par ceste fable on peult cognoistre
Que pour perdre vn peu de son bien
Vn homme doibt plus songneux estre
Du reste pour le garder bien.

☙ Le vnzeiesme d'un medecin & d'un patient.

VN medecin quelque iour visitant
   Son patient, luy demanda s'autant
   De mal sentoit en son corps qu'il souloit.
Le patient qui tressort se douloit
Luy respondi, vnq ardeur vehemente

Me tient au corps qui me vexe & tourmente
Tant & si fort qu'en eau me faict tout fondre.
Le medecin adonc luy va respondre
C'est tresbon signe en effect se me semble.
 Or par apres auoir esté ensemble
Et diuisé quelque temps en vn lieu
Le medecin la commandé à Dieu,
Luy promettant par toucher en la main
De retourner encore l'endemain
Ce qu'il a faict incontinent aprez
Qu'en la maison fut venu tout exprez
A derechef le patient inquiz
De sa santé lequel sur ce requiz
A respondu certainement i'endure
Pour le present vne telle froydure
Qu'il m'est aduis que i'en doibs prendre fin.
Loué soit Dieu (a dict ce medecin)
Car pour certain c'est grand signe & presage
De guarison pourtant prenez courage
Priant a dieu bonne santé vous rendre,
Sur ce propos il voulut congé prendre
Du patient iusqu'au iour ensuyuant
Auquel il est reuenu, & suyuant
Ce qu'il auoit accoustumé il feist
C'est assauoir qu'a ce malade inquist
En quel estat il estoit de son corps
Et le poure homme a respondu qu'alors

Vn flux de ventre il auoit si tresgrief
Qu'il estimoit en mourir de bien bref.
  Or aussi tost qu'eust acheué son dire
Le medecin encor luy va redire
Tout de rechef que c'est vn tresbon signe,
Ce neantmoins ce propos il diuine
En luy donnant tousiours telle responce
Pour & affin qu'a chascun coup il fonce
Car cependant qu'entre eulx pouoient tenir
Iceulx propos voicy adonc venir
Vn des amys familiers du poure homme
Gesant au lict, qui luy demanda comme
Il se portoit, & le poure malade
Ayant le cueur assez debile & fade
Respond (sçelon le medecin) tresbien,
Mais toutesfoys sans qu'il s'en faille rien
Me voy la mort, ie n'attends plus que l'heure
Ou il fauldra que ie deffine & moeure.

Le moral.

Par ceste fable est monstré comme
Les medecins par menterie
Par mensonge aussi flaterie
Abusent souuent vn poure homme.

⚜ La xii. d'un asne & d'un leō.

Ainsi qu'vn asne quelquefoys
Alloit sus champs, a son pied dextre,
Se meist vng gros estoc de boys
Qui le feist en grand douleur estre,
 Or pendant qu'estoit en tel estre
Suruint vn Leon d'auanture
Auquel il pria de le mettre
Hors d'icelle griefue torture,
 Mais auant qu'autre chose faire,
C'est asne luy dist doulcement,
Tu foys le bien veu mon frere
De moy faictz ton commandement
Mais tire moy premierement
Du pied vn estocq que i'y ay,
Et puis apres entierement
A toy me donne pour tout vray.
 Ce leon vient pour arracher

Ce gros estocq a sa requeste
Et l'asne luy vint attacher
Vn si grand coup dessus la teste
Qu'el rua ius la poure beste,
Parquoy il fut plus estonné
Quand il eut receu tellq appreste
Que s'il eust sus son corps tonne
  Luy reuenu de pamaison
A commencé à s'accuser
Disant ie souffre par raison
Veu que i'ay voulu m'aduiser
Ainsi qu'un vray fol a vser
D'un art contrairq a ma nature
Dequoy me doibuoye recuser
Et deporter sçelon droicture.

Le moral.

Ceste fable nous veult apprendre
Que pour laisser l'art ou l'office
Que l'on cōgnoit pour aultruy prēdre
Souuent en aduient malefice.

🕭 *La treiziesme d'un pasteur*
    & de la mer.

VN pasteur fut qui menoit ses tropeaulx
Tāt de brebis de chieures & d'aigneaulx
De lieu en lieu en certains pasturages
Lesquelz estoient obliguez aux rivages
D'une grand mer qu'il veist douces & tranquille
Parquoy conclud qu'il trouueroit le stille
De son berceail vendre tōtallement
Et puis apres que liberallement
Exerceroit le train de marchandise
Sur ceste mer aynsi douces & raßise,
 Ce qu'il a faict car ꝯṁes acheta
Dont vn nauiref ou plustost il freta
Puis sur mer print a faire nauigaige
Mais pas long temps ny fut que par orage
Et par rigueur de temps & vent contraire
Ne luy conuint hors de la nef retraire
Sa marchandise & iecter en la mer

D

Craignant encor commę vn couſt plus amer
D'eſtre noyé voyant ſon bien perdu,
A commencé (voyre tout eſperdu)
A prier Dieu, & requerir allors
De luy ſauuer tant ſeullement ſon corps
Ce qu'en la fin eſt ainſi aduenu.
 Or peu aprez que ſus terrę eſt venu
Et deſcendu, la mer reuient a eſtre
Doulcę & paiſiblę, & en ſon premier eſtre,
Ceſtuy paſteur adoncques la regarde
En luy diſant faulſe mer tu n'as garde
Que deſormais de palmes plus te porte
Veu que tu es toute de telle ſorte
Qu'eſtois alors quand voulus entreprendre
Te nauiguer dont m'en a peu mal prendre.

Le moral.

Par ceſte fablę il eſt apprins
Qu'vn hommę euite de rechef
Venir au peril & meſchef
Ou autresfoys a eſté prins.

Le quatorzeieſme d'un re-
gnard & d'un leon.

Ainsi qu'un jeune regnardeau
S'alloit esbatre sur un pré
Il apperceut au bord d'une eau
Un lion puissant grand & fier,
Lequel l'apperceuant d'hazart
Que si estoit prins par telle ruse
Aucun d'iceulx en _____
C'estoit peine _____
  Advint qu'apres un jour ou deux
Le regnard se vint r'ainsi,
Adonc il n'en fut si paoureux
Que quand premierement le vcit,
Ce neantmoins encor si n'osa
A fuyr ainsi que par cautelle
Mais un autre tour s'entremesle
De parler à luy & sans crainte.

Le moral.

Par ceste fable on doibt entendre
Qu'il n'est chose tant difficile
Qu'en la fin on ne puisse rendre
A la hanter assez facile.

🙵 La quinziesme d'une perdrix & des coqz.

VN quidam fut qui en toute saison
Poulles & coqz auoit en sa maison
Auec lesquelz il meist pour son plaisir
Vne perdrix dequoy grand desplaisir
Eurent ces coqz pourtant l'ont irritée

Et de leur becq & ergotz agitée
Tant & ſi fort qu'elle ſen tourmentoit
Et apart ſoy aigrement lamentoit
En eſtimant qu'ilz luy menoyent la guerre
Par ce qu'el' n'eſt de leur naturę & gerre,
Mais par aprez el' veiſt qu'ilz ſe baſtoient
Et becq a becq l'un l'autre combatoient
Pourtant alors elle print reconfort
Diſant en ſoy ie ne me doibs ſi fort
Marrir en coeur ne me plaindrę en effect
Quand i'apperçoys reaulment & de faict
Que tous ces coqz que voyci leſquelz ſont
D'un meſme gerrę & naturę encor ont
Noyſes, debatz & querelles enſemble
Tant qu'il vouldroient s'entre menger ſe ſemble.

Le moral.

Ceſte fablę eſtrangiers aduiſe
De prendrę en gré ſilz ſont hays
Quand diſcorde ſouuent diuiſe
Ceulx qui ſont d'un meſme pays.

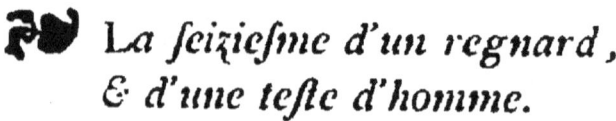 La ſeiziesme d'un regnard,
& d'une teſte d'homme.

Ainſi qu'vn regnard ancien
Entroit pour fairç vne leuée
Au logis d'un muſicien
Vne teſte d'hommç a trouuée,
Laquellç il à fort approuuée
La voyant de façon moult belle,
Mais par aprez la reprouuée
Quand aulcun ſens n'a veu en elle.

Le moral.

Ceſte fablç icy nous demonſtre
Que beaulté ſans entendement
Ne ſert ſeullement que de monſtre
Ou d'inutile fardement.

🕊 La dixseptiesme d'un charbonnier & d'un foullon.

VN charbonnier assez souillon
Demanda lors à vn foullon
S'habiter vouloit auec luy,
Auquel respondit iceluy,
Ton estat ne conuient en rien
Ne ton mestier auec le mien
Car tu noirciroix en effect
Bien tost ce que blanc aurois faict,
Pourtant ie concludz par raison
Que ne m'est propre ta maison.

Le moral.

Par ceste fable au sens moral

Eſt monſtre qu'vn homme de bien
Ne doibt pour vray hanter en rien
Ceulx qui ſont addonnez en mal.

Le dixhuictieſme d'un homme vanteur.

AInſi que quelque glorieux
Deuant aucuns autres contoit
Qu'auoit eſte en pluſieurs lieux
Et qu'en iceux tous ſurmontoit
Par ces beaulx faictz qu'il racomptoit
Entre leſquelz dict pour le moins
Que tous Rhodiens il domptoit
Les appellant tous pour teſmoings.
  Quand il eut acheue ſon compte

Aucun luy a dict promptement,
Ie m'esbahys que tu n'as honte
De t'alloser si sottement
Si deuant tous appertement,
Tu as ce faict qu'est il besoing
De t'en vanter presentement
Ne d'appeller autry en tesmoing.

Le moral.

Par ceste fable il est notoire
Qu'homme pour ses faictz approuuer
Ne les doibt par tesmoingtz prouuer
Pour en appeter quelque gloire.

☞ Le dixneufiesme d'un calumniateur & du Dieu Phebus.

Vn homme fut plain de traffique
Lequel oza lors attenter,
De venir au temple delphique
Pour le dieu Apolo tenter
Luy difant pour me contenter,
Dy moy ſi ce que puis auoir
Sans bourdǫ ou menſongǫ inuenter
Eſt mort ou vif, ains que le voir.
 Or auoit ce trompeur alors
Vng moynneau ſoubz ſon veſtement
Duquel debuoit preſſer le corps,
Pous leſtaindre ſecretement
Au cas que Phebus iuſtement
Le diroit vif, puis au contraire
Ou il le diroit aultrement
En vie propoſoit lextraire.
 Phebus entendant la fallace
De ceſtuy calumniateur
Luy reſpondit de primeface,
Tu peulz eſtrǫ, ó faulx tentateur
Tant d'un que d'aultrǫ operateur
Parquoy eſly ſi tu veulx eſtre,
De ſa vie conſeruateur
Ou s'il te plaiſt a mort le mettre.

Le moral.

Vn chaſcun peult appercepuoir
Par le moral de ceſte fable

Qu'on ne peult iamais decepuoir
De Dieu, la science ineffable.

¶ La. xx. d'un pescheur & d'ũ
petit poisson.

Q Velque peschere cuydant poisson attraire
 Iecta sa Rez, mais quand vint a la traire
 Hors de son eau il ne trouua en elle
Fors seullement une petite ouelle,
Qui luy pria quant el' se vei[s]t surprin[s]e,
De la remettre en lieu ou l'auoit prin[s]e
Iusqu'a tant que d'ouelle meisme,
Parfaictement fut brebis denenue
Et par ainsi d'elle pourroit venir
Plus grand proufit a luy pour l'aduenir.
Quand eust ce dict le pescheur en effect

A respondu ie seroye fol parfaict
Si esperant pour l'aduenir happer
Plus grand proffit te laissoye eschapper
Puis qu'en mes mais presentement te tiens
Croy pour certain que ie n'en feray riens.

Le moral.

Par ceste fable on peult scauoir
Que le bien que pouons auoir
Ce neantmoins qu'il soit petit
Prendre ne nous doibt appetit
De le laisser aller soubz l'umbre
D'en auoir daultre en plus grād nōbre
Car communêment il est sceu
Que maint en a este deceu.

¶ *Le vingt & vniesme d'un cheual & d'un Asne.*

Vn vategiurier ayant plusieurs chevaulx
Entre lesquelz vne pouvre asnes estoit
Qu'il demenoit tât p̄ montz q̄ p̄ vaulx
Et de dure faulx & chargeuse molestoit
Dont grandz regretz a par elle faisoit,
Depriant l'un des chevaulx de son maistre
La soullager du faix qu'elle portoit
Ou de bien bref mort ou la verroit estre.

Ce vategiurier ce cheval magnificence
Ne voulut onq icelle Asne secourir
Ayant au jour ny [illisible] [illisible]
Dont la pouvre [illisible] la faix moderer
Mais tost apres tout luy peult [illisible]
Car on [illisible] sur son dos sa toy' charge
Pour la garder de faulte & courir
De la pouvre asne alors toute la charge.
Oultre ce faix encor sur son dos mesme

On luy chargea de cest' asne la peau,
Dont en son cœur conceut deuil si extresme
Qu'il eust voulu estre au fons d'un ruisseau
Ou par aulcun mis a mort d'un cousteau.
Disant en luy, ie suis bien miserable
Pour refuser vne part d'u fardeau
Ie porte vn fais qui m'est intolerable.

Le moral.

Ceste fable veult inferer
Qu'un fort doibt ayder au debile
Et le sçauant a l'inhabile
S'eulx mesmes veulent prosperer.

Le. xxii. d'un satire & d'un homme.

VN homme fut qui pria quelquefoys
Tresinstamment vn satyre du boys
De venir boyrɇ & menger auec luy
Pour attirer en amour iceluy
Ce qu'il a faict, mais cōmɇ estoient eulx deux
Assis en tablɇ, vn froid si merueilleux
Est suruenu dont l'hommɇ eust telle touche
Qu'il fust cōtraint mettrɇ au prez de sa bouche:
Lors tous ses doigts, affin que la chaleur
De son alainɇ en meist hors la douleur,
Ce que voyant ce satyrɇ en effect,
L'hommɇ a inquis pour quel' causɇ a ce faict
Il luy respond, que cestoit pour ses doigtz
Refociller, lesquelz auoit tresfrois.
   Or peu aprez qu'eust faict ceste demande
Fut apporté vn morceau de viande
Laquellɇ estoit, encore toute chaulde.
Tant que c'est hommɇ a lheure s'en eschaulde
Dont pour ses doigtz vn pou refrigerer
De son alainɇ il se peut ingerer
A les souffler, dont le satyrɇ aprez
Luy demanda derechef tout exprez
Pourquoy ses doigtz il souffloit en ce poinct
Et lautrɇ adonc luy dict sans mentir point
C'est pour affin d'en oster la chaleur
Qui a mes doigtz causɇ vne grand douleur.
   Quand ce satirɇ eust ce faict entendu

En doubte fut, & tout perplex rendu
Tant qu'il luy dict, ie ne veulx auecq toy
Plus conuerser ne me croyre en ta foy
Quand de iecter ie voy qu'est en ton esme
Tant froid que chauld tout de ta bouche mesme.

Le moral.

Ceste fable nous monstre a fuyre
Ceulx qui sont doubles en parolle
Car ilz peuent souuent plus nuyre
Qu'vn mal de la grosse verolle.

La vingt troisiesme d'un laboureur & de ses chiens.

VN laboureur, ayant en sa maison
Plusieurs subiectz, eust pour quelque saison
Necessité, & souffrette si grande,

Cest assauoir de chair & de viande
Qu'il fut contrainct de tuer tous ses veaulx
Brebis, pourceaulx, moutōs, bœufz & aigneaulx
Ce que voyant les chiens ont dict a lheure
Fuyons nous en sans faird yci demeure
Car s'ainsi est que nostre maistre tue
Ses propres boeufz, qui menent sa charue
Il pourra bien a la mort nous liurer,
Parquoy fuyons pour nous en deliurer.

Le moral.

Ceste fable nous peult induire
Qu'a fuyr soyons diligentz,
Ceulx qui sont cruelz a leurs gentz
Et a leurs amys tendent nuyre.

La xxiiii. d'ū quidā mors d'ū chiē.

F

Qvelque iour vn homme fut mors
Iufqu'au fang d'un chien furieux,
Parquoy pour guarir ceftuy mors
C'eft tranfporte en plufieurs lieux,
Depriant tant ieunes que vieux
De luy donner quelqu' allegeance
Contre ce mors pernicieux,
Qui luy caufoit dure greuance.
 L'un diceulx refpondit alors
Vn morceau de pain te fault prendre
Couuert de ton fang par dehors,
Et au chien qui ta mors le tendre,
Et fi le chien on voit pretendre
A menger ce morceau de pain
Tu doibs facillement entendre
Que tu en guariras tout fain.
 Il n'euft pas fi toft expliqué
Ce propos que le patient
N'ayt pluftot dict & replicqué
De louyr, comme impatient
Qu'au vray ne feroit pas fcient
De ce faire, ains digne feroit
Deftre mords a bon efcient
D'un chafcun chien qu'il trouueroit.

Le moral.
Cefte fable icy nous veult dire

Et par son moral monstrer comme
Le plus souuent vn mauuais homme
Par luy bien faire deuient pire.

❧ La. xxv. d'un Daulphin, &
d'un Poisson dict Thin.

Comme vn daulphin pourchassoit apaisface
A transgloutir affin d'emplir sa pance
Aucun poisson dict Thynnus, en latin,
Ledict poisson voyant estre en sa fin
Et n'ayant plus de vif aulcun espoir
S'en est venu par vn grand desespoir
Si rudement frapper dedens vn gort
Que tost apres en a receu la mort,
Puis ce daulphin poursuyuant par nager
Cestuy poisson s'est venu oultrager

Semblablement en l'encontre d'un roch,
Auquel il s'est baillé si rude choch
Que de ce coup vint en la fin tirer,
Et puis aprez a bien tost expirer,
Ce que voyant le poysson dessudict,
A lheure mesmg & apart luy a dict.
   Or maintenant dure mort encourir
Ne m'est facheux, puis que ie voy mourrir
Deuant mes yeulx cestuy mesme Daulphin,
Par qui ie meurs, & ma vie prend fin.

Le moral.

Monstré nous est au sens moral
Que souffrons plus patiamment,
Quand nous voyons ceulx notammēt
Qui en font causg endurer mal.

☙ La vingt sixiesme d'un oy
   seleur & d'un ramier.

Comme un oyseleur pretendoit
Vn ramier hault tache surprendre,
Et au pied d'un arbre il tendoit
Ses rethz & filletz pour le prendre :
Il luy peust tant alors mesprendre
Qu'vne couleuure il irrita
Par son pied dessus elle estendre
Qu'a la picquer il lincita.

 Quand il se veist mors & picqué
Son corps aussi (qui est le pire)
De venin estre intoxiqué,
Commença a crier & dire
Certes ie me doibs bien maudire
Car pour cuyder circonuenir
Aultruy, pour le perdre & occire
Tresmal il m'en a peu venir.

Le moral.

La fable certains nous peult faire
Que celuy qui pretend & esme
Nuyrɇ a aultruy ou luy meffaire
Souuent mal en recoit luy mesme.
La. xxvii. d'un castor & des veneurs.

LE castor naturellement
Entend la cause pour laquelle
Veneurs continuellement
Luy font vne chasse mortelle,
Pourtant par prudente cautelle
Couppe, ce dequoy on a enuye
Et puis leurs ieɇɋ en façon telle
Il eschappɇ & saulue sa vie.
 Car aprez que les veneurs ont
Les genitoires de la beste
Lors contentz pour certain ilz font,
Sans que plus leur chaille du reste,
Comme du corps ou de la teste,
Pour autant qu'iceulx genitoires
Vtiles sont ainsi qu'atteste
Plinɇ en son liure des histoires.

Le moral.

La fablɇ enseignɇ au sens moral
A laisser & abandonner

La chose qui pourroit donner
Occasion de plus grand mal.

La. xxviii. d'un deuin.

Omme vn deuin estoit seis pour predire
En plain marché les choses aduenir
Et qu'un chascun adōc l'escoutoit dire
Voyci de loing vn messaiger venir,
Lequel luy dist qu'il eust a reuenir
En sa maison & qu'on l'auoit robbe,
Dont il cuyda hors du sens deuenir
Quand eust ouy qu'il estoit desrobbe.
 Or pour scauoir s'il auoit encouru
C'est infortune, il est soubdainement,
De ce marché en sa maison couru
Et en courant vn luy dist plainement,
Comme puis tu deuiner sainnement
Les faictz d'aultruy, quand on voit par raison
Que tu n'as peu scauoir certainement,
Ce qu'on a faict en ta propre maison.

Le moral.

Par ceste fable est euident
Que celuy lequel perd a faire
Son cas pour penser a l'affaire
D'aultruy est fol & imprudent.

Le vingtneufiefme d'un pipeur & d'un Merle.

VN Oyfeleur quelque iour pretendant
A prendrᶒ oyfeaulx fut fes filletʒ tēdāt
Sus vn paftiʒ conuenablᶒ en l'affaire,
Ce que de loing voyant vn merle faire
A demande a l'oyfeleur quel' chofe
Il batiffoit i' edifiᶒ & compofe
(Dift l'oyfeleur) fur ce pre vne ville:
Quant euft ce dit, il fut fin & habile
De fe cacher vn peu derrierᶒ vn val,
Le merlᶒ adonc ne penfant a nul mal
De cefte reʒ s'approcha par trop preʒ
Car l'oyfeleur la caché tout expreʒ
L'en eft venu a couurir promptement

Quand c'est oyseau s'est veu affroidement
Prins en la Ratz a commencé a dire.
O faulx pipeur Dieu te puisse maudire
Si tu bastis jamais de telle ville.
Croy pour certain que tu n'auras de mille
Vn cytoyen qui vueille resider
Pendant le temps qu'y pourras prosister.

Le moral.

Ceste fable nous peult induire.
D'estre songneux & diligentz
En tout temps d'euiter & fuyre
Ceux qui font cruelz a leurs gens.

La trenteiesme d'un viateur & de Iupiter.

VN viateur tracaſſāt par maintʒ lieux
Fiſt ſur chemin veu & promeſſɇ aux dieux
De leur offrir ſans qu'il s'en faulſiſt riē
Vne moytié pour part de tout le bien
Qu'il trouueroit en ſon chemin & voye
Voyre fut d'or ou d'argent vn montioye.
  Or peu apreʒ qu'euſt ce veu faict, trouua
Aulcun vaiſſeau que moult fort approuua,
Car eſtoit plain de dathes & d'amandes
Qu'il mengea lors tant luy ſembloient friandes,
Mais les noyaux & parences d'icelles
Il reſerua diſant par grands cautelles
De ces noiaux & parences feray
Preſent aux dieux, par ce moyen feray
Quictɇ & abſoulʒ du veu que leur ay faict,
Car ilʒ auront la moytié en effect,
De ce que iay en mon chemin trouué
Par ce moyen, lequel iay controuué.

Le moral.
Par ceſte fablɇ on peult voir cōme
Pluſieurs par frauldes concepuoir
Penſent dieu pour vray decepuoir
Ce qui n'eſt licitɇ a vn homme.

🕮 Le. xxxi. d'un enfant & de
ſa mere.

Vn enfant de cinq a six ans
Vu iour vint a rober & prendre
En l'escole vn Alphabeth, sans
A l'heure mesme le reprendre,
Dont apres luy peust tant mesprendre
Que par ses larcins augmenter
Au gibet on le vousist pendre
Pour la mort experimenter.

Mais ains qu'endurer le supplice,
De la mort rapoilt inhumanement,
Aux officiers de la iustice
Dirsi a sa mere notamment
Vn mot, ce qu'a l'heure rembrent
Luy fut permis, mais quand peust estre
Aupres d'elle, ainsi maschamment
Luy arracha l'oreille dextre.

Le peuple lors luy vint a dire
Voyant l'excez qu'il auoit faict,
Tu es bien cruel & plein dire
D'auoir commis si meschant faict,
A quoy respondit en effect,
Se i'eusse este corrigé d'elle
Au premier & second meffaict
Iamais mort n'eusse encouru telle.

Le moral.
Ceste fable peult icy apprendre
A perɇ & merɇ auoir lusaige
De corriger & de reprendre
Enfantz quand ilz sont en ieunɇ aage.

La trentedeuxiesme d'un pere & de son enfant.

VN gentil hommę eſtant ſur ſes ans vieux
Iadis ſongea qu'vn leon furieux
Deuant ſes yeux pour vray tranſgloutiſſoit
Vn ſien enfant qué moult fort cheriſſoit,
Dont de ce ſongę il fut eſmerueillé
Et tout parplex parquoy luy eſueillé
Lors ayant paour que ce ſongę en effect
N'euſt a tenir & a ſortir effect
Il feiſt baſtir vn logis triumphant
Pour y enclorrę & garder ſon enfant.
 Or pour autant que ce filz s'adonnoit
En venerię, & ſon cœur y donnoit
Le perę adonc par treſgrand ornature
Feiſt audict lieu tairę en platte painctúre
Toute manierę & eſpece de beſte,
Affin de luy oſter hors de la teſte
L'affection d'aller au boys chaſſer,
Ce neantmoins ne la peut dechaſſer,
Pourtant par deuil d'eſtrę en ce lieu enclos
Il eſt venu a frapper du poing cloz
Sus vn leon painct contre la paroy.
En luy diſant, ó faulx leon, par toy
Ie ſuys tenu ycy commę en priſon :
Sans auoir faict aulcune meſpriſon:
En ce diſant commę eſt dit par grand deuil
Vint a frapper ceſtuy leon par l'oeuil,
En le frappant il trouua d'auanture

Vn clou caché dedens ceſte painɫure,
Qui luy percha la main ſi greſuement,
Que pour le dirɇ, & narrer breſuement
Aulcunɇ vlcerɇ incurablɇ & infaiɫe
Dedans ſa main s'eſt procreɇ & faiɫe
Dont par douleur exceſſiuɇ il mourut.
  Or de ſa mort ceſtuy perɇ encourut,
Tel deſplaiſir ennuy & deſconfort,
Que toſt aprez en a receu la mort.

Le moral.

Par la fablɇ eſt determiné
Que quoy que l'hōmɇ en ſoy propoſe
Il ne peult euiter la choſe
Enquoy il eſt predeſtiné.

La. xxxiii. d'ū homme chaulue.

Vn homme chaulue par nature
Vsoit d'une perruche saincte,
Laquelle de coup d'auanture
Fust du vent quelque iour attaincte,
Tant & si fort que par contraincte
Hors de sa teste il vous la rue,
Dont rit alors personne mainte
La voyant tomber en la rue,
Quand il veist les gens ainsi rire
D'iceulx cheueulx, qui n'estoient siens
Luy mesme se print a soubzrire
Disant de ce ne fault en riens
S'esmerueiller, veu que les miens
Et ceulx que iauoye proprement
Encore pas ie ne retiens,
Dont vous riez improprement.

Le moral.

Par ceste fable est euident
Que ne debuons auoir tristesse
De perdre mondaine richesse,
Veu quel' nous vient par accident.

⚜ La. xxxiiii. d'un patient.

VN patient bien voyant qu'il estoit
En tel' langueur qu'au vray ne luy
    restoit
Plus que la mort aux dieux voulut promet-
Si leur plaisoit en sante le remettre   (tre
Et le guarir, de leur donner cent bœufz :
Or n'auoit il a luy vaillant cent boeufz,
Parquoy sa femme adoncques l'oyant faire
Telle promesse & veu sur c'est affaire
Luy dist, comment aux dieux pourroiz vous bien
Donner cent boeufz quand n'auez aulcun bien,
A quoy repliqué & respond le mary
Estimes tu doncques me voyr guarir
Ou recouurer sante veu que suys mort
Ou aultant vault ou ie suis mis au fort
Quand cestuy cas, deuiendroict neantmoins
On pourroit les contenter de moins

On ne perd rien pour auoir sa demande
A faire veu & promesse assez grande.
    Le moral.
 Par la fable il fault retenir
Que quand plusieurs sõt hors d'espoir
Promettent ce qu'il n'ont pouoir
Dexecuter ni de tenir.

 La trentecinqiesme de deux
    grenouilles.

Vrant l'este que le soleil espart
Ses grãdz chaleurs & q̃ tout brusle & art
Furẽt sechez plusieurs marhez & soueilles
A l'un desquelz se tindrent deux grenoilles
Pour quelque temps, mais aprez qu'ilz ont veu
       H

Que d'eauɇ eſtoit totalement ebeu
L'ont delaiſſé & puis tant de chemin
Enſemblɇ ont faict qu'ont trouué en la fin
Vn puis fort hault, adoncq l'une des deux
A l'autre diſt deſcendons cy au creux
De ceſtuy puys ou l'eau ſourt & ruiſſelle
Certainement a reſpondu icelle
Il nous pourroit eſtre vendu bien cher,
Se d'auanturɇ il venoit a ſecher
Car impoſſiblɇ a nous ſeroit alors
De nous en metrɇ ou retirer dehors
Pour ſa haulteur parquoy malgré noʒ dentʒ
Finer noʒ iours conuiendroit la dedens.

Le moral.

Par la fablɇ il doibt ſouuenir
Qu'il ne conuient, ou fault pretendre
Fairɇ vne choſe ſans entendre
La fin qui en peult aduenir.

⚜ La. xxxvi. d'un coq d'un chiē
& d'un regnard.

Vn coq & vn chien s'entremifrent
D'aller en vn pelerinage
Et foy l'ung a l'autre promifrent
Comme on faict par commun vfaige,
Or pendant qu'eftoient au voyage
La nuict les eft venu furprendre
Parquoy affez prez d'un villaige
Conuint a tous deux logis prendre
  Sus vn arbre adonc s'eft iuché
Le coq, pour y paffer la nuit
Et le chien au pied s'eft couché
Puis quand ce vint fus la minuict
Le coq a chanter fut induict
Pourtant efueilla vn regnard,
Qui accourut, fans faire bruit
Pour ce coq auoir par fon art
Or pour tant qu'eftoit ce coq hault

Bonnement ne pouoit saisir
Son corps, ce regnard fin & cault,
Parquoy luy dict par grand desir
De t'embrasser a mon plaisir
Et d'ouyr encorḍ vne foys,
Cy bas sans quelque desplaisir
Ta doulcḍ & resonante voix.
  Le coq entendant bien l'affaire
De ce regnard fin a merueille
Respond, ie ne le pourroye faire
Se premier le portier nesueilles
Luy disant pres de ses aureilles
Qu'il me vienne la portḍ ouurir
Et que pour vray tu t'appareilles
Aulcun secret me descouurir
  Ce regnard ne pensant a rien
Qui luy a peu porter nuysance
Est venu esueiller ce chien.
Lequel vous le prend par la pance
En le poursuyuant par oultrance
Et le mordant tant & si fort
Que bien tost apreʒ sans doubtance
Le poure regnard en est mort.

Le moral.
Par ceste fablḍ il est apprins
Que celluy qui cuidḍ aultruy prendre

Decepuoir tromper & surprendre
Souuentesfois se trouue prins.

¶ La: xxxvii. d'un ours & d'ū
Lyon, & d'un Dain.

Omme vn lion & vn ours se me semble
Alloiēt aux chāps & cheminoiēt ensēble,
Est aduenu qu'ont trouué en leur voye
Vn dain fort gras, dont ilz eurent grant ioye,
Premierement, & puis aprez grant dueil
Car le lyon dist qui l'auroit tout seul
Ce qu'est venu lours adonc contredire
Parquoy iceulx forcenez & plains d'ire
L'un contre l'autre ont eu mortelle guerre,
Par tel façon que tous deux sur la terre
Viennent a cheoir ainsi qu'a demis mortz

Ce que voyant vn fin regnard alors
Vient a rauir & happer cestuy Dain
Qu'il emporta enfuyant tressoubdain
Dont ce lyon & c'est ours ont conceu
Tresgrand couroux, quand ilz ont apperceu
Cestuy regnard emporter ce pourquoy
Ilz s'estoient mis en si piteux arroy
Tant qu'il ont dict a lheure a tout par eulx
Nous sommes bien meschantz & malheureux
Quand nous voyons que ce regnard emporte,
Ce dain, pourquoy nous sommes en tel' sorte
Attennuez de force & de puissance
Voire par nous & par nostre meschance
Quand luy tout seul a ozé entreprendre
Deuant noz yeulx oster rauir & prendre
Le dain, qu'auions par nostre soing & cure
Peu conquester pour nostre nourriture.

Le moral.

Ceste fable nous monstre bien
Que plusieurs pourchassent la proye
Et veillent pour gaigner le bien
De quoy les aultres ont la ioye.

☙ *La. xxxviii. d'ū buissō d'u*
pliget & d'vne chauue souris.

Advint vn iour qu'vn buysson plain d'es
pines
Voulut aller sus les rudes marines
   Pour mener train & faict de mar-
chandise,
Parquoy selon son plaisir & devise
A faict charger vne nef toute plaine
De vestementz tissus de fil de laine,
Ce que voyantz deux oyseaulx desquelz l'un
Est appellé en langaige commun
Chauuue Souris, & lautre est dict Plunget
Sont venus faire avecq luy compte & gect
C'est assavoir de beaucoup de deniers,
Pour & affin d'estre ses parsonniers
Duquel argent ilz s'estoient faictz debteurs

Par l'emprunter a d'aucuns crediteurs,
Or cela faict sur la mer se sont mis
Eulx troys ensemble ainsi que bons amys
Mais pas long temps ny furent que la fouldre
D'un vent contraire en la mer ne vinst sourdre
Par tel' facon qu'il leur conuient alors
Iecter en leau tout pour sauluer le corps
Qui est la cause & la raison pourquoy,
On voit encor le pliget a par soy
Dessus les eaux voler & s'adiecter
Affin de voir s'elle pourroit iecter
Le sien argent pourquoy pareillement
La souris chauluq entreprend seullement
Voler de nuit en n'osant se monstrer
Durant le iour de paour de rencontrer
Ses crediteurs & pourquoy le buysson
Communément habit robbe ou plisson
Attire a soy pour cuyder & penser
Qu'ilz soient a luy pour se recompenser.

Le moral.

Par la fable euident peult estre
Qu'on tient & suit iusques a la fin
La chose enquoy il est enclin,
Iouxte & scelon naturel estre.

La trenteneufiesme d'une

Chouette & des aultres Oyseaulx,

Ainsi que les oyseaulx estoient
Assemblez pour creer vn Roy
Et que le Paon ilz appetoient
Pour sa beaulté, & nobl' arroy,
La Chouette dist, quant a moy
Ie m'oppose sur cest affaire,
Veu le dommage & des'arroy,
Que laigle nous en pourroit faire.

Le moral.

Ceste fable nous faict recordz
Des Iyre roys prelatz seigneurs
Comme ilz sont en vertu greigneurs

Et non a la beaulté du corps.

Le. xl. d'un Regnard & d'un senglier.

Vn regnard allant quelquefoys,
Pourchasser sa proye & pasture
Vn senglier veist en vn boys
Lequel aguysoit d'auanture,
Ses crocqz contre vne boyse dure,
Ce que voyant le Regnard faire
Luy cria de loing (hau) mon frere,
Pourquoy veu qu'a cestq heure icy
N'as aulcun besoing ou affaire
Aguises tu t'es crocqz ainsi.
 L'autre luy respond tout exprez
De les aguyser ay prins soing

Au moins s'estoyg hasle de prez
Et me trouuoyg a ce besoing
Qu'il me conuint iouer du groing
Prest ie seroyg a me deffendre,
Et à tout deschirer & fendre,
Car possible est que n'aurois pas,
Bien le loisir pour y entendre
Quand venu seroyg en tel cas

Le moral.

Par la fable il est declaré,
Qu'au peril qu'on peult encourir
Il fault pour bien soy secourir
Auoir son cas tout prepare.

Le. xli, d'une Allouette &
d'un pipeur.

Comme vnɢ allouette cuydoit,
Prendrɢ vn grain de Blé, fut furprinſe
D'un pipeur, lequel la guydoit
Parquoy voyant quellɢ eſtoit prinſe
A deteſté ſon entreprinſe,
Diſant, ce m'eſt cy mauuais ſort,
Quand d'or ou d'argent n'ay faiɢ prinſe
Neantmoins en ſouffriray mort.

Le moral,
Par la fable ſommes apprins
Que maintz ont eſte pour vn rien
Auſſi toſt punis & reprins
Qu'aultres pour deſrober grand bien.

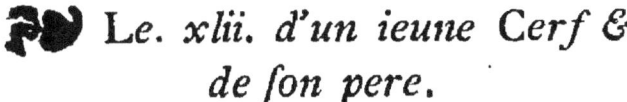 Le. xlii. d'un ieune Cerf &
de ſon pere.

VN ieune cerf a son pere dist lors,
Pourquoy les chiens crains tu plus q̃ tẽpeste?
Veu que tu es, plus agile du corps
Plus grand aussi, & qu'en forme de creste
Deux cornes as, & porte sur ta teste.
Vray est que iay (dit le Perd) iceux biens,
Mais pour certain ie ne scay quand au reste
D'ou vient cela qu'ainsi tu crains les chiens.

Le moral.

La fable nous peult aduertir
Que plusieurs en vain ont enhorte
Veu qu'ont nature de tel sorte
Qu'impossible est la diuertir.

 Le. xliii. d'un Auaricieux.

Vn quidam fut tant addonné au vice
De couuoytiſe & d'ardantɇ auarice,
Qu'il vendiſt tout ſon bien & ſō auoir
Affin qu'il peuſt d'or vne maſſɇ auoir,
Laquellɇ adonc il voulut enfouyr
En quelque lieu, ou pour ſe reſiouyr
Deux ou trois foys venoit iournellement,
Se contentant a la veoir ſeullement
Sans de ſon or prendrɇ aulcun aultrɇ vſage.
 Or peu aprez par vn fatal preſage
Eſt aduenu que c'eſt or enfouy
Fut par vn aultre hors du lieu defouy
Et transporte, dont l'auaricieux
Cuyda de deuil s'arracher les deux yeulx,
Se deteurdant commɇ vn hommɇ eſperdu
D'auoir ainſi ſon monceau d'or perdu,
Ce que voyant vn aultre luy va dire

Pourquoy es tu si marry & plain d'ire,
Veu que ton or ne te seruoit en terre
Ne plus ne moins que seroit vne pierre,
Car il n'estoit possible a ton courage,
Auoir pouoir de le mettre en vsage

Le moral.

Cette fable nous monstre bien
Que celuy qui est prins du vice
De couuoytise est en seruice
Et n'est point maistre de son bien.

Le. xliiii. des grues & des
oysons & des veneurs.

Ainsi qu'oysons auec grues peissoient
Tous en vn pré, vindrent pour les surprendre
Aulcuns veneurs, qui par ce lieu passoient,
Mais on veist tost les grues le vol prendre,
Ce que n'ont peu les oysons entreprendre
Pour & aultant que trop gras pouoient estre
Dont leur conuint a lheure tous se rendre
Et au vouloir des veneurs eulx submettre.

Le moral.
Cette fable declare comme

A la prinſe d'aulcune ville
D'eſchapper le pourɇ eſt habile,
Mais les biens tiennent le richɇ hōme.

⁂ Le, xlv. d'un limacon & d'un aigle.

VN iour paſſé le lymaçon
Pria fort vn aiglɇ en effect,
De luy enſeigner la façon
Et art de voler, mais de faict,
Laygle luy diſt, quand a ce faict
Tu es par naturɇ inhabile,
De venir donc a tel effect
Iamais tu ne ſeras habile.
 Ce neantmoins encorɇ inſiſte
Le Lymaçon pour ce comprendre,
Et laigle voyant qu'il perſiſte
Et que riens ne ſert le reprendre
Entre ſes piedz il le va prendre,
Puis quand il euſt porte fort hault
Le laiſſa cheoir dont ſe peuſt fendre
Et briſer tout de ceſtuy ſault.

Le moral.
Par ceſte fablɇ on peult extraire
Que deſirer il ne conuient

Effect a nature contraire
Car a plufieurs mal en aduient,
La mefme fable encor nous vient
A remonftrer, que par vfaige
Difcret & prudent on deuient
Par efcouter les dictz d'un fage.

Le. xlvi. d'une Biche.

Par vn traict d'arc ou raillon d'arbaleftre
Iadis perdit vne Biche loeil dextre,
Parquoy doubtant d'eftre circonuenue
De ce cofté, elle s'en eft venue
Prez de la mer y chercher nourriture
Difant en foy ainfi que coniecture,
Ycy pourray affeurément repaiftre
Veu que la mer eft de ce cofté dextre

Dont i'ay la veuë entierement eſtainde,
Pourtant ne doibz auoir aulcune crainte
De ce coſté qu'on me peuſt faire mal,
Mais bien me fault (car c'eſt le principal)
Auoir touſiours mon oeil deuers la terre,
D'ont les veneurs me pourroient mener guerre,
Et me ſurprendre, Or comme deuiſoit
Et ces propos a par elle diſoit
Aulcuns eſtantz lors ſur mer de nauire
La ſont venus a naurer d'une vire,
Elle ſentant ce mortifere coup,
A commencé a dire bien a coup
Las ie penſoye eſtre fort ſeurement
De ce coſté mais malheureuſement
Nauré on ma voire iuſqu'a ce point
Que ie mourray d'ou ne me guettoye point.

Le moral.

Par la fable il eſt entendu
Qui la veult prendre au ſens moral
Que d'un lieu ſouuent aduient mal
D'ou nullement eſt pretendu.

Le. xlvii. d'une aultre biche & d'un lyon.

Vne aultre Biche estant fort poursuyuie
D'aulcūs veneurs cuidāt sauluer sa vie
En vne fosse ou terrier se vint mettre,
En estimant illec seurement estre
Mais dauanture y trouua la dedans
Vn fier lyon, qui luy monstra ses dentz,
Dont de grand paour cheust lors toute esperdue,
Disant helas me vela bien perdue
Pour me cuider des veneurs deliurer
A ce lyon ie me suis peu liurer

Le moral.

La table au sens moral veult dire
Que plusieurs cuidantz s'estranger
De quelque peril ou dangier
Sont tombez souuent en vn pire.

Le. xlviii. d'une aultre biche
& des veneurs.

Nǫ aultre Bichǫ encore fut
Qui tel dangier peuſt encourir
Que le premier, mais luy eſcheut
Quelle gaigna par bien courir,
Car quand aprez ellǫ accourir
Veiſt les veneurs, el' ſe faulua,
Pour ſa viǫ & corps ſecourir
En vne vigne qu'el trouua.

  Ellǫ eſtant dedens ceſte vigne
Secretement s'eſt peu cacher
Sans fairǫ ou monſtrer aucun ſigne
Ou eſtoit ſon corps ou ſa chair
Ce que feiſt veneurs relacher
Leur entrepriſǫ, ainſi qu'en riens
Certains ou ilʒ pourroient lacher,
Pour icelle prendre, leurs chiens.

  Mais aprez quelle fut dedens
Ceſte vigne cloſǫ & couuerte,

Elle a brousé a bonnes dentz
Les feuilles qui lanoyent couuerte,
Dont aux veneurs fut descouuerte,
Qui sont retournez la poursuiure
Tant qu'en la fin l'ont recouuerte
Et puis luy ont faict mort ensuyure

Le moral.

Ceste fable icy nous apprent
Que pour mesdire ou mal penser
Ou ses bienfaicteurs offenser,
Souuent a plusieurs il mesprend.

Le. xlix. d'un asne & d'un lyon

 Voyant vn asne quelque foys
  Qu'vn coq auoit fort estonné
Vn cruel lyon par sa voix
De cela fut bien estonné
Disant, se i'auois entonné
Ma voix deuant luy, sans me faindre
Et que mon gosier eust tonné
Ce lyon debueroit bien craindre.
 Or prenoit cest asne pasture
Aupres du coq lors de l'effroy,
Pourtant dist il par auanture
Cestuy lyon craint, mais ie croy
Que c'est de pour qu'il a de moy,
Pour ceste cause tout exprez
Affin de m'oster hors d'esmoy
Le voys assaillir de bien prez.
 La poure beste adoncques vient
A ce lyon donner l'assault
Lequel sur icelle reuient
Puis tresaprement il assault,
Tant qu'en effect du premier sault
La rua ius sans long demeure
Puis dessus le ventre luy sault
Pour la deuorer tout a l'heure.
 C'est asne voyant qu'il estoit
En vn tel, & si piteux estre
Dieu scait les regretz qu'il gettoit

Disant en luy, ie vouldrois estre
De ce iour cy encores a naistre
Quand par mon fol & faulx cuider
Ce lyon a mort me va mettre
Sans que m'en puisse en riens vuider.

Le moral.

Par ceste fable on peult scauoir
Que deceu maint homme a este
Pour cuyder vne chose auoir
Dont n'eust oncq la propriete.

☙ Le .l. d'un vendeur de poree
& de son chien.

LE chien d'un vendeur de porée
Comme de choux ou chicorée,
Despinars, d'oseille & surelle,
De persil & de pinprenelle
Cheust dedens vn puis quelque iour,
Pourtant son maistre sans seiour
Au puis voulut descendre alors
Affin de l'en tirer dehors.
 Mais pour tout vray ce mauuais chien
Luy a rendu le mal pour bien
En le mordant iusques au sang
Cuydant touteffois & pensant
Selon son aduis, que son maistre
Venoit pour plus auant le mettre.
 Or voyant ce maistre en effect
Le tour que ce chien luy a faict
Luy dict, ie voy par certitude
Que tu es plain d'ingratitude,
Quand pour t'auoir voulu bien faire
Tu m'as voulu & peu meffaire.

Le moral.

Ceste fable nous monstre comme
Pour faire seruice & plaisir
A vn ingrat & meschant homme
Souuent il en rend desplaisir.

Le. li. d'une chienne & d'une truye.

Comme vne chienne & vne orde truye
Estoiēt ensemble, ilz prindrēt a mesdire
L'une de l'autre, & a s'entre mauldire,
Si que de faict oncques ne fut ouye
Querelle plus ardante & plaine d'ire,
Car la Truye a la chienne peust dire
Voyre iurant par Venus la deesse,
Se ie te prens pour ton infaict mesdire
De mort sentir te feray la detresse.

   La chienne oyant ce propos se radresse
Vers la truye en luy disant, tu iures
Venus par droict, & sans luy faire iniures
Cuydant qu'en toy amour elle ait expresse,

K

*Quand ne permect aulcunes creatures
Entrer dedens ses temples & closures
Qui de ta chair d'immundicité plaine
Ont appeté prendre leurs nourritures
Quand se font ceulx qu'elle a sur tous en haine.
 A quoy respond la truye, ó villaine
Comme oses tu ainsi me diffamer
Quand venus monstre au contraire m'aymer
Hayant les ceulx qui veullent prendre paine
A me tuer & ma chair entamer
Pour en menger, sans en riens la blasmer,
Mais quant a toy tu es de telle sorte,
Que ne vaulx rien, telle te fault clamer
Veu qu'es puante autant viue que morte.*

Le moral.

Par ceste fable il est notoire
Qu'un prudent orateur applicque
L'iniure dequoy on le picque
Souuent en son honneur & gloire.

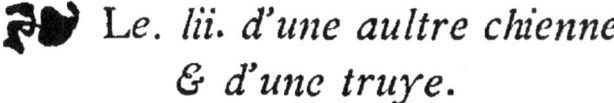 *Le. lii. d'une aultre chienne
& d'une truye.*

C*omme vne aultre chienne attestoit
Qu'a son aduis & coniecture
Sur toutes bestes elle estoit*

La plus feconde par nature
Quand a l'effect de geniture
La truye dict, il peult estre,
Mais de la veuɇ ont forfaicture
Tes petis chiens quand vient a naistre.

Le moral.

Ceste fablɇ en moralité
Mōstre qu'on doibt approuuer faictz,
Ainsi qu'ilz sont bons & parfaictz,
Non point en la pluralité.

⁊ Le. liii. d'un serpent & d'ū hommart de mer,

VN serpent faulx & cauteleux
Et vn simple hommart de mer
Voulurent s'allier eulx deux
Pour viurɇ ensemblɇ & conformer
Leurs mœurs, par amour sans former
Mal l'um a l'autre, mais de faict
Le serpent n'a peu reformer
Oncques son naturel effect.

Quand le hommart eust apperceu
Qu'obstant qu'elquɇ admonition
Qu'il feist au serpent, il na sceu

Luy oster la condition
De sa maligne affection
En dormant a mort le vint mettre
Luy disant sans deception
Auecques moy il conuient estre.

Le moral.

Il est monstré par ceste fable
Qu'a ceulx qui faignent estre amis
Et font par nature ennemys
On leur faict souuuent le semblable.

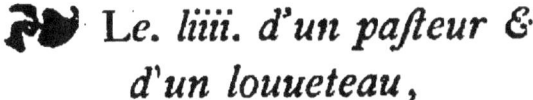

Le. liiii. d'un pasteur &
d'un louueteau,

VN pasteur de sens bien petit
Vn Louueteau trouua lequel
Il nourrist pour son appetit
Auec les chiens de son hostel,
Or par nature il deuint tel
Que quand les chiens couroient aprez,
Quelqu'autre loup estant mortel
Il couroit comme eulx tout exprez.
 Et si d'auanture aduenoit
Que le loup du boys peust surprendre
Quelque mouton, ce loup venoit
Sa part auec iceluy prendre,
Mais si les chiens luy faisoient rendre
Et le contraignoient a lascher
Ce loup priué coy sans attendre
Tuoyt le mouton pour la chair.
 Quand le pasteur eust approuué
La maligne inclination
De ce loup qui l'auoit trouué
Le print par indignation
Et puis pour reparation
Au fourc d'un arbre la pendu
Ou tost par expiration
En effect l'esprit a rendu

Le moral.
Ceste fabuleuse lecture

Nous peult faire & rendre bien feurs
Que gentz de peruerfe nature
Ne fcauroiēt biē chāger leurs mœurs.

❧ Le. lv. d'un loup d'un lyon & d'un regnard.

IAdis aduint qu'un orguilleux lyon
Fier & defpit, deffus vn million,
Malade fut, parquoy toute aultre befte
Le vint a voir & a luy faire fefte
Pour & affin de luy congratuler
Porter honneur complaire & aduler
Fors le regnard qui durant ce temps la
Pour quelque affaire onc ny fut ny alla,
Parquoy le loup l'eft venu a blafmer
Vers ce lyon & a le proclamer

Digne d'amendɇ & de punition
Sans qu'il en peuſt auoir remiſſion
Commɇ vn ſubiect ſuperbɇ & arrogant,
Et a lhonneur de ſon roy derogant,
Par telz propos que ce loup a peu dire,
Le lyon fut meu de fureur & d'ire,
Tant qu'il ſe print a iurer, que de faict
Pugny ſeroit le regnard par effect.

 Or cependant qu'ilz eſtoient ſur ce cas
Ceſtuy regnard fort loing d'eulx neſtoit pas
Qui eſcoutoit vn peu cache dehors
Tous les propos qu'iceulx tenoient alors
Diſant en luy, a faulx loup ſans mentir
Ie te feray ſe ie puis repentir
De ce conſeil qu'au lyon as donné
Car aultrement en ſera ordonné.

 Sur telz propos s'en alla barbouiller
En vn bourbier & voultrer & ſouiller,
Puis eſt venu par vn cauteleux ſoing
En tel eſtat a ſaluer de loing
Ceſtuy lyon, faignant prez de ſon roy
N'oſer venir en ſi ord d'eſarroy,
Mais neantmoins c'eſtoit de paour & crainte
Que ſur ſon corps il n'euſt aulcunɇ attainete.

 Or ainſi donc, pour & a celle fin
De nous remettrɇ en propos, ceſtuy fin
Et cault regnard, ne voulut approcher

Bien congnoiſſant qui luy pourroit trop cher
Par ce Lyon a lheurɇ eſtre vendu,
Pourtant de loing comme bien entendu
Luy vint a dirɇ, ó puiſſant & cher ſire
Longtemps y a, qu'a vous veoir ie deſire,
Mais n'ay voulu vers vous me tranſporter
Iuſques a tant qu'euſſɇ a vous rapporter,
Choſe qui peuſt en ſanté vous remettre,
Ce que i'ay faict mais cɇ a eſté par meſtre
Fort trauaillé, & en maint lieu tranſmis
Tant qu'en piteux eſtat ie men ſuis mis
Dont pour auoir touſiours a pied trote
Ie ſuis ainſi ord, ſengeux & crotte
Qui eſt la cauſɇ, ó cher ſire pourquoy
N'oſɇ approcher & venir preȝ de toy.
 Quand ce lyon euſt bien ouy le dire
De ce Regnard, il modera ſon ire,
Et la fureur qu'il auoit contre luy
Peu concepuoir, & lors a iceluy
A commande dire pour abreger
Ce qu'il entent qui le puiſſɇ alleger
Sa maladiɇ & reſtituer ſain,
A quoy reſpond le regnard pour certain
Bien mal me faict (ó mon ſeigneur) le dire
Mais n'oſeroyɇ en riens vous contredire
Puis qu'ainſi eſt qu'il vous plaiſt le ſcauoir,
C'eſt qu'il vous fault la peau d'un loup auoir

Et l'appliquer ſur le lieu principal
Ou vous ſentez la douleur & le mal,
Par ce moyen & en ceſte maniere
Recepuerez au corps ſanté planiere,
Pas n'euſt ſi toſt ce regnard cault & fin
Sondiɛt propos & narré mis a fin
Que ce lyon plus ſubdain ne vint prendre
Ce poure loup a qui peuſt tant meſprendre
Qui l'eſcorcha pour en auoir la peau
Ce qua ce loup ne ſembla pas fort beau
Mais neantmoins fut a tort ou a droiɛt
Il luy conuint paſſer par ce deſtroiɛt,
  Quand le Regnard en tel eſtat a veu
Ce poure loup, de pitié n'en eſt meu,
Ains eſt venu a s'en mocquer & rire
Et en ſecret en loreille luy dire,
O poure ſol pour me vouloir blaſmer
Enuers aultruy pour vn gouſt bien amer
Le puis ſentir, mais au fort toutesfoys
Riens n'a perdu entendu que te vois
Porter habit rouge comme cendal
Monſtrant commǫ es deuenu cardinal.

Le moral.
Par la fable ſcauoir conuient
Que pour ſ'appliquer & induire
Blaſmer aultruy ou a luy nuyre

L

A plusieurs souuent mal aduient.

Le. lvi. du mary & de sa femme.

Vne femme fut qui auoit
Son mary qui de iour en iour
S'enyuroit tant qu'il ne scauoit
S'il estoit mort ou vif, dont pour
L'en chastier luy feist ce tour,
C'est que luy tout de vin passé
Par elle fut mis en vn tour
De linge ainsi qu'vn trespassé.
 Cela faict, elle vous chargea
Sur son col puis en vn serceuil
Ou sepulchre, elle deschargea
Auquel lieu couuert d'un linceul,
Comme est dict, le laissa tout seul
Dormir iusqu'a tant qu'il peust estre
Desenyuré pour voir quel deuil
Auroit se trouuant en tel estre.
 Or peu aprez elle entreprint
Heurter a lhuys du monument
De sondict mary, qui se print
A demander alors mument
Qu'elle vouloit, aquoy deument
Respond, aux trespassez i'apporte,
A menger pour leur nutriment

C'eſt pourquoy heurte a la porte.
  Quand le mary euſt entendu
Quelˊ ne parloit que du menger
Euſt lors voulu eſtre pendu
Ou d'elleˊ aſprement ſe venger.
Diſant ie ne veulx point menger
Si chaſcuncoup trop plus ne boys,
Aultrement ne me puis renger
Et fuſſaige mort par cent foys.
  La femmeˊ oyant ceſte replicque
Vers ſon mary conceut grand hayne
Tant qua' lheure meſme replicque,
Ie voys que ma fineſſeˊ eſt vaine
Et que ie ne pers que ma paine
Te penſant d'un mal retirer
Quand par euidence certaine
Eſt veu du tout en empirer.

Le moral.

La fable nous enſeigne comme
Ne debuons tendreˊ ou pourchaſſer
Vn vice par laultre chaſſer
Quand ſouuent pireˊ en deuient lhom
  me.

☙ Le. lvii. d'un riche hōme d'un oyson & d'un cigne.

VN hommę eſtoit voire richę a foiſon
Lequel voulut vn cignę & vn oyſon
Nourrir chez luy, ſoubz different deſir
Car pretendoit nourrir pour ſon plaiſir
Le cignę afin d'auoir la iouyſſance,
De ſon doulx chant, pour ſon eſiouyſſance
Puis d'aultre part au prouffit de ſa table
Il engreſſoit loyſon en ſon eſtable.
  Or toſt aprez que le temps fut venu
Que c'eſt oiſon fut fort gras deuenu
Ceſtuy richę hommę a commande tuer,
Ceſtuy oiſon & le conſtituer
En vne brochę affin d'eſtre roſty

Pour le menger commę il l'auoit loty.
  Mais pour autant qu'vn cigne bien reſſemble
A vn oyſon, & qu'en vn lieu enſemble
Cignę & oyſon pouoient eſtrę, il conuient
Scauoir pour vray que par meſgardę on vient
Pour c'eſt oyſon prendre le poure cigne,
Lequel voyant par quelquę apparent ſigne
Qu'on le prenoit pour luy coupper la gorge,
Vn chant ſi doulx a l'heure vous deſgorge
Que le richę hommę apreʒ l'auoir ouy
En fut alors grandement reſiouy,
Tant qu'il a dit en penſant touteſſoys
Que fuſt loyſon qui euſt ſi doulce voix
Certes ingrat feroyę & bien meſchant
D'occir oyſeau lequel a ſi doulx chant
Pour le menger, plus ie ny ay d'enuie
Ains ie commandę a luy ſauluer la vie.

Le moral.

Ceſte fable monſtre quel bien
Et proffit de muſicque ſort
Veu que ſouuenteſfoys par bien
Chanter, on euade la mort.

Le. lviii. d'un homme & de
ſon more.

Vn quidam acheta iadis
Vn morć auſſi noir que la poix,
Lequel il laua neuf ou dix
Ou poſſiblć eſt plus de cent foys
En ſauon leſſiuć & empoys,
Mais il ne ſceut iamais tant faire
Par lauementz ny par courroys
Qu'il luy peuſt ſa couleur deffaire.

Le moral.

Par ceſte fablć on doibt ſcauoir
Qu'impoſſiblć eſt a creature
Oſter hors ce qu'il peult auoir
Couſtumierement par nature.

⚜ Le. lix. d'une corneille & d'une heronde.

Comme la corneillć & l'heronde
Eſtoient enſemblć, eurent querelle
Diſant l'herondelle, i'abonde
Trop plus en beaulté corporelle
Que tu ne faictz pas, a laquelle
Diſt la corneille bien ientens
Que tu es aſſez cointć & belle,
Mais non comme moy en tout temps.

Le moral.

Par la fable on peult exprimer
Que beaulté laquelle tost passe
N'est pour vray tant a estimer,
Qu'aultre qui dure longues espace.

Le. li͡v. d'une chouette & d'une chaulve souris.

Ainsi comme une chouette en ung champ
Laissoit de iour esperonnablement chantz
Elle est venue a estre entre les mains
De gens assez viuths & inhumains
Car ilz vous l'ont au haultz d'une fenestre
Penduz en l'air, parquoy se voyant estre

Si mal traictéę & par telle rigueur
En a receu grand ennuy en son cœur
Et desplaisir, en iectant a par elle
Regretz souspirs & maintę autre querelle
En protestant quelle n'auroit iamais
Aulcun vouloir de chanter deformais
Durant le iour & quel' sen repentoit.
 Or cependant qu'ansi el' lamentoit
Est aduenu qu'ellę a trouué moyen
De se deffairę en rompant son lien
Duquel estoit estroictement liée,
 Parquoy deslors quellę en fut desliée
Ne s'entremist a chanter que de nuict.
 Mais ainsi commę enuiron la mynuict
Elle chantoit, lors la chauluë souris
Luy vint a dirę, a moy mesme soubzris
De ce que plus n'oses chanter de iour.
Dist la chouettę en effect, c'est de paour
Que ie ne soyę encorę vne foys prinse,
Puis par aprez que de tellę entreprinse
Ne men repentę ainsi que i'ay peu faire.
 La souris chauluę adonc touchant l'affaire
A respondu, donner te fault de garde
Qu'en tel danger ne tombes par mesgarde
Voire premier que par folles attentes
Le cas t'aduiennę & puis que t'en repentes.

Le moral.

Par ceste fable il est apprins
Qu'on vient trop tard se repentir
A l'heure qu'on peult ia sentir
Estre en aulcun danger surprins.

Le. lxi. d'un ieune enfant de vilage.

VN iour l'enfant d'un paysant de vilage
Deuant le feu lymaçon rotissoit,
En leur coquille, & a cause de leage
En quoy estoit, en luy s'esbahissoit
Du bruit & son lequel d'iceux yssoit,
Pensant qu'au feu de ioye feissent chantz,
Pourtant par deuil des piedz les meurdrissoit
Les appellant malheureux & meschantz.

Le moral.

Il est monstré par ceste fable
Que chose faicte ineptement
Et non en temps, est iustement
Reprinse ainsi que non affable.

⚜ Le. lxii. d'un coq & des cham
berieres.

IL fut iadis vne veufue laquelle
Auoit plusieurs ouurieres soubz elle,
Qu'ellę esueilloit en tout temps & saison
Si tost qu'ouoit le coq de sa maison
Chanter, dequoy n'estoient gueres contentes,
Dont pour venir a leurs fins & ententes
C'est assauoir qu'il peussent reposer
Mieulx a leur aysę, & au lict plus poser,
Ont cestuy coq en effect mis a mort
Dequoy aprez se repentirent fort
Car la maistressę incertaine de lheure
Pour & afin que chascune labeure
Leuer de nuict les faisoit des foys maintes

Trop plus matin qu'elles n'eſtoient contrainctes
Eu parauant que le coq pouoit eſtre
Encore en vie, & en naturel eſtre.
   Pourtant on dict toutes en general
Bien congnoiſſons que pour lors nous prent mal
D'auoir tué le coq de la maiſtreſſe,
Dont maintenant ſommes en grand detreſſe
Veu qu'en la nuict il n'eſt heure en laquelle
Pour beſongner elle ne nous appelle.

Le moral.

La fable monſtre tout exprez
Que par fol conſeil on propoſe
Souuent entreprendre vne choſe
Dequoy on ſe repent aprez.

☙ Le. lxiii. d'une ſorciere.

Ainſi qu'une ſorciere infame
Donnoit par ſes dictz a entendre
Tant a homme comment a femme
Que ceulx a qui vouloit pretendre
Son art eſlargir & eſtendre
Les pouoit ainſi que celeſte
Notamment garder & defendre
De toute infortune & moleſte.
   Or aduint que pour ſon faulx art
Et ſcience, inique & damnee

Vint a tomber a ce hazart
Qu'a mourir el' fut condampnèe
Ainſi que de malheure née
Et qui n'a peu oncques ſoy meſme
Garder quel nayt eſté menée
Pour ſouffrir mort, & hontǫ extreſme.
  Parquoy vn quidam la voyant
Mener pour endurer ſupplice
Luy dict lors en la conuoyant
Ie te congnois bien follǫ & nice
Et ton art peu eſtre propice
D'ainſi permettre qu'on te maine
Voyrǫ executer par iuſtice
Qui n'eſt tant ſeullement qu'humaine.
  Or iadis affermer ſoulois
Que par ton art & ſuffiſance
Tu gardois ceulx que tu ſoulois
D'encourir dommagǫ & nuyſance,
Si de ce fairǫ as la puiſſance
Tu debuerois te deliurer
De la durǫ & mortelle chanſe
De mort, ou l'on te va liurer.

Le moral.

La fable declarǫ en effect
Que maintes gentz promettent faire
Merueilles. mais quant viend au faict

Ilz n'ont pouoir de riens parfaire.

☙ Le. lxiiii. d'un laboureur &
de fortune.

Comment un laboureur heureux
Vn tresor trouua d'auanture
A cause duquel il louoyt
Moult la terre, & sa geniture,
Ayant laduis & coniecture
Que par son moyen l'eust trouué,
Ce que fortune par droicture
Presentement a reprouué.

Disant quand a ce cas icy
A la terre ne doibz scauoir
Aulcun gré, car qu'il soit ainsi
Se tu perdz or ou aultre auoir
Qu'autresfoys tu as peu auoir

Ne men viens tu pas a reprendre
Parquoy ſi tu as bon ſcauoir
C'eſt a moy que doibs graces rendre.

☙ Le. lxv. de deux com-
paignons.

AInſi qu'vn iour s'eſtoient par compagnie
Ioinctz deux gallātz, aduint q̄ l'ūg des deux
Sur le chemin trouua vne congnie
De quoy a lheurɇ il fut tresfort ioyeulx
Diſant en luy, ie ſuis ce iour heureux
D'auoir trouue ceſt ouſtil en ma voye
Graces i'en rens a dieu regnant es cieulx
Cōmɇ a celuy qui ceſtuy bien m'enuoye.

  Quand l'autre veiſt qu'il ne l'acceulloit point
A ce butin qu'il l'auoit peu trouuer
Il luy a dict, Compagnon ſur ce poinct,
Ton cœur ne puis bonnement approuuer,
Mais infidellɇ & deſloyal prouuer
Quand toy tout ſeul veulx eſtrɇ anticipant
Cela qu'enſemblɇ auons peu cōtrouuer
Sans m'en vouloir faire participant

  Or ce pendant qu'iceluy ſoubſtenoit
Y auoir droict voicy ſoubdain venir
Le maiſtrɇ a qui la hachɇ appartenoit
Dont de grand deul cuyda fol deuenir,

Celluy à qui auoit peu aduenir
Auoir trouue la hache, difant lors,
Ce pourfuyuant nous fera conuenir
Comme larrons pour nous pugnir par corps.
  Quand l'autre euſt bien entendu qu'en ce cas
Il l'acceuilloit tout ainſi que complice
Il luy a dict, certes ie ne doibs pas,
Eſtre acceuilly auec toy au fupplice
Ny au danger, lequel par ta malice
Pourroit venir, quand n'as voulu en rien
Ainſi qu'ayant vn coeur plain d'auarice
Que i'aye eu part aulcunement au bien.

Le moral.

La fable enfeigne notamment
Que s'il aduient quelque infortune
Aprez vn heureufe fortune
A l'endurer patiamment.

Le. lxvi. de deux gregnoilles.

Adis eſtoient deux grenoilles, dont l'une
En quelque eſtang feurement habitoit,
  L'autre en vne eaue & royere commune
Touſiours en paour & crainte inhabitoit,
Pour & aultant treſſouuent l'incitoit

Ceste premiere a partir de la place
Ou au danger d'elle sexcitoit
Et pouoit estre en tout temps & espace,
Ce neantmoins ainsi qu'une obstinee
Ne la voulut oncqcroire par cuider
Qu'en cestuy lieu estoit predestinée
Pour a toursiours y viure & resider,
Mais pour en bref le compte decider
Aduint qu'vn char dessus elle passa
Qui la feist lors ses brenilles vuider
En lescochant tant qu'elle en trespassa.

Le moral.
Ceste fable icy nous atteste
Que plusieurs tombent en danger
Par ne vouloir en riens changer
Ce qui l'ont conceu en leur teste.

⁂ Le. lxvii. des mouches a miel & de leur maistre.

VN quidam vint lors robber & suprendre
Tout le miel des ruches d'un autre homme,
Tandis qu'aulx chãs les exains pouoient prēdre
Leur nutriment, sur vne herbe que nomme,
Thin, en françois, or (pour abreger) comme
Celuy a qui les ruches pouoient estre

Les visitoit, ses exains tous en somme
Les sont venus poindre a dextre & senestre,
  Cestuy adonc estant en telz malaises
Se print a dire aux mouches en ce poinct,
Vous estes bien meschantes & mauuaises
D'ainsi m'auoir aguillonné & poinct,
Et, au larron du miel, nauez point
Fainct aulcun mal, ce que vous debuiez faire
Plustost qu'a moy selon que droict enioinct,
Veu que tousiours songne pour vostre affaire.

Le moral.

Par la fable on peult decerner
Que maintz font mal a leurs amys
En les prenant pour ennemys
Tout par iceulx mort discerner.

Le. lxviii. d'un oyseau dict Alcyon.

Alcyon oyseau aquaticque
Obtient par son naturel estre
 Qu'aux rochiers de la mer praticque
Y faire son nid, affin d'estre
Exempt de tout danger terrestre

Comme des retz de loyseleur
De Larc aussi de larbalestre
Dont plusieurs encourent malheur.
 Neantmoins tout son art & cure
Ne gaigne riens, car quand aduient
Que la mer senfle d'auanture
Il fault entendre qu'elle vient
Couurir son nid, dont il deuient
Trisiq & dolent, disant ie voys
Que peril & dangier suruient
En quelconques part que ie voys.

Le moral.

Le moral nous monstrq en effect
Qu'on ne gaigne riens a changer
Aucunesfoys, veu que de faict
En tous lieux il y a danger.

⚜ Le. lxix. d'un pescheur en
eaue trouble.

Comme ung pescheur escarpoit pescherie
Au long d'ung estang estant clerq & serie
Apres qu'il eust bien ses retz estendues
Et auant l'eaue de tous costez tendues
Vint a troubler icelle eau par le bastre
De gros bastons, ainsi qu'on faict le plastre,
A quoy du tout s'est voulu employer
Affin qu'il peust le poisson effroyer
Et l'effroyant, le faict au plustost fuire,
Et en fuyant, l'obuier pour l'induire,
A sen venir dedans ses retz frapper,
Pour a la fin seulcy attraper.

Ce que voyant d'ung ce pescheur faire
Enfant marry, tant que dict est affaire
Il est venu le pescheur denoer
Et durement a le redarguer
En luy disant, pourquoy est ce qu'ainsi

Pour ton plaisir troubles ceste eaue icy,
Et que la rendz de tresclere si noyre
Qu'impossible est que personne en peust boyre
I'y suis contrainct (dist le pescheur a lheure)
Si du poisson veulx tost & sans demeure
Remplyr mes retz, car en faisant troubler
Cest eau souuent, gaing men vient a doubler.

Le moral.

La fable monstre comme au trouble
D'une cité mainctz ne font pas
Endormis, mais il font leurs cas
Ainsi que pescheurs en eaue trouble.

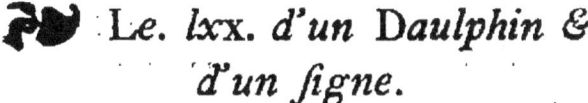

Le. lxx. d'un Daulphin &
d'un signe.

Ainſi comment aulcunes gens venoient
D'oultre la mer par nauigation
Et qu'auec eulx vn ſinge ilz amenoiēt
Eſt aduenu que par mutation
De vēt cōtraire, & rigueur de tempeſte,
Mouuantz ſur mer groſſe inundation,
Ilz furent tous perduz fors ceſte beſte.
　Laquelle adonc eſt venue a nager
Iuſques a tant qu'el trouua d'auanture
Aulcun daulphin, qui la vint ſoullager
Penſant que fuſt humaine creature,
Parquoy luy meu de pitié par nature
Deſſuz ſon doz la vint charger & prendre
Pour la porter ainſi qu'vne voincture
Qui vouloit bien en terre ferme rendre
　Or ce pendant que tous deux ſur la mer
Eſtoient encor, ce ſinge fut requis,
Par le daulphin, qui luy pleuſt linformer
De qu'elles gens il eſtoit, ſur c'inquis
Le ſinge dict, de ſang noble & exquis
Ie ſuis venu, tant qu'il n'eſt point memoire
Que mes parentz euſſent iamais acquis
Sinon bon bruit honneur, renom & gloire.
　Sur telz propos vindrent approcher prez
De Pireus, port de mer ſur lequel
Ce ſinge inquiz encore tout exprez
　A reſpondu, ie congnois bien vn tel

Pareillement tous ceulx de son hostel,
Mais en effect ce singe mentoit comme
Cuydant couurir iouxte son naturel
Son faulx propos, soubz la couleur d'un homme.
    Quand le daulphin eust bien ouy le dire
De cestuy singe, estant plain de mensonge
Fut tellement esprins de deul & ire
Que iusqu'au fondz de la mer il le plonge
En le noyant, puis luy va dire, Or songe
Que pour certain tu n'auras plus d'enuie
De controuuer desormais bourde ou songe
Quand ainsi est que tu en perds la vie.

Le moral.

Par la fable on peult concepuoir
Qu'a plusieurs on a veu mesprendre
Pour cuyder aultruy decepuoir
Luy donnāt faulx pour vray entēdre.

⚜ Le. lxxi. des mouches a miel.

Q *Velque foys aduint qu'un exain*
  De mouches, ie ne scay pas qu'elles
  Se adiecta en quelque lieu plain
De miel espandu, dont elles

Engluerent leurs piedz & aelles
Durant quelz sen pouoient saouller
Tant qu'en effect toutes icelles
En perdirent lors a voller.
  Quand elz se veirent en ce poinct
Iecterent plainctes douloureuses,
Disant, helas sommes nous point
Bien dignes d'estre langoureuses
Pour auoir esté amoureuses
De satisfaire a nostre pance
Certes ainsi que malheureuses
D'en souffrir mort, nous portons chance.

Le moral.

De ceste fable le moral
Enseigne comme gloutonnie
Quelque chose que glouton nye
Est souuent cause de grand mal.

☙ Le. lxxii. de Mercure &
   d'un ymaginier.

MErcure meſſager des dieux
Voulut quelque iour s'entremettre
D'enquerir commę vn glorieux
De quellę eſtimę il pourroit eſtre
Enuers ceulx de ce mondain eſtre,
Parquoy prenant figurę humaine
Du ciel eſt venu ſe tranſmettre
Iuſques a ce mortel domaine.
  Luy venu entra ſans mander
Au logis d'un tailleur d'ymages
Auquel il voulut demander
Combien il priſoit les ouurages
Faictz au nom de deux perſonnages
Qui ſont Iupiter & ſa femme
Parfaictz en tous leurs auantages
Fors qu'ilz n'auoient eſprit ne ame.
  A quoy dict l'ouurier par eſtime

La figure de Iupiter
A vne dame d'or s'eſtime
Qui peult Mercure deſpiter
Et puis a rire l'inciter
Ce qu'il a faict, oultre & ſurplus,
Quand il euſt ouy reciter
Qu'on priſoit Iuno tant ou plus
   En rian, vouloit inferer
Que ſon image & pourtraicture
Debuoit les aultres preferer
Au droict de la grand ornature
Qui penſe eſtre a luy par nature
En ce penſant par vn pertuis
Aduiſa de coup d'auanture
Son ymage derriere l'huis.
   Pour autant ſans dilation
Et ſans faire ſemblant de rien
Enquiſt qu'elle eſtimation
On faiſoit de luy, & combien
Son pourtraict luy couſteroit bien
Eſtimant que les aultres deux
N'eſtoit riens au regard du ſien
Dont il fut aprez fort honteux.
   Car le marchant luy vint a dire
Qui luy donneroit en effect
Le ſien pourtraict ſans ſe deſdire
Aprez que marché ſeroit faict.

                         O

Des aultres deux, comme de faict
Tenant de luy bien peu de compte,
Ce que tresgrand deul luy a faict
En luy caufant au coeur grand honte.

Le moral.

La fable pour conclufion
Nous peult clerement exprimer
Que plufieurs voulantz s'eftimer
Ont eu fouuent confufion.

☙ Le. lxxiii. dudit Mercure & de tyrefias diuin.

Quelqu'autre iour encor ledict Mercure
Se transforma par vn defir & cure
D'entendre au vray & par experience
Si homme eftoit, qui par art & fcience
Sceuft diuiner, & le futur predire
Ainfi comment il auoit ouy dire
D'aulcun diuin, appellé par fon nom
Tyrefias, homme de grand renom,
Parquoy affin d'iceluy bien prouuer
Le dieu Mercure eft venu a trouuer,
(Aprez auoir prins humaine figure
Comme il eft dict) les bœufz de c'eft augure

Qu'ilz a robbez & mis en lieu secret
Puis est venu des champs comme a regret
Iusqu'en la ville (affin qu'il ne fut pas
En riens mescreu, d'auoir commis le cas)
Tout le premier ce larcin annuncer
A ce diuin, soy voulant denuncer
Estre du furt reaulment incoupable,
Ce neantmoins comme vn homme doubtable
Tyresias alla iusques aux champs
Auecques luy, affin que par les chantz
Et par le vol des oyseaulx peust congnoistre
En diuinant ou ses bœnfz pouoient estre,
Et le larron qui les auoit emblez.
Eulx deux aux champs venus & assemblez
Tyresias sans faire long seiour
Mercure inquist s'il auoit veu ce iour
Aucuns oyseaux, dont se peust recoler
Ouy (dist mercure) vn aygle ay veu voler.
Et encor voy de quoy ie mesmerueille
Presentement voler vne corneille
Laquelle dresse aulcunefoys ses yeulx
En regardant en hault & vers les cieulx
Et puis aprez vers terre iceulx decline.
  Ha dist laugure, en effect el' designe
Quel veult iurer par le ciel & la terre
Que si tu veux, sans plus auant t'enquerre
Bien me pourras maintenant faire rendre

Mes bœufz qu'aulx chāps on a voulu furprēdre

Le moral.

Par ceste fable on peult resouldre,
Que quand aulcuns ont faict vn crime
Cuydant sen lauer & absouldre
Mais en la fin on les deprime.

⚜ Le. lxxiiii. de deux chiens.

VN quidam fut lequel auoit deux chiens
Dont auoit l'un a chasser bien aprins,
L'autre au logis estoit sans faire riens
Comme oysif & en nul art apprins,
Ce neantmoins cestuy chien (tout comprins)

Quand ce venoit au boyrɉ & au menger
Auec celuy qui auoit le roſt prins
De tour en tour il ſe venoit renger.
 Par quoy le chien qui ſcauoit les praticques
Et l'art auſſi de prendre venaiſon
Luy diſt, comment toy qui riens ne praticques
Et qui te tiens oyſiſ en la maiſon
Oſes tu bien en tout temps & ſaiſon
Venir menger, & repaiſtrɉ auec moy?
Il m'eſt aduis que ce n'eſt pas raiſon,
Dont au pluſtoſt dicy retire toy
 L'autre reſpond tu me doibs excuſer
Touchant ce cas, & non point me reprendre,
Mais a bon droict puis mon maiſtrɉ accuſer
Qui n'a voulu aulcun ſcauoir m'apprendre,
Tant qu'a moy n'eſt poſſible d'entreprendre
A luy gaigner vn ſeul morceau de pain
Se qu'uſſes peu facillement comprendre
Si de ce fairɉ il m'euſt monſtré le train.

Le moral.

La fable demonſtre que ceulx
Qui ont enfantz doibuent auoir
Le blaſme, ſi tient a iceulx
Que leurs enfantz n'ont du ſcauoir.

Le. lxxv. d'un homme & de sa femme.

VN aultre quidam fut encoire
Qui euſt vne femmę aſſez belle,
Mais eſtoit ſi plaine de gloire
Mauuaiſe fierǵ & rebelle
Que ne pouoient durer vers elle
Les ſeruiteurs de ſon mary
Tant leur menoit guerre mortelle
Dequoy il eſtoit fort marry.
 Or pour voir qu'elle pourroit eſtre
Aux ſeruantz de ſon propre pere
Le mary luy voulut permettre
Dy faire quelque temps repaire,
Mais pour vray la faulſe vipere

Durant ce temps a chafcunq heure
A iceux difoit impropere
Sans quel' leur fut en riens meilleure.
    Quand icelle femme reuinſt
Du lieu ou s'eſtoit tranfportée
Son mary enquerir la vinſt
Commq elle ſi eſtoit portée
Et s'elle s'eſtoit deportée
D'eſtrq aux feruiteurs odieufe
Par noyſq & querelle portée
Et par eſtre trop glorieufe.
    El' luy refpond quand a ce poinct
Les bouuiers & les paſtoureaulx
Qui au logis n'arreſtoient point,
Pour aux champs garder leurs thoreaux
Vaches, moutons, brebis, & veaulx
Ne pouoient auec moy durer
Quand ilz ramenoient leurs troupeaulx
Ne moy auſſi d'eulx endurer.
    Le mary luy vint a redire
Si tu ne puis viurq auec ceulx
Qui ne font pour iour a vray dire
Auecques toy qu'unq heurq ou deux
Sans crier ou tencer a eulx
Comme pourrois eſtrq en recoy
Sans tenfer aux feruantz, lefqueulx
Sont au long du iour auec toy.

Le moral.

Il est monstré par ceste fable
Qu'argument faict a maiori
Ad minus, est vray & problable
Comme maius a minori.

⚜ *Le. lxxvi. d'un boucq & d'un
loup.*

V*N boucq d'un troppeau esguaré*
Vint a errer, tant qu'en la fin
Il trouua vn loup preparé
Pour le menger, mais comme fin

Cestuy boucq dict au loup, affin
Que plus ioyeusement il meure
A me donner tu sois enclin
Vne chanson toutɇ a cestɇ heure.
  Adonc ce loup deux ou trois fovs,
Vient a urler voyre si fort
Que les gẽs ouyrent sa voix
Dont vindrent auec le renfort
De leur chiens, pour rompre l'effort,
Dudict loup, qui eust tant de coups
Qu'il fut au lieu laissé pour mort
Et le boucq par ainsi rescoux.
  Aprez que ce loup eust sentu
Bien du mal, couragɇ a reprins
Disant, pour m'auir consentu
A faire ce qu'oncques n'apprins
Tresmal a bon droict m'en a prins
Quand de tuer i'ay la nature
Non de chanter, commɇ ay emprins
Dont i'en ay tresmallɇ aduanture

Le moral.

La fablɇ enseignɇ au sens moral
Que pour delaisser son art propre
Affin d'en prendrɇ vn aultrɇ impropre
A plusieurs en est prins tresmal.

P

Le. lxxvii. d'un hommard & d'un regnard.

VN hommard faché d'estre en leau
Voulut sur terre s'adiecter,
Mais aussi tost qu'un regnardeau
Le veist, sur luy se vint iecter
Et le print sans le reiecter
En leau pour le menger, parquoy
Le hommart vint interiecter
Telles complainctes a par soy.
 A bon droict & iuste raison
Ie me doibtz hayr & blasmer
Car par ma faulte & deraison
Ie souffre mal dur & amer,
Et tout pour mon plaisir amer
Qui estoit me voir sur terre estre
Ainsi qu'ennuye de la mer
En voulant deuenir terrestre.

Le moral.

Cestuy fabuleux exemplaire
Monstre que mainctz ont desplaisir
Pour vouloir suyure leur plaisir
Et a leur desir trop complaire.

Le. lxxviii. d'un ioueur de harpe.

VN ioueur fut de la harpe lequel
Eſtoit logé en vn lieu ou hoſtel
Creux par dedãs en la formes & façon
D'un arcq voulté, dont beaucoup meilleur ſon
Sa harpe auoit & trop mieulx reſonnoit
Quand en ce lieu en iouoit & ſonnoit.
 Or par cela il fut ſi glorieux,
Qu'il eſtimoit de iouer en tous lieux
Ainſi comment en la ſienne maiſon.
A ceſte cauſe & pour telle raiſon
Il entreprint vn iour comme vn follatre
Iouer en plain & publique theatre
Ou eſtoient gentz en treſgrand compaignie

Cuydant ouyr de luy quelqu' harmonie,
Mais quant il vint a sa harpe sonner
Elle peust lors assez mal resonner
Parquoy il fut pour appeter honneur
Chasse dehors, en son grand d'eshonneur.

Le moral.

Ceste fable icy nous demonstre
Que maintz s'estiment a par eulx,
Mais quand vient en publique mõstre
Vn chascun se mocque d'iceulx.

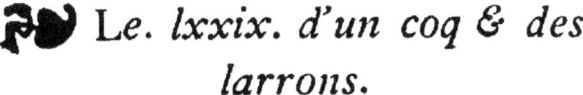 *Le. lxxix. d'un coq & des larrons.*

Avcuns larrons vindrent par nuit
Secretement sans faire bruit
En vne maison desrobber
Ou ny trouuerent que robber
Sinon vn coq, qu'il leur crya
Mercy & bien fort les pria
Qu'ilz se voulsissent deporter
De le rauir, & transporter
Congneu qu'a esueiller il songne
Les gens pour aller en besongne
Mais bien tout seruicq & plaisir

Partant concluoit que grand tort
Ilz auroient de le mettrḝ a mort.
  Sur quoy les larrons peurent dire
Qu'ilz le debuoient ſur tous mauldire
Et a mort lẹ liurer & mettre
Par ce qu'ilz ne pouoient commettre
Durant la nuiƈt aulcun larcin
Tout par luy, quand a ceſte fin
Il chantoit pour faire veiller
Les gentz, & pour les eſueiller.

Le moral.

Par ceſte fablḝ on peult extraire
Que ce qui faict au bons ſeruice
Aux mauuais eſt ſouuent contraire
Et nuyſant au faict de leur vice.

Le. lxxx. d'un corbeau & d'une corneille.

Ontrḝ vn corbeau fut iadis enuieuſe
Vne corneillḝ, aſſez ambitieuſe
  Pour & aultant que l'on peult deuenir
Par le corbeau, certain de laduenir,
Ce qu'entendant l'enuieuſe corneille
Lors proƥoſa qu'a voix tellḝ & pareille

El' chanteroit a celle fin de rendre
Les gens enclins a l'ouyr & entendre.
  Dont fur vn arbre elle s'eft adiectée
Ou vne voix de corbeau a iectée,
Ainfi comment aucuns eftoient paffantz
Par ceftuy lieu, eftimantz & penfantz
Que fut vn vray & naturel corbeau
Iufques a tant que l'un d'eulx vint tout beau
A regarder, mais quand veift la corneille
Aux aultres dift que nul ne s'efmerueille
Marchons toufiours, car ce n'eft que la voix
D'une corneille, ainfi comme ie voys,
Laquelle n'a, ny pouoir ny vfage
De diuiner aulcun fatal prefage.

Le moral.

La fable nous peult declarer
Que plufieurs fouuent mocquez font
Pour follement fe comparer
Et pour faindre auoir ce qu'ilz n'ont.

☙ Le. lxxxi. d'une aultre corneille & d'un chien.

Vne autre corneille appetant
Faire a Minerue sacrifices
Voulut inuiter entretant
Aulcun chien, a estre a l'office,
Qui luy dist, tu es folle & nice
De sacrifier tellement
Veu que Pallas ne t'est propice
Et quel' te hait mortellement.
  C'est pourquoy respond la corneille
Maintenant m'esforce a luy plaire
Et aussi pourquoy m'appareille
Par sacrifice a luy complaire
Afin se l'ay peu luy desplaire
Par luy auoir faict desplaisir
Qu'a present luy puisse replaire
Par luy faire honneur & plaisir.

Le moral.
Par son moral la fable infere

Qu'aulcune foys les ennemys
Viennent a eſtre bons amys
Par ſ'efforſſer a leur bien faire.

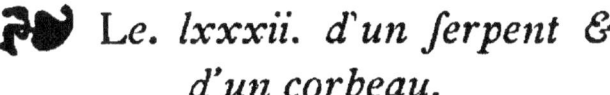 Le. lxxxii. d'un ſerpent &
d'un corbeau.

Ainſi qu'vn ſerpent ſur la terre
Dormoit, voyci tacitement
Vn corbeau lequel vous le ſerre
Entre ſes piedz eſtroictement,
Mais il luy conuint promptement
Et bien toſt iceluy laſcher
Apres qu'il euſt apertement
Sentu eſtre mors en ſa chair.
 Lors ce corbeau dict a luy meſme
Maintenant ie voy que ma ioye
Tournée eſt en vn deuil extreſme
Veu qu'ainſi eſt que ie cuydoye
Auoir trouué heureuſe proye,
Mais il m'euſt eſté trop meilleur
N'auoir riens trouué en ma voye
Au moins ne fuſſes en tel malheur.

Le moral.
Par la fable entendre conuient
Que par conuoytiſe d'auoir

Soit or, argent ou aultre auoir
A plusieurs souuent mal aduient.

☙ Le. lxxxiii. d'une chauue &
des colombelles.

Voyant vne chauue a part soy
Aulcunes blanches colombelles,
Estre nourries sur le doy
Tant qu'en estoient grasses & belles,
En vn colombier auec elles
Vint a se rendre & ioller lors
Apres auoir blanchy ses ælles
Et aultres plumes de son corps.
  En cestuy lieu pour quelque espasse
Pour colombelle fut receus
Iusques a tant que sa fallace

Q

Certainement euſt eſte ſceue
Et qu'elle fut chauluɋ apperceue
Par vne voix qu'ellɋ a reɑ́ée
Dont el' fut, comme non yſſue
De leur race hors deieɑ́ée.
  Quand el' ſe veiſt ainſi bannie
Fairɋ aultre choſe, ne ſceuſt fors
Se reioindrɋ a la compagnie
Des chaulues, dont ellɋ eſtoit hors
Mais elz l'ont deſcongnuɋ alors
Pourtant qu'auoit blanche couleur
La chaſſant d'aultre part dehors
Qui luy fut au cœur grand douleur

Le moral.

La fable monſtre qu'il ne fault
Laiſſer ce qui peult competer
Car quand vient a le repeter
Bien communément on y fault.

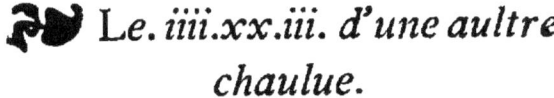 Le. iiii.xx.iii. d'une aultre
chaulue.

Par vn quidā fut prinſɋ vnɋ aultre chaulue
Laquellɋ obtint de luy ſa vie ſaulue;
Mais nonobſtant de deux ou de trois filz

Il a lyée & baillée a son filz
Pour s'en iouer & esbattre, or combien
Que cestuy filz icelle nourrist bien,
Ce neantmoins voulant estre deliure
De seruitude & en liberté viure
Trouua façon deschapper vne foys
Et de s'enfuyre & retourner au boys
Lyée ainsi par les piedz en effect
(Comme il est dict) ce qu'adonc luy a faict
Grand sacherie & aussi desplaisir
Car au premier arbre quel' peust saisir
En vne branche iceulx filz vint mesler
Si bien qu'aprez ne les sceust desmesler,
Dont fut contrainct y demourer pendue
Iusques a tant qu'a la mort fut rendue,
Ains que mourir elle dict toutesfoys
Bien miserable & poure me congnoys
Quand pour cuyder la fumee euiter
M'en suis venue au feu precipiter.

Le moral.

La fable veult entendre & dire
Que plusieurs cuydantz se distraire
D'un cas aulcunementz contraire
Tombent tressouuent en vn pire.

Le. lxxxv. de Iupiter & de Mercure.

Vpiter euſt iadis en cure
De commander au dieu Mercure
Faire & compoſer de ſa main
Aulcun medicament certain
C'eſt aſſauoir, de menterie,
De menſonge, & de tromperie
Pour departir egallement
A tous ceulx generallement
Aux queulx nature communique
Le ſcauoir de l'art mecanicque,
Pour a bien mentyr les apprendre
Ce que peuſt Mercure entreprendre
Faire ainſi, qu'en ioinct luy eſtoit

Excepte qu'encorg il restoit
Au mortier grande portion
De ceste composition
Et medicament deuant dict
Pour aultant le restg espandict
Sur le dernier abundamment
Estant cousturier notamment
Ainsi il escheust par hazart
Qu'il en eust la greignure part

Le moral.

Par la fablg on peult bien sentir
Que pour vray sur tous artisantz.
Cousturiers, touchant bien mentir
Sont trouuez les plus suffisantz.

Le. lxxxvi. de iupiter & de honte.

A *Prez qu'humains eurent esté formez*
Par Iupiter, & que de bien & mal
Suffisamment ont esté informez,
Donné leur fut arbitre liberal,
Parquoy deslors ont eu en general
En leur pouoir toute qualité mise
Excepte hontg, ayant corps virginal

Laquelle fut par oublíancɇ obmise.
  Quand Iuppiter veist hontɇ en telle sorte
Seulle oubliéɇ, il luy voulut permettre
D'aller au mondɇ auec toute cohorte
Et auec gentz de tous estatz se mettre
Fors auec ceulx qui veulent s'entremettre.
D'aller aux lieux ou Cupido infame
Publicquement est congnu se transmettre
Pour eshonter aultant homme que femme.

Le moral.

Cest fable nous faict certains
Que gentz par fol amour domptez
Ainsi que paillards ou putains
Communement sont eshontez.

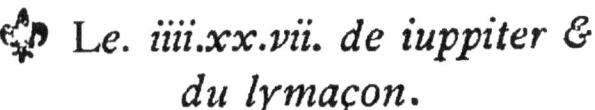

Le. iiii.xx.vii. de iuppiter & du lymaçon.

VN iour passé voulut encoire
Iuppiter mesme preparer
Vn bancquet digne de memoire,
Pour autant il feist declarer
A toute bestɇ y comparer
Sans qu'aulcunɇ eust a contredire
Par vouloir se desemparer

Sur peine d'encourir son ire.
  Ce neantmoins le lymaçon
Luy seul entre toutɋ aultre beste
Ne sceust onc trouver la façon
Par sa paresse manifeste
D'assez tost venir a la feste
Ce qui peust prez que iuppiter
Mouuoir a luy briser la teste
Par contre luy se despiter.
  Quand le lymaçon veist ainsi
Iuppiter vers luy forcené
Eust voulu estrɋ alors transi
Ou n'auoir esté oncques né
Priant qu'il luy fut pardonné
Veu que cheulx luy viurɋ aymoit mieulx
Sobrement, que d'estrɋ adonné
Faire grand cherɋ en aultres lieux.
  De ce mot Iuppiter peut estre
Tant iré que toute la race
Des lymaçons voulut submettre
Aporter en tout lieu & place
Leur maison, en signɋ efficace
De la faulte par eulx commis
Pleine de grande contumace
Et de paresse trop remise.

Le moral.

Par ceste fable il est certain
Que plusieurs desirent plustost
Ne menger cheulx eulx que du pain
Que cheulx aultruy pastez ou rost.

☙ Le. lxxxviii. d'un loup &
d'un Agneau.

VN loup attainct des chiens iusques au sang
Iesoit sur terre estendu comme vn veau
Nō pas fort loing d'un viuier ou estāg
Auprez duquel paissoit un gras agneau
A qui ce loup demanda un peu d'eau
De c'est estang, feignant qu'il se mouroit
Si de c'est eau puisée en un vaisseau
Presentement il ne le secouroit.

Or toutesfoys cest agneau ne fut poinct
Si treshastif de ce faire qu'aincoys
A cestuy loup il ne dict sur ce poinct,
Auprez de toy nulles chairs i'apperçoys,
Que pourras tu donc menger si tu boys
Il t'est meilleur puis que n'as que menger
Ne boyre point, car ainsi que ie croys
Cela pourroit le tien corps ledenger.
A quoy respond ce faulx & traistre loup
Si tu me veulx bailler l'eau que demande
Ne doubte point que bien tost & acoup
Ne soye fourny de chair & de viande :
Quand l'agneau veist la cautelle si grande
Du loup, il dict le cas bien entendu
Point ne mettray en effect ta demande
Car par ainsi me seroit cher vendu.

Le moral.

Ceste fable nous admoneste
A prendre garde que soubz l'ombre
Et couleur de priere honneste
N'encourons dommage ou encōbre.

Le. lxxxix. des lieures &
des Regnards.

Les lieures furent quelque iour
Contre les aigles mouuantz guerre
Parquoy voulurent par amour
Les regnards prier & requerre
A les secourir & conquerre
Contre leurs ennemys victoire,
Et affin qu'ilz peussent acquerre
De ce conflict, l'honneur & gloire,
 Les regnardz sur ce respondirent
Qu'ilz ne leur ayderoient en rien,
Dont nectement les escondirent
Leur disant nous congnoissons bien
Quelz sont les aigles & combien
Estes touspours timides bestes,
Parquoy pour nostre honneur & bien
Mettons a neant voz requestes.

A

Le moral.

Par ceste fable il fault entendre
Qu'il vault trop mieulx se tenir coy
Que de batailler & contendre
Contre gentz plus puissantz que soy.

¶ Le. iiii.xx.x. d'un laboureur
mue en vn fourmy.

VN laboureur fut lors si conuoyteux
D'amasser blez, orges & autres grains
Qu'il desroboit de iour en iour les ceulx
De ses voisins, familiers & prochains,
Tant qu'en estoient tousiours ses greniers plains,
Dont Iuppiter, des larcins informé,
Qu'il commettoit en ses terrestres plains
En vn fourmy ce rustique a formé.
 Or nonobstant la transmutation
Faicte de luy en si petite beste,
Il n'a changé ou faict mutation
De ce vouloir qu'il auoit en la teste,
Ains qui plus est sans fin encor conqueste
Grains, & espicz qui trouue sur la terre,
Puis par apres ainsi qui les acqueste
Pour son vser, songneusement les serre.

Le moral.

Par ceste fable est monstré comme
Pour changer d'estat il est seur
Qu'en riens ne mue vn mauuais homme
Les affections de son coeur.

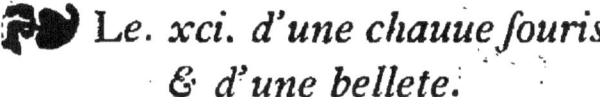
Le. xci. d'une chauue souris
& d'une bellete.

A Vne souris chauue il escheut
Qu'en vollant sur la terre cheut,
Parquoy fut soubdain attrapée
D'une bellette, elle happée
Luy pria & requist bien fort
Quel ne voulsist la mettre a mort,
Mais la bellete quand & quand

Dist que si feroi pour aultant
Qu'a tous oyseaulx est ennemye,
El' luy respond ie ne suis mye
Vn oyseau, mais bien souris chauue.
Par ce mot la vig obtint saulue.
 Mais il luy aduint de rechef
Quel' rencheust en vn tel meschef
Dont a la bellette cria
Encor mercy, & la pria
De la laisser aller, sur quoy
Respond la bellete, de toy
Ie n'auray mercy ne pitié
Veu la grandq inimitie
Que tu as contre les souris,
 Certes dict la chauue souris,
Oyseau non souris ie me porte
Par ainsi & en telle sorte,
Eschappeq est, c'est assauoir
Par deux fois pour la rusq auoir
De se donner autre congnoistre
Quel' n'estoit, & de mescongnoistre
Son gerrq, & non ainsi que faire
Luy estoit requis en l'affaire.

Le moral.

Ceste fable peult inuiter
Que la ou depent interest

D'aulcun dāger pour l'euiter
On se peult dirc aultre qu'on n'est.

Le. iiii.xx.xii. de sermentz
de vigne & des viateurs.

Ainsi comment flottoient dessus la mer
Aulcūs sermētz de vignc en vn mouceau
Peurent adonc iuger & estimer
Quelques passantz sur la riue de leau
Iceulx sermentz estre nef ou vaisseau
Fort grand, parquoy eulx desirantz entendre
Et veoir aussi que cestoit de nouueau
Se sont au bord arrestez pour l'attendre.

 Or d'aultant plus que tenant du vent l'erre
Iceulx sermentz venir a bord tendoient
Et que plus prez ilz approchoient de terre
Estoient deceuz, ceulx qui les attendoient,
Car veoir vn grand nauire pretendoient
Venir a bord, mais tousiours plus petit
Il leur sembloit estre qu'il n'entendoient
En approchant d'eulx petit a petit.

 Par ainsi donc ce mouceau vaugua tant
Sur mer, qu'enfin abord est descendu
Ou fut congnu que c'estoit pour aultant
Ceulx qui l'auoient tout exprez attendu,

Quand ilz ont veu & estz trop aggrippé,
Ce que testois furent point trop plaise,
Renduz confuz, pour quande pretendu
Pour voir vn rien, estre quelque grand chose.

Le moral.

Par la fable il peult estre sceu
Que bien souuent entre apparence
Et verité, gist difference
Laquelle à maint homme deceu.

Le. iiii.xx.xiii. d'un asne sauuage & d'un domesticque.

Quelque iour vng asne sauuage
Voyant vn aultre asne à repos,
Gras & nourry a lauantage

Commença a dire a part soy
C'est asne est de trop plus que moy
Heureux en ce monde en effect
Car ie suis nourry assez poy
Et cestuy est gras & reffaict,
  Mais aduint que l'asne ainsi gras
Fut aprez lié d'un cheuestre
Et battu a grand tour de bras
Puis charge a dextre & senestre,
Ce que voyant l'asne siluestre
Dist pour certain, que plus heureux
Il ne le tient, ains le pense estre
De trop plus que luy malheureux.

Le moral.

La fable monstre que plusieurs
Pour en partie auoir leurs ayses
Endurent souuent grandz malaises
Aussi maintz ennuys & malheurs.

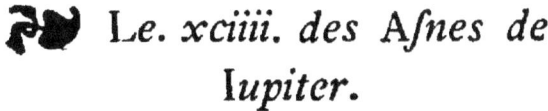 Le. xciiii. des Asnes de
Iupiter.

LEs asnes transmirent iadis
Vers iupiter aulcuns legaulx
Iusques au nombre de neuf ou dix
Pour le prier qu'a leurs durs maulx
Peines, miseres, & trauaulx,
Il luy pleust quelque fin donner
Et que seullement les chenaulx
A cela voulsist ordonner.

Sur quoy iupiter a peu dire
Qu'il leur accordoit leur demande
Sans en riens iceulx escondire,
Mais au moyen qui leur commande
Crier vne mary aussi grande
Que Meusy ou Saisnne si me semble
De la mer D'yrlande, ou zelande
Pour vriner toutes ensemble.

Ce qu'ilz ont entreprins de faire

En estimant certainement,
Pouoir bien fournir a l'affaire,
Qui est pourquoy communément
Ou les voit encor plainement
Tous ensembl℘ vriner, affin
Qu'en creant fleuue sainnement
Puissent leurs trauaux mettr℘ a fin.

Le moral.

La fable veult l'homm℘ aduertir
Que combien qu'il soit obstiné
Il ne peult l'estat diuertir
En quoy il est predestiné

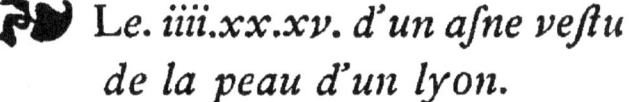 Le. iiii.xx.xv. d'un asne vestu
de la peau d'un lyon.

VN asne vestu de la peau
D'un lyon, faisoit craint℘ auoir
A maint℘ aultre best℘ & trouppeau
Tant il sembloit cruel a veoir,
Mais il fault entendr℘ & sçauoir
Qu'un regnard luy dist, tes effroys
Me feroient paour, sans concepuoir
Que n'es qu'un asn℘ a ouyr ta voix.

Le moral.

Par la fable il est manifeste
Que souuent vn asne & indocte
Porte l'habit d'un homme docte
Mais son parler le manifeste.

❦ Le. iiii.xx.xvi. d'un aultre asne & des grenoilles.

Vng aultre asne peust eschoir
Qu'en passant vn lieu maresqueux
Vint a chopper, & puis a cheoir
La faix sur luy dedans vn creux,
Ou il fut bien vne heure ou deux
Se complaignant tout a part luy
De se voir estre ainsi hideux
Et en tel destresse & ennuy,

Mais quand les grenoilles du lieu
Leurent bien entendu complaindre
Il luy ont dict s'ainsi mait dieu
Bien auroyes cause de te plaindre
S'ainsi estoit que par contraindre
Fusses icy aultant de iours
Qu'auons esté sans en restraindre
Vn seul pour te donner secours.

Le moral.

La fable monstre que nature
Faict en diuers elementz estre
Et viurg aussi la creature
A qui el' donne diuers estre.

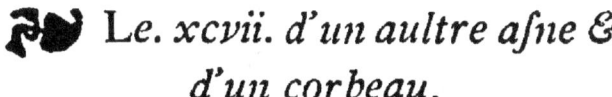 Le. xcvii. d'un aultre asne &
d'un corbeau.

Ainsi cōment vng aultrg asne chāpestre
Ayant le doz escorché pouoit paistre
Vn gros corbeau vint s'adiecter sus elle
Qui par becquer sa playe renouuelle,
Dōt de douleur se print l'asng a mouuoir
Et plusieurs foys a sa queug esmouuoir
Cuydant chasser ce corbeau qui estoit
Dessus son doz qui fort le molestoit.

Le maistre adonc voyant son asne faire
Maintz saulx d'engain, soubryoit de laffaire
Prenant plaisir voir son asne a merueilles
Mouuoir son doz, sa queue & ses aureilles.
  Or ce pendant vint vn loup a passer
Qui d'assez loing en cuyda trespasser
De deul, voyant cestuy maistre ainsi rire,
De ce corbeau, qui son asne martyre
Sans le chasser, ny en la, ny en ça
Dont a luy mesme a dire commença,
Sommes nous pas bien de malheure nez.
Plus qu'autre beste & tresinfortunez
Entre nous loups, quand deslors seullement,
Qu'on nous peult voir, on vient cruellement
A nous poursuiure & a nous inuader
Pour nous occir ou nous faire euader,
Ce qu'on ne faict point a nulle aultre beste
Ainsi qu'a nous veu qu'il est manifeste,
C'est assauoir que ce glouton corbeau
Que ie voy la, enleue chair & peau
A ce poure asne, & toutesfoys son maistre
Non seullement est cognu luy permettre
Ains qui plus est, il ne s'en faict que rire
De la douleur que ce poure asne tire.

Le moral.

Ceste fable demonstre comme
Pour & affin de s'en garder
On peult cōgnoistrɇ un mauuais hōe
Par seullement le regarder.

🙵 Le. iiii.xx.xviii. d'un aultre
Asne & d'un Regnard.

A Duint q'un aultrɇ asnɇ ou asnesse
Auec vn regnard cauteleux
Suyuant quelque foy ou promesse
Laquellɇ ilz auoient faictɇ entrɇ eulx,
En chemin, se misrent tous deux
Pour conquester aulcune proye,
Mais d'un lyon fort oultrageux
Rencontrez furent en la voye,

Quand le Regnard veist le danger
Et peril, enquoy pouoit estre
Et qu'il n'eust sceu s'en estranger
Ny aussi en fuytte se mettre,
Au lyon se voulut submettre
De presentement le saisir
De l'asne s'il luy veult promettre,
Ne fairɇ a son corps desplaisir.
 Ce que luy fut lors accordé
Parquoy vint a son entreprinse
Fairɇ, ainsi qu'auoit recordé,
Quand le lyon veist l'asne prinse
Et en vn fort fille surprinse
Tant quel' n'eust sceu luy eschapper,
Il vous vient premier faire prinse
De ce regnard par le happer.

Le moral.

Par la fablɇ on peult concepuoir
Qu'a plusieurs souuent est mal prins
Et tout pour auoir entreprins
A leurs compaignons decepuoir

☙ Le. iiii.xx.xix. d'une poulle
couuant les oeufz d'un serpent.

Adis vne poulle trouua
D'un ſerpent les oeufʒ fraiaʒ ponnuʒ
Leſqueulx ſongneuſement couua
Voyrʒ ainſi qu'a ellʒ incongneuʒ
Mais d'unʒ herondʒ eſtoient congneuʒ
Laquellʒ a la poulle peuſt dire
Tu couues œufʒ que n'as ponnuz
Dont lheurʒ en pourras bien mauldire.

Le moral.

Ceſte fable nous monſtre bien
Quon donne ſouuent nourriture
A gentz de ſi faulce nature
Qu'ilz rendent le mal pour le bien.

 Le. centieſme d'un chameau.

Qvand premierement le chameau
Fut veu des gens il fault entendre
Qu'il sembloit d'aspect si nouueau
Qn'ilz ne leussent osé attendre,
Ny a le regarder pretendre,
Ains deuant luy a chascun coup
La suitte & course estoient veu prendre
Comme brebis deuant le loup.
 Toutesfoys quelque temps aprez
Voyant qu'estoit vn peu traictable
Non seullement sont venus prez
De luy, mais l'ont mis en lestable
Et puis en fin sans cas doubtable
Pour le gouuerner & conduyre
Sans que plus fut espouentable
L'ont baillé aux enfantz a duire.

Le moral.

Par la fable appert mainte chose
Sembler au premier difficille
Tant que d'elle approcher on n'ose
Combien quel' soit doulce & facille.

☙ Le. ci. d'un serpent & de
Iupiter.

T

LE serpent voyant qu'il estoit
Des hommes pourfuyuy a mort,
Et que chascun le detestoit
Est venu a s'en plaindre fort
A Iuppiter, qui pour confort
Luy a dict, par ce que n'as point
Resisté au premier effort
Chascun te court sus en ce poinct.

Le moral.

La fable monstre sainnement
Que pour faire aultruy desister
Ou craindre, on luy doibt plainnemēt
Des le premier coup resister.

⚜ Le. c.ii. d'une columbe.

Vne columbe vint a estre
De la soif esprinse, parquoy
Elle voyant d'une fenestre
En l'encontre d'une paroy
Vn vaisseau painct, lors a part soy
Cuyda que leau au vaisseau paincte
D'assez bonne art & propre arroy
Fut naturelle, & non point saincte,
 Pour aultant contre la painture
Par grand roydeur s'est adrecee
Mais pour vray la trouua si dure
Qu'aprez mainte plume iectée
Hors de son corps, fut reiectée,
Du heurt sur terre, ou el' fut prinse,
Dont a mainte larme iectee
Detestant sa folle entreprinse

Le moral.

La fable au moral nous expose
Que souuentesfoys il mesprent
A celluy lequel entreprent
A lestourdy faire vne chose.

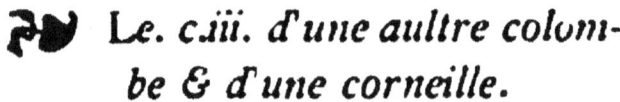 Le. c.iii. d'une aultre colum-
be & d'une corneille.

Vn aultre colombe prenant
A vn colombier nourriture,
Quelque iour estoit soubstenant
Que toute aultre oyseau par nature
Quand a l'effect de geniture
Preferoit, par lequel soubstient
Iouxte & selon sa coniecture
La plus heureuse se maintient.
　Mais vne corneille au contraire
Dist lors a la coulombe, cesse
D'une chose qui t'est contraire
De t'en glorifier sans cesse,
Veu que tant plus ennuy t'oppresse
Aussi en toy malheur abunde
Qu'on te voit par chaleur expresse
En geniture estre seconde.

Le moral.

La fable donne certitude
Que plusieurs se pensent heureux
Combiē qu'ilz soient tresmalheureux
D'auoir enfantz en seruitude.

ॐ Le. ciiii. d'un riche homme & de ses filles.

VN homme fut moult riche ayant deux filles
Belles de corps & aussi tresgentilles.
Desquelles l'une est venue a mourir.
Or aussi tost quel' peust mort encourir
Il a commis lors aulcun personnages,
Pour la plourer, en leurs ordonnant gaiges.
Ce qu'ilz ont faict iectant larmes & pleurs
Ainsi comment bien marys en leurs cœurs,
Ce que voyant l'autre fille a peu dire
On ne pourroit maintenant contredire
Que vous parentz & amys ne soyons
Bien malheureux, & ingratz quand voyons
Ces gens icy a qui le cas ne touche
De larmoyer, touteffoys de leur bouche
Iectent souspirs & larmes de leurs yeulx,
Et nous parentz qui debuerions trop mieulx

Qu'iceulx plourer par raison naturelle
Nous ne pouons larmes iecter pour elle,
Surquoy la merç entendant bien le stille
A respondu, ne tesbahy ma fille
Si ces gentz cy font a pleurer donnez
Quand pour ce faire ont gaiges ordonnez.

Le moral.

La fable monstre qu'a plusieurs
Gaing & prouffit a peu venir
Des infortunes & malheurs
Qu'on voit aux aultres suruenir.

⚜ Le. c.v. d'un pasteur & de ses Brebis.

VN pasteur mena quelquefoys
Paistre son bercail & troupeau
Non en plain champs, mais en vn boys
Ou il peust monter au coupeau
D'un chesne, dont plus d'un boisseau
De glan feist choir, & a rendu
Dessus son habit & manteau
Au pied de ce chesne estendu.
Voyantz les moutons ce glan cheoir
Le sont venus si glouttement

Deuourer, qui leur eſt eſcheu
D'auoir tranſgloutty nettement
Auec ce glan le veſtement
De leur paſteur, parquoy du faict
Les a reprins treſaigrement
Leur diſant ces motz en effect.
   Vous moutons & auſſi brebis
De durte trop plus eſtre pleines
Que n'eſt pas fer, ou marbre bis
Veu que reueſtez de voz laines
Ceulx qui vous font maintz grefz & peines
Et de moy qui prendz tout labit
A vous nourrir & tenir ſainnes
Vous auez deuouré l'habit.

Le moral.

Ceſte fable enſeigne que maintz
A leurs amys font deſplaiſir
Et au contraire ſoirs & mains
A leurs ennemys font plaiſir.

☙ Le. c.vi. d'un bouuier & de
ſon veau.

Vcun bouuier perdit lors par mesgarde
Le meilleur veau qu'il eust point en sa garde,
Dont pour auoir aulcune certitude
De sondict veau par grand' sollicitude
S'en est venu prez que par tout le boys
A le cercher & querir, toutesfoys
Riens na gaigné dequoy fut a part luy
Triste faché, & plain d'un grand ennuy
Tant qu'il voulut s'obliger & submettre
A Iupiter luy vouer & promettre
Vn boucq cornu s'il luy plaisoit montrer
Et fairę aussi tant qu'il peust rencontrer
En son chemin, celuy qui de nouueau
Auoit surprins & desrobbé son veau,
Or a grand peinę auoit il faict ce veu
Quand apperceust (non pas a son aueu)

Dedans le boys vn lyon rauiſſant
Lequel eſtoit ſon veau tranſgloutiſſant
Dont euſt tel paour, & crainte ſi extreſme
Que de rechef va dirɇ a l'heure meſme.
 O Iuppiter vn boucq promis t'auoye
Si de mon veau le larron en ma voye
Euſſe trouué, ce qui m'eſt aduenu,
Mais me repens eſtre oncque paruenu
Iuſqu'a le voir & congnoiſtrɇ, entendu
Le grand danger en quoy me ſuis rendu,
Pourtant au lieu d'un boucq ie te promectȝ
Donner vn bœuf en ſacrifice, mais
C'eſt au moyen que vueilles m'eſtranger
Et mettre hors de ceſtuy grand danger.

Le moral.

Par la fablɇ on pourroit prouuer
Que maintz cherchans bōne fortune
Viennent bien ſouuent a trouuer
Malheur, peril, & infortune.

☙ Le. c vii. d'un aigle & d'un chaſſeur.

Ainſi qu'un aiglɇ eſtoit en guet
Pretendant vn lieure happer

U

Voicy vn chasseur qui d'esguet
D'un traict d'arc le vient a frapper
Duquel coup le peust attrapper
Sans que besoing luy fut alors
D'un aultre traict le refrapper
Veu qu'auoit le premier au corps.
  Non pas que le traict fut du tout
Dedans son corps, mais en restoit
De la crene enuiron le bout
Laquelle fort il detestoit
Pour aultant que causę ellę estoit
De sa mort, & aussi qu'icelle
Estoit faictę (ainsi qu'attestoit)
Des propres plumes de son œlle.

Le moral.

La fablę enseigne foyblę ou fort
Endurer trop plus aigrement
De son glaiuę estre mis a mort
Que non pas d'aultre ferrement.

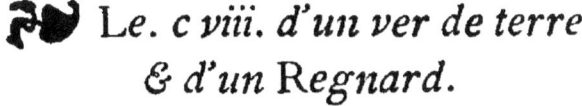 Le. c viii. d'un ver de terre
& d'un Regnard.

VN ver de terrę assez immunde
Se disoit medecin parfaict

Plus que viuant qui fut au monde,
Mais le regnard quand a ce faict
Le reprint, lors comme imparfaict
Luy difant, s'ainfi es fcauant
Que tu dis, pourquoy en effect
Vas tu fi trefmal en auant.

Le moral:

Cefte fable au fens moral fonne
Que maint homme s'efforce & efme
A guarir vne aultre perfonne
Qui ne peult pas guarir foy mefme.

 Le. c ix. d'un homme & de
ſa Poulle.

Vn homme fut qui auoit vne poulle
Ponnantǫ œufz d'or auſſi gros qu'une boulle
Par chaſcun iour, mais encor de ce bien
N'eſtoit content, car penſant qu'ellǫ euſt bien
Dedans ſons corps vne maſſe d'or fin
Il la tua, pour & a celle fin
De la trouuer, neantmoins vn grain ſeul
Il n'y trouua, dont il conceut grand deuil
En luy, voyant que par ſa couuoitiſe
Et auarice, auoit ſa poullǫ occiſe
Qui tous les iours luy ponnoit vn oeuf d'or
Qui luy debuoit eſtrǫ aſſez grand treſor.

Le moral.

Par ceſte fablǫ on peult ſcauoir
Que bien ſouuent vn perſonnage
Par le deſir de trop auoir
Encourt pertǫ & auſſi dommage.

Le. c x. d'un loup & d'une mere.

Ainſi qu'en aulcune ſaiſon
Vn loup par les champs tracaſſoit,
Il ouiſt en vne maiſon
Par deuant laquellǫ il paſſoit

Vne mere qui menaçoit
De bailler son enfant au loup
Si de plourer ne se lassoit
Et ne se taisoit bien acoup.
    Ce loup cuydant que la menace
De la mere fut veritable
Fut de temps vne grande espace
Attendant derriere lestable
Qu'on luy baillast pour metz de table
Lenfant, mais l'ouyt appaiser
Tost aprez par parolle affable
Et par doulcement le baiser.
    En luy disant mon amoureux
Ho ho taisez vous, car voicy
Le loup qui est prez de nous deux,
Mais nous le turons sans mercy,
Quand le loup eust ouy ainsi
Parler la mere, en luy va dire
Leffect de ce propos icy
Est veu au premier contredire.

Le moral.

Ceste fable icy pour vray touche
Ceulx qui ont aultre affection
En coeur qui ne disent de bouche
Comme gentz plains de fiction.

⚜ Le. c xi. d'un tahon & d'un Lyon.

VN Tahon vint quelquq' iour deffier
Certain lyon orgueilleux & fier
Luy declarāt qu'en riẽs ne le doubtoit
Ne sa puissancę, ou effort redoubtoit
Et qu'ainsi soit toutq a l'heure presente
Pour batailler contre luy se presente,
Combien qu'il ayt gris aussi durs que fer
Dont il se sert, pour aultruy esgriffer
Et qu'il se fiq encor aux dents qu'il porte.
  Quand ce lyon eust ouy qu'en tel' sorte
Cestuy Tahon le deffioyt luy seul
Vient a rougir & auoir si grand deuil
Et tellement estre forcene d'ire,

Qu'alors ne peuſt rien aultre choſe dire
A ce tahon, fors qu'il donnaſt dedens
Monſtrant ſes gris, & en griffant les dentz.
Dont le tahon veiſt bien qu'il eſtoit heure
De l'aſſaillir, pour aultant ſans demeure
Sur les naſeaulx de ceſtuy lyon ſault
En le picquant, ſi fort du premier ſault
Que le lyon par la douleur extreſme
Qu'il enduroit, ſe deſmenbra luy meſme
Tant qu'il cheuſt mort, ſans auoir oncq mesfaict
A ce tahon, lequel fut en effect
Plus que iamais a l'heure glorieux
D'auoir eſté ainſi victorieux.

   Mais luy aduint qu'ainſi de gloiry eſprins
Il fut aux retz d'une yraigne ſurprins,
Deſquelles s'eſt en tel' ſorte lyé
Qu'oncques ne peuſt en eſtre deſlyé
Parquoy la mort luy conuint encourir
Ains toutesfoys & premier que mourir
Diſt telz propos, plus malheureux ſur terre
N'y a que moy, congneu qu'en bonne guerre
Contre un lyon i'ay obtenu victoire,
Mais maintenant, eſt certain, & notoire,
Que m'a vaincu (ainſi ie le proteſte)
C'eſt aſſauoir vne petite beſte
Qui eſt yraigne appellée, en la quelle
N'y a pouoir ou force corporelle

Mais est infaictz & plainq aussi d'ordure
Parquoy mon cœur mort plus aygrq en endure.

Le moral.

La fable nous montre que ceulx
Qui fortz & puissantz ont domptez
Souuent ont este surmontez
Aprez de gēts moins puissatz qu'eulx.

❧ Le. c xii. d'un coq & du dyamant.

Ainsi qu'vn coq estoit cherchant pasture
En vn fumier, il trouua d'auanture
Vn dyamant, fort richq & precieux
Dedans ce lieu immundq & vicieux,

*Auquel il dict, ó dyamant exquis
De maintes gents es grandement requis,
Mais quand a moy es de petite estime
Car en effect ie cheris & estime
Vn grain de blé trop plus que ne fais toy
Pour & aultant qu'iceluy est de soy
Pour mon vser, & ie ne puis en rien
Auoir de toy vsage ou aulcun bien.*

Le moral.

Ceste fable nous fait certains
Que plusieurs contemnent science
Comme ignorantz & incertains
De son vtile experience.

 Le. c xiii. d'un loup & d'un Agneau.

V̨N Loup beuuant au plus hault cours d'unç
 eau
 Laquellç eſtoit belle, clerç & ſerie,
Veiſt au deſſoubż de luy boyrç vn agneau
Auquel il dict (voyre par tricherie
Pour prendre noyſç & donner facherie)
Viença meſchant par quelle reuerie
Mes tu venu troubler ceſtç eau icy,
A quoy reſpond lagneau, ie ne ſcauroye
Et ores quand en auroye la puiſſance
Certainement le vouloir n'en auroye,

 Tu as menty, car i'ay bien congnoiſſance
(A dict ce loup) que des voſtre nayſſance
Ton perç & toy auec ta merç auſſi
Mauez cuydé touſiours porter nuyſance
Et pourtant mort encourras ſans mercy.

Le moral.

Cette fablç icy nous apprent
Que ſouuent vn richç & puiſſant
Sus vn rien occaſion prent
De mal fairç a l'hommç impuiſſant.

⚜ Le. c xiiii. d'une grenoille d'u
 ne ſouris & d'une eſcoufle.

Vne grenoille eust quelque foys
Contre vne souris grosse guerre,
Tant qu'ilz vindrent par deux ou trois
Assaultz, s'entre empoigner sur terre.
Or pendant qu'estoient en telle erre
Le escoufle vint qui les ravist
Et dedans son ventre les serre
Si qu'oncques puis on ne les veist.

Le moral.

Cette fable nous determine
Que quand gentz d'une mesme ville
Menent entre eulx guerre ciuille
Aisément on les extermine.

Le. c xv. d'un chien & de
son ymbre.

Omment vn chien trauerſoit vn ruiſſeau
Tenant alors en ſa geulle vn morceau
De chair robbée, il peuſt apperceuoir
Son vmbre en l'eau, dont vint a conceuoir
Qu'a ſon aduis ſans qu'il ſen faulſiſt rien
Dedans ceſte eau, eſtoit vn aultre chien
Tenant auſſi vn gros morceau de chair,
Parquoy voulant luy faire toſt laſcher
Sen eſt venu abbayer a ſon vmbre
En abbayant, luy aduint tel encombre
Qu'adonc luy cheuſt ſa chair hors du muſeau
Qu'il a perdue en effect dedans l'eau,
Ce qui l'a peu grandement arguer,
Mais venu eſt a ſe redarguer
Diſant en luy, par nauoir eu en moy
Contentement, tombé ſuis en eſmoy
Et grand malheur, quand pour choſe incertaine
Ien ay perdu vne ſeure & certaine.

Le moral.

Par la fable il doibt ſouuenir
Que laiſſer ne fault le certain
Pour vn bien qui eſt incertain
Et auquel on ne peult paruenir.

Le. c xvi. d'un lyon & quelques aultres bestes.

VN lyon iadis s'allia
De trois ou quatre simples bestes,
Mais premier par foy se lia
Iurant par les asnes celestes
Ne leur faire tortz ne molestes
Et qu'auecques luy seurement
Pourroient estre en toutes conquestes
Qu'il distribueroit iustement,
  Sur c'est accord furent chasser
Ensemble, tant qu'ilz peurent prendre
Vn cerf, par bien le pourchasser
Lequel ce lyon vint a fendre
En quatre partz, donnant entendre

Qu'il leur en vouloit impartir,
Mais l'auoir tout ſeul peuſt pretendre
Ains & premier que departir.
   Parquoy leur dict en rugiſſant
La plus grand part doibz obtenir
Pource que ſuis le plus puiſſant,
Puis aprez ie veulx maintenir
La ſeconde m'appartenir
Au tiltrǿ & droict de ma nobleſſe,
De me la vouloir detenir
A vous ſeroit grande ſimpleſſe.
   La tiercǿ encor auoir proteſte
Veu qu'ay trauaillé la moytié
Plus que vous, en prenant la beſte
Oultre de vous n'auray pitié,
S'il ne vous plaiſt par amytié
M'accorder la quarte partie,
Ains doncq qu'aduiennǿ inimitié,
Sans rien faictes toſt departie.
   Quand ces poures beſtes ouyrent
Iceulx propos entendre fault
Que beaucoup ne ſen reſiouyrent,
Mais encor voyant que mieux vault
Departir, qu'attendre le fault
D'y laiſſer voire chair & peau
Chaſcune d'elles part & fault
N'ayant gaigné vn ſeul morceau.

Le moral.
La fable felon son moral
Veult infinuer & enioindre
Toufiours pour le mieulx a fe ioindre
Auec fon pareil & egal.

Le. c xvii. d'un loup & d'un
Gruyau.

Qvelquefoys ung loup demoura
Vne brebis totallement
Fors vn os qui luy demoura
Hors au gofier, qui tellement
Le tourmentoit que feullement
Ne demandoit plus qu'a mourir
S'vn gruyau liberallement

Ne le fut venu secourir.
  Auquel ce loup a faict requeste
De luy tirer c'est os dehors
Par mettre son col & sa teste
Quasi iusques dedans son corps,
Ce que feist ce gruyau alors
Puis apres qu'il eust en effect
C'est os retiré & mis hors
Requist en estre satisfaict.
  Surquoy luy peust ce loup redire
C'est toy qui es subiect a moy
Veu que s'il m'eust pleu (a vray dire)
T'eusses mis en tel desarroy
Que ce ne fust plus rien de toy
Car tandis que fouloyes dedans
Mon gosier, ou ma gorge, croy
Que mengé teusse a bonnes dentz.

Le moral.
Par ceste fable icy appert
Qu'a vn homme ingrat faire bien
Certainement chascun y pert
Sa peine, son temps, & son bien.

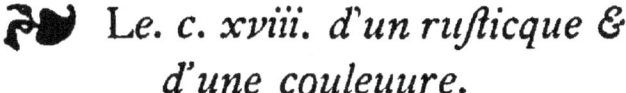 Le. c. xviii. *d'un rusticque &*
d'une couleuure.

Adint qu'vn iour d'hyemale saison
Aucun rustique allant de sa maison
En autre lieu, peust trouuer sur la dure
Vne couleuure expirant par froidure
Dequoy il prist grand plaisir en soy-mesme
D'auoir trouué vn si doulceur extreme
Et pour ainsi la print pour l'eschauffer
En sa maison pour la reconforter
Par la chaleur d'vn feu qui reprint lors
Sa prime force, & vigueur en son corps
Or n'est apres qu'elle fut reuenue
De mort à vie, elle s'en est venue
Sur ce pouure homme la cuidant picquer
Et de venin vouloir l'intoxiquer,
Mais il a peu s'en garder & deffendre
Dont asprement l'est venu à reprendre
En luy disant, ie voy par certitude

Que tu es fort plaine d'ingratitude
Quand pour t'auoir faict seruice & plaisir
M'a cuydé perdre & faire desplaisir.

Le moral.

On peult par la fable attester
Que plusieurs s'efforcent meffaire
A ceulx qui leur ont peu bien faire
Ce qui est moult a detester.

Le. cxix. d'un senglier & d'une asnesse.

V^{Ne} vieille & hydeuse asnesse
   A vn senglier s'adressa
Lequel par trop grande hardiesse

D'iniures fort elle oppreſſa,
Ce neantmoins onc n'en dreſſa
La dent; pour l'outrager par ire,
De fuyre auſſi ne la preſſa
Pour iniure quel' luy peuſt dire.
 Mais bien luy reſpondit a l'heure
S'honneur ou gloire i'acqueroye
A me venger de toy, ſoys ſeure
Que voluntiers ie le feroye
Et que ta langue boucheroye
Si bien (puis qu'il fault que i'en iure)
Qu'en quelque lieu ou ie feroye
Iamais ne me diroys iniure.

Le moral.

Ceſte fable declare comme
A homme de vertu ne fault
Contendre, auec vn meſchant homme
Qui de ſoy riens ne peult ne vault.

Le. cxx. d'une ſouris de ville & d'une aultre de village.

I
Adis aduint qu'une souris de ville
Se transporta aux champs pour veoir le stile
De viure, auec la maniere & vsage
Qu'auoient en soy les souris de village,
Elle arriuee en vn hameau champestre,
Dune souris du lieu elle peust estre
Tost inuitee a s'en venir cheux elle
Boyre & menger soubz promesse fidelle,
Ce quelle fist, mais pource que viande
Ny estoit pas a son gré & demande
(Obstant que lautre eust sus table apreste
Tout ce qu'auoit de long temps acqueste)
Luy vint a dire, (aprez auoir bien veu
Le sien logis tresmal estre pourueu)
Tu es bien simple, & folle ainsi mait dieu
De resider en cestuy poure lieu,
Auquel n'y à opulence de biens

*Commę en la villę en laquelle me tiens
Si tu me crois tu viendras auecq moy
Et tu voirras certainement au doy,
Affin qu'en riens il ne te ſoyt doubtable
Que cheux moy tiens par trop meilleure table
Que tu ne faictȝ, & qu'en toute ſaiſon
I'ay Beurres, Lardȝ, & pain en ma maiſon,
Or en aprez ceſte ſouris de ville
Vint a louer, tant l'uſufruict ciuille
Que la champeſtrę accordę a heure telle
De ſen aller en la villę auecq' elle.
   Quand a ce lieu elles furent venues
En vne cauę alors ſe ſont tenues
Laquellę eſtoit plaine par abundance.
Tant de boyſſon que d'autre pourueance
Dequoy leur tablę el' ont fournię a faict,
Mais cependant qu'elȝ eſtoient ſur le faict
De bien menger, & amplement repaiſtre
Voicy venir l'un des ſeruantȝ du maiſtre
De la maiſon, qui de coup d'auanture
Vient fairę a l'huis de la cauę ouuerture.
   Or auſſitoſt qu'elles peurent entendre
Qu'on ouuroyt l'huys a lheurę & ſans attendre,
Dict la ſouris qui ſe tenoit au lieu,
Las fuyons toſt, & nous ſauluons pour dieu
Ou aultrement nous deux ſommes perdues,
Parquoy de paour & de craintę eſperdues*

Ont prins a fuyrǫ & se cacher alors
Iusques a tant que c'est homme fut hors
Dudiā celier, puis vn petit aprez
Ensemblǫ encor reuindrent tout exprez
Pour bancqueter, mais la souris champestre
A l'autrǫ inquist si souuent en tel estre
El' se trouuoit, ouy (diā el') chascun iour
Cinq ou six foys, adoncques sans seiour
A replicqué la souris de village,
Ho i'ayme mieux viurǫ en poure mesnage
Et obtenir libre condition
Que de grandz biens auoir fruition
Et tousiours estrǫ en craintǫ & seruitude,
Ou au danger d'aulcunǫ amaritude,
Pourtant premier que viennǫ a telz destroys
Te dis a Dieu, car aux champs m'en reuoys.

Le moral.

La fable monstre qu'il vault mieulx
En liberté sobrement viure
Que d'estrǫ aux biēs iusques aux yeulx
La ou danger se peult en suyure.

 Le. cxxi. de l'aigle & de la corneille.

VN aigle alors trouua sur quelque riue
　Certaine escalle dans laquelle estoit close
Et bien fermée vng oystre fresche & viue,
Qu'il appetoit estre en son ventre enclose,
Mais ne pouoit sans qu'elle fut declose
Premierement pour la bien aualler.
Or luy estoit la maniere forclose
De la pouoir ou scauoir escaller.
　Iusques a tant qu'vne faulse corneille
Luy enseigna vn moyen assez cault
En luy disant, pour l'ouurir te conseille
De la porter en vollant au plus hault,
Puis par aprez sur ce roch te la fault
Laisser tumber, ainsi d'elle seras
Faict iouissant, car des le premier sault
Lescalle en deux ou en trois froysseras,
Laigle croyant cestuy conseil va prendre

Loyſtr℮ en ſes gris puis en volant grand' erre
Et bien fort hault, l'eſcalle vient a fendre
La laiſſant cheoir ſur vne dure pierre,
Mais la corneill℮ eſtant bas vous la ferre
Dedans ſon ventr℮, auſſi toſt qu'ell℮ euſt veue
Hors de l'eſcall℮, eſtre tombé℮ à terre
Par ainſi laigl℮ en a perdu la veue.

Le moral.

Par ceſte fabl℮ on appercoit
Que maint eſt conſeillé de faire
Bien ſouuent quelqu℮ vtil℮ affaire
Dont vn trompeur le gaing recoit.

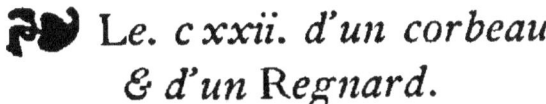

Le. cxxii. d'un corbeau
& d'un Regnard.

COmme vn corbeau plus noir q̄ n'est la poix
Estoit au hault d'un arbre quelquefoys
Iuche, tenant a son becq vn fourmage,
Vn saulx regnard vint quasi par hommage
A luy donner le bon iour, cela faict
Il est venu a lextoller a faict
En luy disant, ó triumphant corbeau
Sur tous oyseaulx me sembles de corps beau
Et pour autant les ceulx qui noir te disent
Tresmeschamment de ta couleur medisent
Veu que tu es par tresapparent signe
De trop plus blancq que ne fut oncques cygne
Et que le paon en beaulté tu excedes,
S'ainsi est donc que la voix tu possedes
Correspondante à ta beaulté de corps,
C'est ascauoir, fondée en doulx accordz
Pour bien chanter, entend pour vray & croy
Que des oyseaulx es digne d'estre Roy,
A ceste cause i'aurois bon appetit,
D'ouyr ta voix desployer vn petit,
Quand pour certain quelque chose qu'on nye
Ton chant me semble estre plain d'armonie.
 Par telz propos adulatifz & sainctz
Qu'a ce Regnard cauteleux a attainctz,
Le sot corbeau fut tant de gloire esprins
Qu'incontinent a chanter il s'est prins,
Dont par sa gloire il encourut dommage

Y

Quand' hors du bec luy en cheust le fourmage,
Que ce regnard tout exprez attendoit
Car aultre chose avoir ne pretendoit.
Veu qu'aussi tost qu'il en fut jouyssant
Il s'en fuit, soinct en se gaudissant
De ce corbeau, ainsi prins par son art
Bien luy monstrant qu'il estoit vray conard.

Le moral.

Ceste fable cy nous designe
Que par flateurs fins & rusez
Et qui ont langue pateline
Maintz glorieux sont abusez.

❧ Le. cxxiii. d'un vieil lyon &
des aultres bestes.

Un lyon fut qui durant sa ieunesse
Se faisoit fort hayr doubter & craindre
Par exercer maint oultrage & rudesse,
Mais quāt il vint a ses vielz ās attaindre.
Vieillesse peust du tout sa force estaindre
En le rendant debile & langoureux,
Parquoy les ceulx qu'ilz auoit peu contraindre
Luy furent lors aspres & rigoureux.
 Premierement vint vn pourceau siluestre
A le frapper du crocq & du museau,
Puis vn thoreau a dextre & a senestre
Luy a perché de ses cornes la peau.
 Vn asne aussi le voyant comme vn veau
La estendu, luy dict mainte reproche
Sans plus le craindre ou priser vn naueau,
Il luy donna maint coup sus sa caboche.
 Quand ce lyon veist lexces & desordre
Qu'on luy faisoit, & qu'il nauoit puissance
De se venger, de tuer, ou de mordre,
Dist a part luy, iay vraye congnoissance,
Que maintenant suis tumbé en la chanse
Que iay liurée, ayant ieunesse & force,
Quand toute beste a qui i'ay faict nuisance
Au cas pareil a m'en faire s'efforce.

Le moral.
La fable monstre bien exprez
Qu'a ceulx qui en prosperité

Ont vsé de seuerité
Vn temps viēt qu'on leur rend aprez.

Le. c xxiiii. d'un chien & d'un Asne.

Comme par ieu aulcun chien blandissoit
A son seigneur, & luy applaudissoit,
Quand le voyoit notamment en la table,
Dont en effect estoit fort acceptable
A son seigneur, ainsi commę a celuy
A qui donnoit passe temps non ennuy.
 Ce que voyant lasne de la maison
En conceut deuil en donnant pour raison
Euidamment ie voy que cestuy chien
Cyens dedans tous les iours ne faict rien
Fors seullement en iappant s'entremettre

A faire feste & complaire a mon maistre
Et est traicté & nourry sur le dos,
Et moy qui suis nullement a recoy
Pour luy seruir a la pluye & au vent
Ie suis bastu, oultre le plus souuent
Ie meurs de faim, mais possible est (dict elle)
Que c'est pourtant qu'adulation telle
Ie ne luy faiz comme ce chien peult faire
Parquoy me veux employer a l'affaire.
   Sur tel aduis est ceste asne venue
Mettre en effect lors sa desconuenue
En hennissant ot, & puis du premier sault
Deux de ses piedz elle vous leue en hault,
Dont (ne pensant toutesfoys qu'a s'esbatre)
De son seigneur vint les espaulles batre
Ne plus ne moins que de deux gros mailletz,
Tant que le maistre appellant ses varletz
Leur cria hault, quilz eussent a courir
Pour le venir au plustost secourir,
Ce qu'ilz ont faict, en prenant grosses gaules
Desquelles ont bien frote les espaules
Et les costez de cest asne importun
Qui eust des coups cinquante aussi tost qu'un
Qu'ilz endura voire à bien grand regret,
Pourtant aprez en quelque lieu secret
Se print a dire, or est il manifeste
Qu'au monde n'est plus malheureuse beste

Que ie puis estre entendu que n'ay grace
Ny aulcun gré de chose que ie face
Ains ie desplais se semble par nature
En toute affaire enquoy ie m'aduanture.

Le moral.

Cestuy fabuleux exemplaire
Monstre comment en mesme office
L'un desplaist & l'autre est veu plaire
Ayant nature en ce propice.

Le. cxxv, d'ū lyō & d'une souris

Ainsi qu'un lyon oultrageux
Estoit las, vint a s'apposer
Et mettre en vn lieu vmbrageux
Pour y dormir & reposer,
Mais pas ny peust beaucoup poser
Que de souris grand abundance

Ne vint s'ingerer & oser
A luy faire ennuy & greuance.
    Dont lesueillerent en la fin
Par sur luy marcher & courir
En sesueillant print l'une, afin
De luy faire mort encourir,
Elle estant au poinct de mourir
Ne sceust que faire ou dire, fors
Qu'en grace & pardon recourir
Et luy crier mercy alors.
    Quand ce lyon eust veu la grande
Humilité, d'icelle beste
Il luy octroya sa demande
Sans luy faire gresue moleste,
Pourtant dict elle, quand au reste
Ie te promectz le desseruir
Pourueu qu'il me soit manifeste
Que te puisse ayder ou seruir.
Or aprez quelque temps escheust
Que ce lyon par cas fortuit
Dedans vn lacz ou fille chust
Ou il fut bien prez des iours huict,
Mais tout aussi tost que le bruict
A la souris en peust venir
Elle accourut tant iour que nuict
Pour en ce cas luy subuenir,
Et tant fist par ronger des dentz

dail a peu ſyer
Dont ce lyon eſtant dedans
Se print a le remercier
Et a bien le regracier,
Aprez de ce lacqz eſtrę yſſu
Qui luy ſembloit fort commę acier
Tant de cordę eſtoit bien tyſſu.

Le moral.

La fable certains nous veult faire
Qu'homme n'eſt tant ſoit impuiſſant
Qui ne puiſſę en aulcun affaire
Bien nuyrę ou ayder au puiſſant.

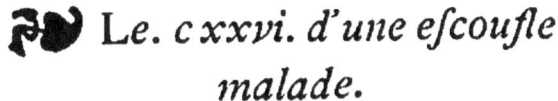

Le. cxxvi. d'une eſcoufle malade.

ADuint qu'ung escoufle fut prinse
De mal, si rigoureux & fort
Que sa vie a riens plus ne prise
Ainsi qu'aspirant a la mort,
Or en mourant el' se remort
De ses messaictz, en façon telle
Que sa mere el' pria bien fort
De requerir les Dieux pour elle.
  Surquoy la mere vint redire,
Cuydes tu des dieux obtenir
Grace & pardon? quand a vray dire
Ne te peuz iamais contenir
De leur mal faire, ne t'abstenir
De rauir en leurs sacrifices
Ce qui leur doibt appartenir
Quand au droict de telles offices.

Le moral.

La fable monstre qu'a grand peine
Lhomme (pendant qu'il est contraire)
Peult l'amour & la grace attraire
De celuy qui le tient en hayne.

🙰 Le. cxxvii. de l'heronde &
    des aultres oiseaulx.

z

L'Herondɇ aux champs ſemer voyant
Tant lin que chænurɇ, & preuoyant
Le mal futur, & aduenir
Qu'aux oyſeaux en pouoit venir,
Leur conſeilla de mettre peine
De ladicte ſemencɇ ou graine
Recuillir, & iecter en leau
De paour que ſur le renouueau
N'euſt a germer ou a produire
Choſe qui aprez leur peuſt nuyre,
Mais neantmoins vn chaſcum deulx
Fuſt de ce faire pareſſeux
Ains l'ont permis flourir & croiſtre,
Quand vint a l'herondɇ apparoiſtre
Ceſtuy lin ou chænurɇ eſtre crue
Et qu'en riens n'auoit eſté crue
El' leur conſeilla de rechef

Pour obuier a tout meschef
Quel' leur pouoit lors diuiner
Qu'ilz euſſent a deſraciner
Tout ceſtuy lin ou chanure, affin
De l'ardre & bruſler en la fin,
Mais de choſe quel' leur peuſt dire
Les aultres n'en feirent que rire,
Luy diſant quel' n'eſtoit pas ſage
De deuiner mauluais preſage
Sans eulx ſoulcier (comme il eſt dict)
De ce quel' leur auoit predict,
Ce que voiant icelle alors
Eſt venue a ſe mettre hors
D'auec eulx les abandonnant
Et a conuerſer s'addonnant
Aux citez auecques les hommes,
Cependant on vient par grandz ſommes
Ce lin & chanure congreger
Et en faict on pour abreger
Fillez de corde & de fiſcelle,
Et puis conſequamment d'icelle
On vous faict retz & alliez
Dont furent tous prins & liez
Iceulx oyſeaulx en general
Qui leur fut vn aſſez grand mal
Car on leur fiſt ſentir la mort
Parquoy ſe repentirent fort

Mais pour lors il estoit trop tard
Qui n'auoient chascun pour sa part
Creu au conseil de l'herondelle
Sans en riens s'estre mocquez d'elle,

Le moral.

Par c'est apologue il est sceu
Que l'homme trop tard se repent
Quand le dommage a ia receu
Et que ia le mal en luy sent.

☙ Le. c xxviii. des grenoilles & de Iuppiter.

LEs grenoilles iadis viuantes
En leur franchise notamment

 Furent Iuppiter pourſuyuantes
En luy requerant inſtamment
De leur donner vn princɇ ou roy,
Sans eſtimer conſequamment
Venir de luy aulcun deſroy.
 Aquoy Iuppiter bien voulut
Premierement contreuenir
Preuoyant l'effect diſſolut
Qu'il leur en pouoit aduenir
Ce neantmoins tant le requirent
Pour a leur deſir ſubuenir
Que par prieres le vainquirent.
 Or pour leur complairɇ il eſcheuſt
Qui leur iecta vn gros morceau
De boys, lequel feiſt quand il cheuſt
Vn bruyt merueilleux dedans leau
Qui les effroya par tel' ſorte
Que pour le moins & le plus beau
Chaſcune penſoit eſtre morte.
 Mais petit a petit apreȝ
Vindrent a hardieſſɇ auoir
Parquoy s'approcherent de preȝ
Pour au vray entendrɇ & ſcauoir
Quel roy ceſtoit, qui ſt grand ſon
A peu dedans leur eau mouuoir
Les effroyant en tel façon.
 Elles venues a l'entour

De ce morceau de boys ont veu
Et congnu en effect, que pour
Luy faire honneur il n'estoit meu
Dont eurent deuil chascun en soy
Qu'il n'estoit aultrement esmeu
Et d'ainsi le voir a recoy.
 A ceste cause de rechef
Vn aultre roy lors ont requis
Qui fut pour elz vn grand meschef,
Car Iuppiter de ce requis
Vn circongneau pour roy leur baille
Lequel pour vn menger exquis
Les aualloit plus dru que paille.
 Quand elz se veirent atournées
Et submises en vn tel estre
Vers Iuppiter sont retournées
Luy suppliant de les remettre
En leur liberté & franchise
Ou vn aultre roy leur commettre
Qui les traictet en plus doulce guise.
 Mais nonobstant leur deprier
Iuppiter n'en voulut riens faire
Dont tous les soirs braire & crier
On les oyt encor pour l'affaire
Cuydant pour leur bruit & clameur
A Iuppiter tant satisfaire
Quil ait pitié de leur malheur.

Le moral.

Par la fable il fault retenir
Que quand vn peuple est sans ennuy
Soubz vn roy, il si doibt tenir
De paour d'auoir pire que luy.

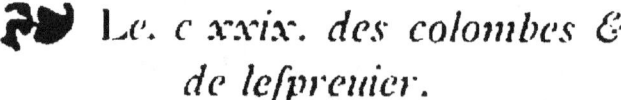 Le. c xxix. des colombes &
de lespreuier.

IL print aux columbes desir
D'auoir vn roy pour les deffendre
Dont iouxte leur gré & plaisir
Elz vindrent a eslyre & prendre
L'espreuier, mais leur peust mesprendre.
Quand tost aprez estre auec elles
Les vint a rauir & surprendre

Non garder ou deffendrǿ icelles.

Le moral.

Ceste fable monstrer pretend
Qu'il aduient souuent infortune
A celuy qui desirǿ & tend
Changer d'estat & de fortune.

Le. c. xxx. d'un larron & d'un chien.

Ommǿ vn larron a desrobber tendoit
Vne maison, vn chien qui l'entendoit
Vint a iapper, & a luy abbayer,
Cestuy larron adonc sans delayer
Se print a tendrǿ, a cestuy chien la main

Pour le flatter, en luy offrant du pain
Et le prioit qu'il fit toust, mais le chien
A respondu, que de vray n'en feroit rien
Veu qu'il seroit bien imprudent de permettre
Beaucoup tollir (pour un rien) a son maistre.

Le moral.

Par la fable on peult concepuoir
Qu'a l'umbre d'un petit plaisir
Maintz tendent aultruy decepuoir
Et leur faire grand desplaisir.

Le cxxxi. d'un loup & d'une truye.

VN loup voyant vne truye preſte
De cochonner, s'en eſt venu vers elle
En luy diſant, Dieu vous gard ſeur beneſte
Tant vous ſemblez gentille damoyſelle
Certainement i'ay grand deſir & zelle
De m'employer a vous faire ſeruice
Plaiſir auſſi, en toutɇ heurɇ en laquelle
Il vous plaira que ie my excercice
   Surquoy reſpond la truyɇ, ô mon frere
Du bon vouloir qu'auez ie vous mercy
Puis qu'il vous plaiſt aulcun plaiſir me faire
Ie vous ſupply vous retirer d'icy
Tout au plus loing que pourrez, car ainſi
Me donnerez plaiſir & reconfort
Et moſterez hors de craintɇ & ſoucy
Lequel i'auroyɇ en faiſant voſtrɇ effort.

Le moral.

La fable demonſtrɇ aſſez prez
Que maint en amour ſemblɇ attraire
Vn aultre, mais c'eſt pour aprez
Luy eſtrɇ ennemy & contraire.

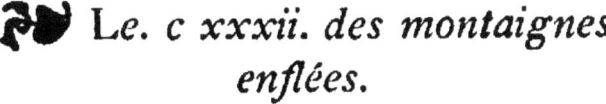 Le. c xxxii. des montaignes
enflées.

Quelquefoys aduint aux montaignes
En telle sorte s'esleuer
Et enfler qu'a ceulx des champaignes
Sembloit qu'elz deussent enleuer
Quasi tout le monde au creuer,
Mais oncq' riens fors qu'une souris
S'en peust lors produire & leuer
Dont grandement chascun s'est rys.

Le moral.
La fable nous enseigne bien
Que gentz vanteurs merueilles font
De proposer, mais de tout rien
Ou bien pou, donc mocquez ilz sont.

☙ Le. cxxxiii. d'un vieil chien
& de son maistre.

VN veneur fut ayant en ſa maiſon
Aulcū leurier, qui durāt ſon ieuneʒ eage
Habileʒ eſtoit a prendre venaiſon
Comme, cerf, bicheʒ, aultre beſte ſauuage
Par bien courir, & mordreʒ a l'auantage,
Dont le veneur moult fort le cheriſſoit
Pour le proffit qui de luy ſortiſſoit,
   Mais par apreʒ qu'ennuyeuſe vieilleſſe
Le poure chien eſt venu a ſubmettre
C'eſt aſçauoir, en langueur & foybleſſe
Il a eſté contemné de ſon maiſtre
Car bien ſouuent quand venoit au chaſſer
Il ne pouoit courir commeʒ il ſouloit,
Ne fermement la beſte pourchaſſer,
Parquoy le maiſtreʒ aigrement s'en douloit
Et l'appellaut pareſſeux & infame
Et ceſtuy chien baſtreʒ et meurdrir vouloit
En luy donnant treſgrand reprocheʒ & blaſme

Voyant le chien qu'ainsi l'increpe & blafme
Il luy a dict si tu estois courtois
Tu m'aymeroys, voire a cause du gaing
Et du prouffit que t'ay faict aultrefoys
Et ne m'auroys pas ainsi en desdaing

Le moral.

Par la fable doibt souuenir
Que plusieurs on tient en amour
Pour le prouffit qui peult venir
Et d'eulx proceder chascun iour.

Le. cxxxiiii. des lieures &
des grenoilles.

IL escheut lors de cas fortuit
Que boreas par ses abboys
Et soufflementz fist vn tel bruit
Que tous les lieures d'aulcun boys
Qui estoient des centz plus de trois
S'en fuyrent commɇ esperduz
Car ilz pensoient par telz effrois
Estrɇ en general tous perduz.

  Tant ont fuy qu'auec tel crainte
Vindrent prez d'un lieu maresqueux
Ou ilz ont veu grenoille mainte
En leau, se iecter de paour deulx,
Dont furent grandement paoureux
Et plus que deuant effroyez
Cuydantz ainsi que malheureux
Debuoir estrɇ au lieu tous noyez.

  Mais l'un d'iceulz se print a dire
Ainsi que le plus magnanime
Nul de nous pourroit contredire
Qu'il n'ait le cœur pusillanime
Veu que sans cause legitime
Nous sommes craintifz & timides
Tout par estre comme i'estime
De vertu & constance vuides.

Le moral.
La fablɇ enseignɇ apertement

Que gens timides par nature
Par auoir folle coniecture
Bien souuent craignent lourdement.

¶ Le. cxxxv. d'un petit boucq
& d'un loup.

Omme vn chieury aux champs vouloit paistre
Alloit chercher ayne qu'y fut à destrestre
A son cheureau, qu'a nulle creature
Eust a venir laictable sans pasture
A saqer sa mer, si s'en prenaist vindicatiue,
Ce que promist le petit boucquin faire
Qu'illoit pointaument se rendre
A luy soigneux en ce pas à affaire.
Or pas aprez sa diliure se depart
Et va aux champs brouster ranchef à offrine

Voicy vn loup caché de lautre part
Diſſimulant par cautelle vulpine
Sa qualite & nature lupine,
Qui vient au boucq, diſant ouurez la porte
(Voyre treſbien ſimulant voix caprine)
Mon petit filz, car du lait vous apporte.
 Aquoy le boucq voyant par vn pertuys,
Qu'il eſtoit loup, des la premire foys
Luy reſpondit point ne t'ouuriray l'huys,
Conſidere qu'eſtrǿ vn loup ie te voys
A ta figurǿ, obſtant qu'a ouyr ta voix
Certainement tu ſemble chieure, mais
C'eſt pour affin que par tes ambigoys
Puiſſes entrer & m'auoir pour ton medz.

Le moral.

La fable par dictz apparentz
Demonſtrǿ aux enfantz qu'ilz cōuiēt
Croyre leurs amys & parentz
Quand de leur conſeil bien en vient.

❧ Le. cxxxvi. d'un Cerf & d'une Brebis.

Deuant le loup, vn cerf fst conuenir
Vne Brebis, voirs a lheure presente
Luy demandant pour la circonuenir
Vn muy de grain, quel luy debuoit de rente,
Dequoy estoit la brebis innocente,
Ce nonobstant lui accorda son dire,
Voyant alors le loup qui se presente
Pour la manger n'eust voulu contredire,
 Or quelque iour apres elle peust voir
Le cerf tout seul, auquel sans paour & crainte
Et luy nya vn seul grain luy debuoir,
En remonstrant que par force & contrainte
Comme craignant estre du loup attainte
Elle s'estoit faicte a luy redebuable,
Pour & autant disoit de nulle attaincte
Estre la debte & aussi non vaillable.

    Le moral.
       B.B

La fable nous peult aduertir
Qu'aucunesfoys il fault promettre
Ce qu'on ne doibt en effect mettre,
Pour d'un peril se diuertir.

☞ Le. cxxxvii. d'un rusticque
& d'un serpent.

Vlcun rusticqué en sa propre maison
Certain serpent pour vn temps & saison
Iadis nourrist assez benignement,
Mais il aduint voire soubdainnement
Que d'un tel deuil fut ce rusticqué esprins
Vers le serpent qu'un hansart il a prins
Dont la nauré, & iusqu'au sang blessé
    Quand le serpent s'est veu interessé
Sen est fuy, dou il estoit venu,

Puis pou de temps aprez est aduenu
Que ce rusticque est cheu en poureté
Et luy pensant que tout ce auoit esté
Par auoir faict desplaisir au serpent,
Tresaigrement a part luy sen repent
Tant qu'est venu a mercy luy crier
Et par amour encoire luy prier
De retourner chez luy & qu'en effect
Pour l'aduenir ne luy feroit messect,
Surquoy respond le serpent qu'il luy donne
Pardon du cas, & que tout luy pardonne,
Mais quant au reste a dict touchant le poinct
De retourner, qui ne le fera poinct,
Combien que plus de mal n'ait en son corps,
Ce neantmoins feroit tousiours records
Du grief & tort, lequel auoit commis
Vers luy, combien qu'il luy ayt tout remis.

Le moral.

Par ceste fable il est notoire
Que par prudence il fault tenir
Du tort seullement la memoire
Et non rancune maintenir.

ལྦ Le. c xxxviii. d'un regnard
& d'une cicongne.

IAdis vn cauteleux regnard
Defirant tromper & feduire
Vne cicongne, par fon art
A venir la voulut induire,
En vn bancquet, ou difoit cuyre
Force de roft & de viande
Qui eft conuenable & peult duire
Pour traicter gens a la demande.
   Ce neantmoins ny eftoit chofe
Fors tant feullement du potage
Que ce regnard fur table expofe
Et efpand, a fon aduantage,
Quand de lecher auoit l'ufage,
Ce que loyfeau faire n'euft fceu,
Dont le regnard d'un faulx courage
Ainfi la trompé & deceu,
Quand la cicongne a veu le tour

Que ce regnard luy auoit faict
Iura qu'el auroit son retour
Et se vengeroit du messaict,
Parquoy pour venir a leffect
De son desir, el fist hascher
Aussi menu que sel est faict
Certaine portion de chair.
  Puis par aprez entendre il fault
Qu'en vne phiole de voirre
Tressort estroicte au boult de hault
Toute ceste chair elle serre,
Puis le regnard enuoya querre
Pour venir bancqueter chez elle
Lequel y accourut grand' erre
Comme ioyeux de la nouuelle
  Luy venu el' luy presenta
Ceste phiole de chair plaine
Qui beaucoup ne le contenta,
Car ce ne luy estoit que peine
De voir ceste chair si prochaine
Et ne pouoir l'attaindre en rien,
Voir aussi pour chose certaine
Que la cicongne en mengoit bien.

Le moral.

Par ceste sable est apperceu
Que l'hōme cauteleux & fin

Qui fouuent aultruy a deceu
Est aprez trompé en la fin.

*Le. c xxxix. d'un loup & d'une
teste d'homme taillee en pierre.*

Ainsi qu'ũ loup chez vn tailleur d'images
Estoit entré sur tous aultres ouurages
Veist vne pierre en teste d'homme faicte
Si bien taillee assouuie & parfaicte
Qu'il ny auoit sur la taille a redire,
Mais la voyant auoir nul sens va dire
En luy criant, ô teste belle & gente
Quand en façon, mais de sens indigente
Ne plus ne moins que seroit aultre pierre
Qui est encoire au ventre de la terre.

Le moral.

La fable en son moral propose
Que la beaulté exterieure
N'est estimée estre grand chose
S'el' na prudence interieure.

Le. cxl. d'vne corneille.

Vrant le temps que se meurent oyseaulx
Et sont a voir laidz hydeux & nō beaulx
Vne corneille estoit toute pelée
Dont se voyant estre ainsi guerpelle,
Delibera les plumes recueillir
Daultres oyseaulx, tant qu'en pourroit cueillir
Dequoy apres, s'est iolyment couuerte
Puis quand el' veit qu'elle auoit recouuerte
Si belle robbe, & estoit tant iolye
Elle deuint adonc par sa folie

Tresorguilleuſę & oultre plus encore
Si treſſierę, & tant plaine de gloire
Quel' ne priſoit en riens au regard d'elle
Aultres oyſeaulx, tant el' ſe voyoit belle,
Mais quand l'ont veuę ainſi s'en orgueillir
Ilz ſont venus tous icellę acceuillir
Luy arrachant vn chaſcun ſon plumage
Qui luy a faict a ſon corps grand dommage,
Car toute nuę en la fin s'eſt trouuée
Et enuers tous larronneſſę approuuée,
Se voyant donc cheutę en telle detreſſe
Porter le noir en ſigne de triſteſſe
A bien voulu, pour faire ſouuenir
De ceſtuy cas a tous pour l'aduenir.

Le moral.

Il eſt monſtré par ceſte fable
Qu'un qui eſt veu robber & prendre
Bien d'aultruy, deuient miſerable
Quand il eſt contrainct a le rendre.

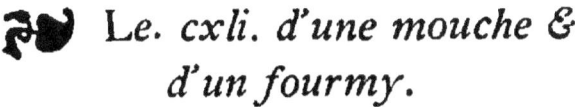 Le. cxli. d'une mouche &
d'un fourmy.

IAdis vne mouche blasmoit
Le fourmy, comme beste ville
Et au contraire se clamoit
Estre noble, honneste, & ciuile
Et que tant aux champs qu'en la ville
Auec seigneurs princes & roys
De repaistre elle auoit le stille
Et les baisant aulcunesfoys.

 Quand le fourmy l'eust bien ouyc
Il luy donna responce telle,
(Dont beaucoup ne fut resiouye)
C'est qu'il se tient plus heureux qu'elle
Quand par hayne continuelle
D'un chascun elle est poursuyuie
Ainsi qu'importune & cruelle
Tant que souuent en perd la vie.

 Oultre la disoit vagabunde

CC

Et en yuer mourir de fain
Et qu'en oyſiuete abunde
En conſommant le temps en vain,
Mais de luy il amaſſe grain
Pour en yuer ſeurement viure
En donnant exemple certain
A ceulx qui le vouldront enſuyure.

Le moral.

Par ceſte fable on congnoit bien
Que maint ſol & ambitieux
Blaſme l'eſtat d'aultruy, combien
Que le ſien ſoit plus vicieux.

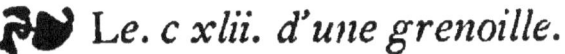 Le. c xlii. d'une grenoille.

Vne grenoille eust appetit en soy
Quant en grosseur au bœuf s'equiparer
A ceste causę & a raison dequoy
Vint a s'enfler pour mieux sy comparer,
Ains toutesfoy que du lieu separer
Elle creua deuant tous bien a coup
Commę el' cuydoit encor se preparer
S'enfler adonc pour le troisiesme coup.

Le moral.

Ceste tablę enseigner pretend
Que souuent a la creature
Mal aduient, par ce qu'elle tend
Faire chosę oultre sa nature.

☙ Le. c xliii. d'un lyon & d'un
cheual.

AVlcun Lyon ia comblé de vieilleſſe
Vint pour menger vn bon cheual rouſſin.
Or a raiſon de ſon eagɇ & foibleſſe
Il voulut faindrɇ eſtrɇ expert medecin,
Ce qu'il a faict, pour venir mieulx afin
De ſon vouloir, rempli de dol & fraulde,
Ce neantmoins le cheual comme fin
Luy en bailla d'unɇ aultrɇ encor plus chaulde.
　Car il luy diſt qu'unɇ eſpinɇ il s'eſtoit
Fiché au pied, laquellɇ horriblement
L'inquietoit & auſſi moleſtoit,
Et pour aultant le prioyt humblement
De luy donner aulcun ſoulagement
Par luy tirer hors du pied ceſtɇ eſpine,
Luy promettant contenter largement
Touchant ſa curɇ & art de medecine,
　Quand ce lyon euſt ouy la requeſte

Que luy faisoit humblement le cheual,
Luy demanda sans faire longues enqueste
A voir le pied auquel estoit le mal,
Lors ce roussin, d'un coup si anormal
Vint ce lyon entre deux yeulx frapper
Qui le feist choir & renuerser a val
Et puis par bien courir peust eschapper.

Le moral.

La dessusdicte fable prouue
Que bien souuent pour le iourdhuy
Vn, lequel est cauteleux, trouue
Encore plus subtil que luy.

 Le. c xliiii. d'un aultre cheual
& d'un asne.

A Vltre rouſſin fut lors a vn grand prince
Excedant tous cheuaulx de la prouince
Quant en beaulté, & riches paremētz
De mors, de bridƍ & autres aornemētz
Dont il eſtoit en luy ſi glorieux
Qu'aultres cheuaulx fuſſent ieunes ou vieulx
Il deſpriſoit, en deſdaignant les voir
Ou regarder, or il conuient ſcauoir
Que ce pendant qu'il triumphoit ainſi
Et qu'il eſtoit de gloire tant farcy
Il recontra en chemin aſſez large
Aulcun pourƍ aſnƍ a tout ſon faiz & charge
Auquel cria de loing par grand orgueil
Ainſi qu'ayant de luy d'eſpit & deuil
Que de ſa voyƍ euſt a ſe retirer
Et au pluſtoſt a l'eſcart ſe tirer
A celle fin qu'a ſon corps il n'attouche
Ou aultrement luy donneroit tel' touche
Qui le mettroit les patins contremont
Si ſon chemin & paſſage luy rompt,
Quand ce pourƍ aſnƍ euſt ſon dirƍ entendu
Obeiſſant au cheual s'eſt rendu
Par ſe diſtrairƍ & tirer a leſcart.
Lors le cheual ſe voyant eſtrƍ a part
Pour ſon plaiſir vient a faire iambades
Bondiſſementz, ſouppleſſaultz & pennades,
Mais luy aduint commƍ il faiſoit telz ieux

Et qu'il estoit si pompant & ioyeux
Qu'en bondissant vng haine luy creua
Qui tellement le soulla & greua
Que par aprez il deuint inhabile
A faire saultz & cessa destrg agile
Et commença des lors estre pesant
Crappeux, morueux, farcineux mal plaisant,
Parquoy luy fut osté par le menu
Son beau harnoys & despouille tout nud,
Puis fut vendu a vn marchant de pierre
Lequel au bout d'un chamion l'entierre
Le contraignant aultant que le iour dure
Sans plus vousler ou saillir sur la dure
Trainer sa pierrg, en grand miserg & peine
Or scauoir fault que ce pendant qu'il traine
Et hallg ainsi, lasne vient de rechef
A le trouuer en si piteux meschef
Lequel' luy dist voyrg en se gaudissant
Hau compaignon qui estoys si puissant
Si fort & roydg & si tresbien en ordre
Pour le present tu es en grand desordre.
Ou est ton frain & ta bride dorée?
Dequoy ta testg estoit lors decorée
Ou est ta sellg & harnois sumptueux
Qui te faisoit ainsi presumptueux?
Et a tout quoy iadiz prenoyes esbatz
Au lieu d'iceulx as maintenant vn batz,

Vn dur collier auecq' vn vieil licol
Faict d'une corde & lyé a ton col,
Et qui pirs est on te contrainct haller
En trainnant pierre, & se ne veulx aller
On te fouette a plaisir chascun coup,
Voy si tu as doncques gaigné beaucoup
D'auoir esté iadis si merueilleux
Fier, despit, pompeux, & orgueilleux
Aquoy n'osa le cheual mot respondre
Mais dedans terre il eust bien voulu fondre
Parquoy vers bas tousiours tenoit sa trongne
Tant estoit plain de honte & de vergongne.

Le moral.

La fable veult signifier
Que souuent muable fortune
Faict choir l'orgueuilleux & fier
En grand misere & infortune.

Le. c xlv. d'une chaulue souris &
des aultres oyseaulx.

Les bestes ayantz des piedz quattre
Contre les oyseaulx meurent guerre
Pretendantz les tuer & bastre
Autant par mer comme par terre,
Ce nonobstant cestoit soubz l'erre
De fortune, & soubz le hazard,
Tant aux ungz qu'aulx aultres d'acquerre
Victoire chascun pour sa part.
  Or estiment la sqavoir chascune
Que les oyseaulx auroient du pire
Afin d'estre plus fourny & satisfaire
Hors d'aues eulx & sa retire,
Et au party des bestes tire,
Mais il s'esleurat par fatal veoire
Qu'adonc les oyseaulx (a vray dire)
Des bestes eurent la victoire.

DD

Quand la souris chaulue apperceut
La chose estre ainsi aduenue
De retourner en soy conceut
D'ou premier elle estoit venue
Mais si tost quel' fut reuenue,
Tous aultres oyseaulx l'ont bannie
Sans estre plus en riens tenue
De leur cohorte & compaignie.

Le moral.

La fable monstre a estranger
Vn homme qu'il nayt part au bien
Si pour le conquester en rien
N'a voulu se mettre a danger.

Aultre moral.

La fable monstre au sens moral
Qu'vn homme n'est digne du bien
Qui na voulu ou veult en rien
Tousiours fuyuir a bon & mal.

Le. cxlvi. d'un loup & d'un
Regnard,

Vn loup iadis voulant viure en repos
Pour quelque tips, euſt aduis & propos
D'amaſſer proyes, en grande quantité
Ce qu'il a faict, mais par malignité
Vn faulx regnard penſant le decepuoir
Luy diſt que poinct ne faiſoit ſon debuoir
De ſe tenir dans ſon terrier ainſi,
Qu'un pareſſeux lent & oyſif auſſi
Surquoy le loup entendant bien la fin
Ou pretendoit ce regnard cauté & fin,
Laquelle eſtoit de venir & ſurprendre
Tout ſon manger, d'eſtat fut alle prendre
A vouluſainder eſtre malade alors
Pour cauſe auoir de n'yſſir point dehors,
Dont au regnard ſupplyra faire aux dieux
Pour luy priere, afin qu'il luy fut mieulx.
Quand ce regnard viſt qu'il n'a peu venir
Par ce moyen à le circumuenir,

Il est venu par enuie le dire
A vn pasteur lequel vint par grand ire
Iusqu'au terrier ou il surprint ce loup
A despourueu en luy baillant tel coup
Qu'il l'assomma, puis tost apres s'escheut
Que le regnard pour recompense cheut
Entre les mains du mesme pastoureau
Qui l'escorcha pour en auoir la peau.

Le moral.

Il peult apparoir par la fable
Aultant aux ieunes comme aux vieulx
Que c'est chose tresmiserable
A toutes gentz d'estre enuieux.

❧ Le. c xlvii. d'un cerf se mirāt en vne fontaine.

Ainsi qu'un cerf en l'eau d'une fontaine
Se contemplant ses deulx cornes prisoit
Ayant quasi ses deux iambes en hayne
Et en desdaing, parquoy les deprisoit
Pource que trop menues les disoit
Et que son corps en ceste portion
Quand en grosseur du tout contredisoit
Par ce qu'en luy n'estoit proportion,
  Or ce pendant qu'il avoit en son cœur
Tel sacherig il veit de loing venir
Neuf ou dix chiens auec vn cheaulcheur
Tous accourans pour le circunuenir,
Lors il ne sceust que faire ou deuenir
Sinon penser par bien fuyre eschapper,
Mais ne cuidant qu'ainsi deust aduenir
Ses cornes l'ont faict ausdictz chiens happer
Car en entrant en vn boys pour chercher
A se sauluer, il y encourut mort
Car ne le peust de ces cornes percher
Tant de hazier estoit tyssu & fort
Dont commenca ses deux cornes tressort
Lors a blasmer qu'il auoit moult prisées
Et a louer ses iambes qu'a grand tort
Eu parauant il auoit desprisees.

Le moral.
La fable au moral nous propose

Que blafmons ce qu'il eſt vtile
En louant bien fouuent la choſe
Qui eſt contraireɋ & inutile.

☙ Le. c xlviii. d'une couleuure
& d'une lyme.

Vne couleuureɋ entra iuſques dedans
Certaine forgeɋ ou voulut s'amuſer
Aſſez long tēps a mordreɋ a bōnes dētz
Aucune lymeɋ en la penſant vſer,
La lymeɋ adonc eſt venueɋ accuſer
En ſe riant de ſa folleɋ entrepriſe
En luy diſant ie ne puis t'excuſer
Que tu ne ſoys de grand folleɋ empriſe
  Veu que le fer & acierie conſomme
Et que tes dentz pourras endommager

Premier que moy (pour te le dire en somme)
Me faches faire & en riens m'oultrager,
Dont je me crois sans plus t'admantager
A me ronger & mordre asture
Car en cuydant m'infer & saccager
Par moy vsug au contraire fares.

Le moral.

Nous sommes par la fable instruictz
Que pour a plusfort que soy nuyre
En pensant le vaincre & destruire
Maintz se font eulx mesmes destruictz.

❧ Le. c.xlix. des loups & des
Brebis.

Loups & brebis se voyantz en discord
Pour auoir paix feirent certain accord
D'entrɇ eux bailler ostagiers affin d'estre
Plus asseurez, vn chascun en son estre,
A ceste causɇ ont les loups deffectifz
Lors aux brebis deliure leurs petiz
D'aultre costé les brebis comme folles
Se confiant seullement en parolles
Ont a ces loups baille pour tous discords
Estrɇ appaisez, les gardes de leurs corps
Qui sont les chiens, pour tenir en ostage
Qui fut aulx loups vn tresgrand auantage,
Mais aux brebis grand circonuention,
Car ce pendant que leur intention
Estoit de paistrɇ ensemble sans querelles
Voyci les loups qui se iectent sus elles
Et les voyantz estre destituees
De leurs dictz chiens toutes les ont tuez.

Le moral.
La fable monstrɇ a retenir.
La chose qui est necessaire
Pour en soy force maintenir
En lencontre d'un aduersaire.

🙵 Le. c l. d'un Rusticque &
d'un Boys.

AV temps que les forestz & boys
Parloient aux gentz, aulcun rusticq̃
Vint a lun d'iceulx quelque foys
Luy prier que pour sa pratique
Et son manœuure domesticque
Il luy pleust donner vne branche
De boys, affin qu'il en pratique
A sa hache ou congnie vn manche.
  Ce que la forest luy permist,
Mais tout aussi tost que peust estre
Sa congnie amanchee, il mist
Par terre autant chesne que haistre
Couppant boys a dextre & senestre
Dont la forest s'est repentue
(Se voyant en desarroy mettre)
Qu'au manche s'estoit consentue.

Le moral.

EE

Nous sommes par la fable apprins
Que pour faire a d'aucuns plaisir
Plusieurs en ont eu desplaisir
Et mal aprez leur en est prins.

℘ Le. c li. des membres humains
vers le ventre.

Es pieds & mains voyāt qu'ē toute inſtāce
Par labourer ilz faiſoient leur office
Tout pour fournir & bailler a la pance
Laquelle en ſoy n'auoit quelque excercice,
Ilz ont conclu (comme choſe propice)
Du tout ceſſer a luy bailler pour rien
En l'eſtimant eſtre au corps impropice
Et que d'icelle en procedoit plus bien.
  Sur tel aduis l'ont laiſſe aulcuns iours

Endurer faim sans luy bailler ou tendre
Vn seul morceau de viande en secours
Mais pour cuyder a ce ventre protendre
Affliction il leur a peu mal prendre
Car ilz en sont demourez matz & vains
Tant que pour forcez & leur faute reprendre
A le remplir ilz ont esté contrainctz.

Le moral.

Par ceste fable est monstré comme
Vn membre sert communément
A laultre aussi ordonnément
Lhomme doibt seruir a l'aultre hõme

Le. c lii. d'un singe & d'un
Regnard.

VN singe voyant vn Regnard
Auoir la queue si planiere
Qu'il en ballioit d'une part
La terre, en soy mouuant arriere
Luy a faict requeste & priere
De luy en donner portion
Affin de couurir son derriere
Par mesure & proportion.
 Neantmoins quelque suffisance
Que le singe allegua ou dict
Ce Regnard plain d'insuffisance
La tout platement escondit
Car des lheure il luy respondit
Que plustost s'en creuer vn oeil
Il aymeroit, que pour son dict
Luy en donnast vn poil tout seul.

Le moral.

La fable tient que maintes gens
Aymeroient trop plus cher & mieulx
De leurs biens se creuer les yeulx
Qu'en eslargir aux indigentz.

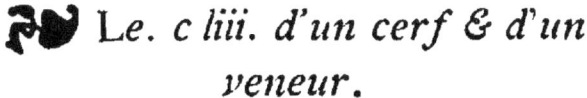 Le. cliii. d'un cerf & d'un veneur.

Vn cerf pressé des chiens & du veneur
S'adicta lors cuydant estre lieu seur
En vne estable ou il a peu cacher
Dedans l'estrain, tãt sa peau q̃ sa chair
Pour ceste cause a le veneur transmis
Gentz pour le prendre au lieu ou s'estoit mis
Mais ilz ne l'ont trouué ne recouuert
Tant estoit bien de la paille couuert,
Dont cestuy cerf alors pensant d'iceulx
Estre eschappé, fut grandement ioyeux,
Ce que voiant l'un des bœufz de la crache
Dict a ce cerf, entend pour vray & sache,
Qu'il n'y a causé encor de tellement
Te resiouyr, veu que tant seullement
Es eschappé des mains des seruiteurs
Lesquelz ne sont fort grandz inquisiteurs,
Quand au regard de leur maistre, or ainsi

Que telz propos il luy tenoient voicy
Cestuy veneur en personne, parquoy
Le poure cerf subitement & coy
Est retourné se cacher pensant estre
Fort seurement, mais fut trouué du maistre
Qui le tua, en reprenant ses gens
D'auoir esté en ce cas negligentz.

Le moral.

La fable demonstre en ce cas
Que maintz cuydent estre eschappez
D'un danger qui ne le sont pas
Ains en fin ilz sont attrapez.

Aultre moral.

La mesme fable nous aduise
Que pour vne chose bien mettre
En effect selon sa deuise
Il n'est qu'industrie de maistre.

Le. c liiii. d'un lyon & d'un regnard.

A Dubit vn iour qu'vn lyon fut malade
En son terrier, dont pour le venir voir
A toute beste il transmist ambassade
A celle fin de leur faire ascavoir
Qu'en general sans quelq excuse avoir
Toutes vers luy eussent a se retraire
Pour rendre hommage & faire tous debuoir
Sans qu'vne fut a son vouloir contraire.
  Par c'est edict ny eust beste quelconque
Qui ne consint pour le reuisiter
Fors le regnard qui ne si trouua oncque
Ce qui peust lors ce lyon inciter
A luy mander qui l'eust a reciter
Pour quelle cause il nestoit connenu
Et quel' raison l'avoir peu gciter
D'estre en ce cas ainsi contrenenu
  Sur lequel poinct le regnard luy rescript

Qu'il confeſſoit n'auoir faict comparence
Non pas voulant contemner ſon eſcript
Ou mandement, mais pour & aultant qu'en ce
Qu'il pouoit voir par certaine euidence
Vn chaſcun pas vers ce lyon tourner
Et que d'un ſeul ny auoit apparence
De reuenir d'yſſir ou retourner.

Le moral.

Ceſte fabuleuſe lecture
Nous monſtre a euitter & fuire
Souuent la choſe qui peult nuyre
Par en preuoir la coniecture.

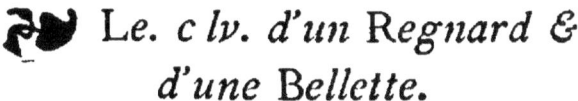 ### Le. c lv. d'un Regnard & d'une Bellette.

V*N aultre Regnard vuide & flache*
Comme le creux d'une vielle
Entra lors par vne creuache
En vne deſpenſe, en laquelle
Eſtoit viande toute & telle
Qu'il requeroit pour ſe repaiſtre
Dont mengea tant que d'une attelle
Il deuint rond comment vn hayſtre
Quand il fut ainſi bien refaict
Gros & gras auſſi deuenu

Il vint pour cuyder en effect
Yssir comme il estoit venu,
Mais sa grosseur l'en a tenu
Parquoy il fut malgré ses dentz
Comme prisonnier detenu
En grand ennuy leans dedans.
   Mais aulcune bellette alors
Le voyant s'efforcer en vain
Pour yssir & saillir dehors
Luy a dict, il fault pour certain
Si tu veulx sortir que par faim
Remettes ton corps en l'essence
Qu'il estoit quand vuide & non plain
Entras dedans ceste despence

Le moral.

Ceste fable nous veult apprendre
Que gens riches du bien d'aultruy
Souuent sont contrainctz a le rendre
A leur grand reproche & ennuy.

☞ Le. clvi. d'un cheual d'un hōme & d'un cerf.

FF

VN cheual pretendant mouuoir
 Contrɋ vn cerf merueilleuſe guerre,
 Et luy craignant de ſoy trouuer
Le plus foyblɋ en tel doubteux erre
Vint l'homme prier & requerre
De luy donner aydɋ & ſecours
Affin de la victoirɋ acquerre
Contre ce cerf ainſi rebours.
 Ce que lhomme faire promiſt
Au moyen de ſur luy monter
Laquelle choſe luy permiſt
Le cheual, pour mieulx ſurmonter
Le cerf qu'il appetoit dompter,
Mais aprez la mort dudict cerf
L'homme ne voulut demonter
Ains tint le cheual touſiours ſerf.

Le moral.

La fable donne certitude
Que maintz se sont permis lyer
Et mettre en telle seruitude
Qu'aprez nont peu s'en deslier.

⁂ Le. c lvii. d'ũ chien & d'une
Brebis.

Vn chien quelque iour fist arrest
Sur vne brebis en disant
Quel' luy debuoit vn pain par prest
Ce quelle fut contredisant,
Mais le chien en la dedifant
Est venu a la repromer
Et dire par point suffisant
Qu'il la vouloit prendre a prouuer,

Pourtant feist venir bien a coup
Pour vuider le plet & querelle
Le vaultour, l'escoufle, & le loup,
Lesquelz ont tesmoigné contre elle
Par ainsi comme criminelle
Le chien l'escorcha pour le moins
Puis pour la menger toute & telle
La baillee a ces faulx tesmoings.

Le moral.

La fable nous enseigne bien
Qu'a plusieurs souuent on faict tort
Tant a leurs corps comme a leur bien
Par faulx tesmoignage & rapport.

Le. clviii. d'un aigneau &
d'un loup pres d'une eau.

Velq̃autre iour vn loup veiſt pres d'un eau
Auec vn boucq marcher vn gras aigneau
Auquel ce loup ſoubz couleur & eſpece
De bonnę amour & amitié expreſſe
A demande pour quel' cauſę en effect
Il s'eſtoit ioinct auec ce boucq infaict
Faignant auoir en ſon cœur deſplaiſir
D'ainſi le voir laiſſer pour ſon plaiſir
Sa merę aux champs pourſuyuantz pas apas
Se boucq puant lequel ne l'aymoit pas
Luy conſeillant de retourner vers elle
Pour eſtrę encor nourry de ſa mamelle.
Or eſperoit luy iouer mauuais tour
Quand il viendroit a faire le retour
Ce qu'entendant laigneau vint a redire
O traiſtre loup, puis qu'il fault te le dire
A ceſtuy boucq ma mere ma commis
Pour me deffendrę enuers mes ennemys
Dont tu es l'un & le pire, parquoy
A elle veulx mieux obeir qu'a toy
Qui ne pretens ſinon qu'a me deſtruire
Et par tes dictz me tromper & ſeduire.

Le moral.

Par la fablę on peult concepuoir
Que pluſieurs conſeillent ſoubz l'ūbre
De bien, mais c'eſt pour decepuoir

Aultruy, & luy donner encombre.

Le. c lix. d'un chien & d'un loup.

Par vn matin vn pou deuant le iour
Vn chien trouua vn loup dedans le boys
Qu'il falua, puis fans quelque feiour
Il luy a dict, ô poure loup tu voys
Que meurs de fain & es plus fec que boys
Tout par vouloir en ce lieu viurq & eftre,
Regarde moy a dextrq & a feneftre
Et tu voirras que fuis gras comme lard
Et bien reffaict & nourry chez mon maiftre
Et tu meurs cy de fain commq vn conard.
  Surquoy ce loup a refpondu que viure
Il n'oferoit aultre part, mais le chien
Luy replica que fi le vouloit fuyure

Et n'user plus de liberte en rien
En estant doulx qu'aulx vray si seroit bien,
Ce que le loup accorda sur ce poinct,
Voicy le iour lequel approche & poinct,
Durant lequel le loup peust voir le col
De cestuy chien qui de poil n'auoit point
Ainsi qu'estant vsé d'aulcun licol.
 Or de ce cas il fut en grand esmoy
Tant qu'il pria le chien a declarer
Qui l'auoit mis en tel estat, surquoy
Il respondit, tout par me preparer
A toutes gens abbayer & harer,
Ayant amys comme ennemys en haine
A ceste cause on ma lors d'une chayne
Lyé le col tant qu'il en est vsé,
Puis on ma faict & donné tant de peine
Qu'a bien congnoistre en fin me suis rusé,
Quand cestuy loup eust ouy son propoz
Il luy redict que viure aymoit trop mieulx
En liberte & aussi en repos
Et de petit se nourrir en tous lieux
Qu'estre subiect fut a ieunes ou vieux
Et par seruir gros & gras deuenir
Considere qu'un temps peult aduenir
Qu'un seruiteur vient tumber en vieillesse
Et qu'a seruir plus ne peult subuenir
Parquoy souuent miserable on le laisse.

Le moral.

Par ceste fable il est certain
Que plusieurs ayment plus cher estre
Poures & n'auoir que du pain
Qu'en seruitude leur submetre.

Le. clx. d'un aigle & d'un regnard.

Comme aucuns petitz regnardeaux
Estoient faillis pour esbat prendre
Hors de leur terrier & fourneaux
Vn aigle vint sur eulx descendre
Pour tous les rauir & surprendre
Et les porter a ses petitz
Afin qu'en leur chair encor tendre

Ilz prinſſent gouſt & appetiz.
  Or eſtoit lors qu'ilz furent prins
Leur perç abſent, lequel ſut dire
(Aprez, l'auoir ſceu) ſort eſprins
Vers laigle tant qu'il luy peuſt dire
Qu'il euſt ſes petitz a reduire
Au pluſtot ſans iceulx menger
Aultrement proteſtoit luy nuire
Et auſſy du cas ce venger.
  Toutesfoys l'aigle ne ſeiſt compte
Des propos de ceſtuy regnard
Lequel en colere ſe monte
Tant qu'a l'heure meſme ſe part
Et vient fairç vne groſſe hart
De ſeurre ſec pour en feu mettre
L'arbrç & le lieu auquel a part
Le nid de laigle pouoit eſtre.
  Quand ceſt aigle veiſt le feu mis
Au pied de larbrç il euſt tel paour
Deſtre bruſlé, qu'il s'eſt ſubmis
De rendrç au regnard par amour
Ses regnardeaux, ſans iamais iour
Luy faire tort ou deſplaiſir
Ne luy iouer vn mauuais tour
Mais bien tout ſeruicç & plaſir.

Le moral.
GG

La fable monſtre que celuy
Lequel eſt foyblę & impuiſſant
Faict grand deſplaiſir & ennuy
Bien ſouuent a l'homme puiſſant.

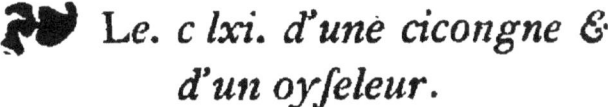 Le. c lxi. d'une cicongne &
d'un oyſeleur.

IAdis par grand malheur aduint
Qu'vne cigoigne penſant eſtre
Seurement & ſans danger vint
En quelque lieu & certain eſtre
Ou pouoient de bled ſe repaiſtre
Oyſons & grues a plaiſir.
Mais pendant qu'ils eſtoient a paiſtre
Vn quidam les vint tous ſaiſir.

Quand la cicongne ſe veiſt prinſe
A loyſeleur pria bien fort
Que d'ellᵉ euſt a lacher la prinſe
En la laiſſant aller ſans mort
Veu quelle donnᵉ aidᵉ & confort
A perᵉ & merᵉ en leur vieilleſſe
Et qu'elle ne feiſt oncques tort
Dommage, meſſeᵃ ou rudeſſe.
 Loyſeleur nonobſtant ſon dire
Ou requeſte, la reprouuée
Parquoy luy eſt venu a dire
Puis que ce m'eſt choſe prouuée
Que t'ay auec iceulx trouuée
Croy neantmoins que ne ſoys pas
De leur gerrᵉ ou de leur couuée
Que de mort paſſeras le pas.

Le moral.

Il eſt congneu par ceſte fable
Que gentz ſurprins en vn meſſaict
Auec ceulx qui le cas ont faict
Sont punis de peine ſemblable.

🙰 Le. c lxii. d'un Chat & d'un
   Cocq.

AV mesme temps vn chat iecta le crocq
Par grand despit dessus vn poure coq
En luy disant durant l'inuasion
Afin d'auoir causǫ́ & occasion
De le tuer, qu'il estoit bien meschant
De toutes gens esueiller par son chant,
En tel façon qu'ilz ne pouoient la nuict
Dormir en lict tant il faisoit de bruyt
A quoy le coq respondit pour excuse
Quand en ce poinct qu'a grand tort il accuse
Veu que pour vray a esueiller il songne
Les gentz affin d'aller a leur besongne.
   Oyant le chat, l'excuse peremptoire
De cestuy coq n'a pas esté encore
Content de luy, ains est venu luy dire
Tu ne scauroys nyer ne contredire
Que tu ne soys commǫ́ vn incestǫ́ infame

Digne du feu, congneu qu'au lieu de femme
Tu te conioinctz par action charnelle
Auec tes seurs & mere naturelle,
Surquoy le coq pour son excuse prendre
A respondu que cest affin de rendre
Plus grand prouffit & pour sa geniture
Multiplier par lesset de nature.
Quād cestuy chat veist qu'a tout blasmę & crime
Le coq donnoit excuse legitime
Il luy a dict pour resolution
Sans plus donner aultre solution
Puis que te tiens soit a droict ou a tort
Ie te feray maintenant souffrir mort.

Le moral.

La fable nous peult demonstrer
Qu'a la personnę en mal incline
On a beau dirę ou remonstrer
Si de sa naturę el' decline.

Le. c lxiii. d'un berger & des rusticques.

VN paſtoureau faulx & malicieux
Gardant aux champs tant brebis com-
mḡ aigneaux,
Deux ou trois fois par cry fallacieux
Hucha les gentz des plus prochains hameaux
Pour luy ayder a ſauluer ſes trouppeaux
Faignant iceulx eſtrḡ emportez des loups
Dont accouroient par bendes & mouceaulx,
Mais eulz venuz, les trompoit tous les coups.
  Or il aduint que le loup ſans faintiſe,
De ſon trouppeau l'un des moutons ſurprint
Parquoy marry & dolent de la prinſe
Crier a layde a haulte voix ſe print,
Mais a venir a luy nul entreprint
Penſant qu'il euſt encoirḡ a leur mentyr
Commḡ auoit faiđ, pourtant il luy meſprint
Et en la fin s'en eſt peu repentir.

Le moral.
La fable au sens moral contient
Qu'homme qui est prompt & agile
A mentir tousiours on le tient
Tel, & dict il motz d'euangile.
Aultre moral.
Il est apparent par la fable
Qu'un menteur prouue par coustume
Tousiours mentir on le presume
Et dit il chose veritable.

☞ Le. c lxiiii. d'un aigneau d'ũ
Aigle & d'un corbeau.

Comme vn aigneau estoit sur vne roche
Vn aigle vint sur son doz s'adictter

Ce que voyant vn corbeau lors s'approche
De c'est aigneau, sur lequel se iecter
Il entreprint, soy monstrant affecter
Par fol cuyder aultant que laigle faire,
Mais on luy vint vn lacq entreiecter
Dont il fut prins & ne sen peust deffaire.

Le moral.

Par la fable il est ascauoir
Qu'on doibt regarder & entendre
Quelle puissance on peult auoir
Sans au pouoir d'aultruy s'attendre.

☞ Le. c lxv. d'un chien & d'un
bœuf.

Ainſi qu'un chiē en vn lieu pouoit eſtre
Plain de fourras, de paillǿ auſſi de foin
Vn bœuf ſuruint illec pour ſe repaiſtre,
  Mais ceſtuy chien d'un grād deſpit &
groing
Contre le bœuf de ſeſleuer euſt ſoing
Le menaçant le mordrǿ & le denger
Si le voyoit fut de preȝ ou de loing
Vſer du foing ou du fourras menger.
  Quand ceſtuy bœuf euſt apperceu l'enuie
Et le vouloir treſmaling de ce chien
Il luy a dict, les dieux veuillent ta vie
Perdrǿ & confondrǿ, entendu que le tien
Cœur ennuyeux ne peult vſer en rien
De ceſtuy foin & ſi ne veulx permettre
Aultrǿ en vſer ce qui demonſtre bien
Que tu es d'un tresfaulx & meſchant eſtre.

Le moral.

La fable monſtre qu'aucuns ſont
Qu'ennuye peult tant abuſer
Quilz ne veullent des biens qu'ilz ont
N'y eulx n'y aultruy en vſer.

⚜ Le. c lxvi d'une corneille &
d'une brebis.

Essus le doz d'une brebis paissante
Au prez d'un chien, fut iadis s'adressante
Vne corneille aussi noyre que poix
Qui s'esbatoit y braire a haulte voix
Tant qu'en effect la brebis luy va dire
(Sans toutesfoys en riens d'elle mesdire,)
Si sur le doz de ce chien tu crioyes
Comme sur moy, & ainsi tu brioyes
Croy pour certain qu'il te feroit bien taire
Et au plustost hors de son doz retraire,
Car aultrement il te feroit bien gref,
Aquoy respond la corneille & en bref,
Ie congnois bien ceulx a qui ie me ioue
Ie crains les vngs, aux aultres faictz la moue.

Le moral.

Le moral de la fable atteste

Que communément on voit faire
Aux simples gens tort & molefte
Et aux fortz on n'ose meffaire.

La fable d'un Paon & de
Iuno.

VN iour le Paon forma plainde & querelle
Contre Iuno, nature & tous les dieux,
Pour & oultât qu'il n'auoit pas voix telle
Qu'un roussignol, ne chant si gracieux,
Mais blasmé fut ainsi qu'ambitieux
En luy disant tu te doibs contenter
De ton plumage ayant d'argus les yeulx
Et non aux biens des aultres attenter.

Le moral.
Par la fable il fault conceder

A l'homme eſtre choſe importune
S'il n'eſt content de ſa fortune
Comme voulant tout poſſeder.

❧ Le. clxviii. d'une Bellette &
d'une ſouris.

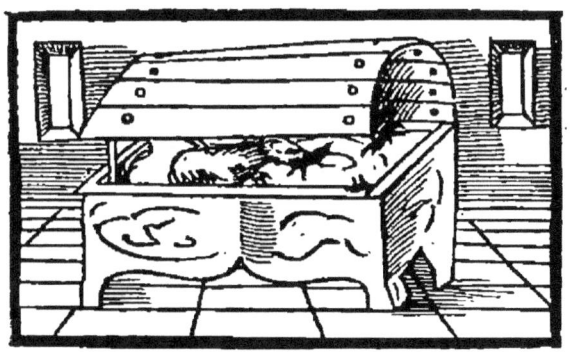

Voyant ſur ſes ans de vielleſſe
Vne bellette, eſtre debile
Et a cauſe de ſa foyblesſe
De ſouris prendre eſtre inhabile
Comme de courir non habile
S'aduiſa ſans grand labeur prendre
D'un moyen ſubtil & facile
Pour icelles toutes ſurprendre.
  Or le moyen fut qu'elle eſtoit
Cachée ſoubz de la farine.

Ou couuertement les guettoit
Les mettant toutes en ruyne
Par son inuention vulpine
Ainsi eust plaine iouyssance
En fin de toute la vermine
Sans vser de force ou puissance.

Le moral.

La fable enseigne qu'il nous fault
Vser d'art & habileté
De finesse & subtillité
Quand force ou puissance deffault.

⚜ Le. clxix, d'un fermier & de
son seigneur.

VN fermier fut ayant dedans son clos
Certain pommier parmy d'aultres enclos
Duquel le fruict estoit si beau & bon
Que tous les ans pour tressingulier don
En presentoit ou en faisoit transmettre
Iusqu'a la ville à son seigneur & maistre
Qui de ce fruict si doulx & sauoureux
Certainement deuint tant amoureux
Qu'il commanda le pommier deplanter
Hors de son lieu, pour le faire planter
En vn iardin qu'il auoit a la ville

Bien accouſtré en la mode ciuile,
Mais pas long temps il n'y fut ſans mourir,
Dont le ſeigneur peuſt adonc encourir
Grand deſplaiſir, tant qu'il ſe print a dire
Tout a part luy, il me debuoit ſuffire
Tant ſeullement de prendre l'uſufruict
Et le prouffit de ceſtuy ſoefueſruict
Sans l'auoir faict arracher de la place
Ou de produire auoit plaine efficace.

Le moral.
Par ceſt apologue il appert
Que par vouloir embraſſer tout
Et eſtre trop cupide & glout
Le plus ſouuent le tout on perd.

❧ Le. c lxx. d'un lyon & d'une grenoille.

Comme vn lyon cheminoit quelque foys
Iouxte vn eſtang euſt merueilleuſe paour
Par ſeullement entendre & ouyr la voix
D'une grenoille habitante a l'entour,
Tant qu'il penſoit eſtre a ſon dernier iour,
Mais par aprez qu'il a veu bien & beau
Que ce n'eſtoit qu'une grenoille d'eau,
Vint a la prendre & luy briſer la teſte

En luy disant, iamais de ton manoir
N'istra cry, qui face penser a bastir.

Le moral.

Par la fable, il fault que lon scache
Que maint homme par son blason
Semble plus hardy que iason
Qui n'est pour vray qu'une tasche.

♣ Le. c lxxxi. d'un fourmy & d'u-
ne colombe.

Un fourmy tasché ostoit
Qui en tremblât, se vid faulcher
En danger d'estre noyé dedans
Dedans une eau fort bruissante,
Mais quelques colombe certaine

Le voyant en neceſſité
Pour le retirer a mis peine
Hors de telle perplexité
　Car vne branche luy tranſmiſt
Qu'elle print au couppeau d'un hayſtre,
Au moyen dequoy il ſe meiſt
Hors du peril ou pouoit eſtre,
Luy eſchappé vint a promettre
Le plaiſir rendrɋ a la colombe
Et a luy ayder ſe ſubmettre
S'il aduient qu'en peril el' tombe.
　Ce temps pendant voicy venir
Vn pipeur tendant ſe cacher
Pour c'eſt oyſeau circunuenir
Par deſſus luy ſon traiɋ laſcher,
Mais ce fourmy le vint faſcher
Tellement & ſi treſaccoup
Par le mordrɋ & poindrɋ en la chair
Qu'il luy a faiɋ perdre ſon coup.

Le moral.

La fable par ſimilitude
Monſtre qu'il fault rendrɋ en effect
Le plaiſir a ceulx qui l'ont faict
Ou l'on eſt plain d'ingratitude.

Le clxxii. dū malade & dū medec'

Aprez qu'un malade eust prins fin
Par aller de vif a trespas
Les parens ont le medecin
Inquis, dessus le faict & cas
De sa mort, lequel sur ce pas
A respondu le grand exces
Qu'il faisoit a chascun repas
Causse a esté de son deces.

Le moral.

La fable singulierement
Nous declare & enseigne comme
Tout exces coustumierement
Abbrege la vie de l'homme.

Le. clxxiii. d'un Lyon d'un asne & d'un Regnard.

LE lyon, l'Aſnǿ & le Regnard
Enſemble ſe meirent en voye
Vſant vn chaſcun de ſon art
Pour attraper viandǿ & proie
L'un vn Mouton, l'aultrǿ vn Oye,
L'aultrǿ vn bœuf, ou quelquǿ aultre beſte
Penſant le tout partir en ioye
Sans auoir noyſe ne moleſte.

 Mais aprez que ceſt aſnǿ euſt faict
Les partz de la proyǿ & viande
Ce lyon tel deul euſt d'effaict
Quelz n'eſtoient ſelon ſa demande
Et que ſa part n'eſtoit plus grande
Que l'aſnǿ il mengea iuſqu'aux oz,
Et puis au regnard il commande
Fairǿ aultres partages & lotz.

 Quand le regnard ſe veiſt contrainct
A faire derechef partage
De ſa part beaucoup ſe reſtrainct
Affin d'en bailler d'auantage
Au lyon, craignant ſon oultrage
Et qu'il ne luy fiſt le party
De l'aſne, que par fier courage
Il auoit ainſi departy.

 Toutesfoys aprez qu'il euſt veu
Les partz, la plus grandǿ il vint prendre
Sans le regnard de ſens pourueu

(Quand au cas) blasmer ou reprendre
Ains vouloit sçauoir & entendre
Qu'il l'auoit ainsi bien apprins,
Auquel dit pour responce rendre
C'est l'asne que tu as surprins.

Le moral.

Ceste fable tient l'homme sage
Lequel en soy a la science
D'euiter vn mauuais passage
Par voir d'aultruy l'experience.

Le. clxxiiii. d'un boucq & d'un loup.

Voyant vn boucq a trauers d'un postis
De fus establis assez bien faictz & fortz,

Vn loup paſſer de loing, par deuant l'huys
L'iniuria par tel façon & ſorte
Que ſi le loup euſt peu rompre la porte
Il euſt ce boucq mis en piteux arroy
Tant qu'il luy dict de ce que me deporte
Gracq en doibs rendrq a ton huys & paroy.

Le moral.

La fable veult ſignifier
Que ſouuent en lieu & en temps
L'un oſe l'autre deffier
Et contre luy former contendz.

☙ Le. clxxv. de laſneſſe d'un
Iardinier

Par quelque foys d'un iardinier l'aſneſſe
Penſant chez luy auoir trop de rudeſſe

Vers iuppiter bien voulut se transmettre
Le requerant luy bailler aultre maistre
Ce qu'il a faict, mais la peu asseruir
A vn marchant de tuille, pour seruir
Qui luy doubloit son trauail & sa peine,
Quand el' se veist de misere ainsi plaine
Vers Iuppiter retourna de rechef
Priant l'oster de cestuy gref meschef,
Dont Iuppiter de l'inportunite
De ceste asnesse estant fort irrite
Luy a baille pour maistre vn escorcheur
Qui luy causa grand tristesse en son cœur
Disant en soy ie suis bien malheureuse
D'auoir esté tellement curieuse
D'ainsi changer, congnu que sans appel
On m'a baille a vn maistre, lequel
Aura ma vie & tout mal me fera
Et puis en fin encor mescorchera.

Le moral.

La fable en son moral tend dire
Que souuentesfoys pour changer
Il eschet que l'on prend le pire
Et qu'on tombe en plus grand dāger.

☞ Le. c lxxvi. d'une aultre as-

nesse & d'un cheual.

Q Velquɇ aultrɇ asnessɇ ayant tant seullemēt
Dessus le dos la peau, sans fil de gresse
Veist vn cheual gros & gras, tellement
Qu'en luy estoit formɇ & beaulté expresse,
Parquoy l'asnessɇ en sa folle simplesse
Le pensɇ heureux & auoir son plaisir
Comme celluy que chargɇ ou faiz ne blesse
Et lequel vit sans aulcun desplaisir.
   Mais peu aprez aulcun temps il aduint
Qu'on fist crier & publier la guerre,
Dont au seigneur du cheual il conuint
Monter sur luy, qui durement le ferre
Et plusieurs coups de baston luy desserre
En le poignant a dextrɇ & a senestre,
Ce que voyant adonc l'asne diɇ̄ i'erre

En estimant ce cheual heureux estre.

Le moral.

La fable enseigne sur ce pas
Que maintz semblent bien fortunez
Et heureux, qui ne le sont pas
Ains sont plus qu'aultre infortunez.

Le. c lxxvii. d'un lyon & d'une chieure.

Vn Lyon voyant au couppeau
D'ũ hault roch, ou n'eust sceu attaindre
Vne chieure luy dict par beau
Et doulx langaige, qu'il peust faindre
(Ma seur) amour me faict contraindre
De t'appeller, pour icy bas
T'en venir paistre sans riens craindre
Et prendre en passant tes esbas.
  La chieure luy respondit, croy
Que voluntiers ie descendroye
En ce beau lieu ou ie te voy
Assis dessoubz vne couldroye,
Mais premierement ie vouldroye
Qu'en fusses hors, car i'entendz bien
Que tu pretends m'auoir pour proye

Soubz couleur & vmbre de bien.

Le moral.
La fable peult chafcun inftruire
Que plufieurs par leur doulx langage
Tendent faire a aultruy dommage
Et finallement les deftruyre.

🕭 Le. c lxxviii. d'un vaultour
& des aultres oyfeaulx.

Par chafcun an vn vaultour fraudulent
Au propre iour de fa natiuité
Faifoit banquet planier & opulent
Ou tout oyfeau fouloit eftre inuité
Pour y venir, par grand feftiuité,
Mais auffi toft qu'iceulx eftoient venuz

Il les mettoit tous en captiuite
Et deuouroit tant gros que les menuz.

Le moral.

C'eſt apologue taxe ceulx
Qui faignent auoir amytié
A daulcuns, mais quand ont fus eulx
Pouoir, leur font inimitié.

Le. c lxxix. de Iuppiter &
d'un ſinge.

IVppiter deſirant ſcauoir
Quelz animaulx ſcelon nature
Produyſoient ou pouoient auoir
Leurs petis faons & geniture
En plus belle formę & faęure
A faięt tous vers luy tranſporter
Et auec eulx leur nourriture
Chaſcun endroięt ſoy apporter.
  Quand ilz furent tous conuenuz,
Le ſinge vint a ſoubſtenir
Que ſur tous audięt lieu venuz
Ses petitz vouloit maintenir
Eſtre plus beaulx & le tenir,
Duquel ſot & inepte dire

Nul d'eulx se peult oncq contenir
Qu'il n'en print s'en mocquer & rire.

Le moral.

La fable en son moral exprime
Que l'homme fol par commun stile
Son oeuure collaude & estime
Neantmoins qu'il soit innutile.

🙵 Le. ciiii.xx. d'un chesne &
d'un Roseau.

VN chesne dur, puissant robuste & fort
Contre vn roseau foyble debile & tendre
Pour demonstrer sa puissance & effort
Iadis voulut quereller & contendre
En soubstenant qu'il n'oseroit pretendre,
Se comparer a luy quant en puissance

Car s'il le faict, luy offre sans attendre
Liurer assault & luy porter nuysance.
　Quand le Roseau eust ouy les contends
Et les propos de ce chesne orgueilleux,
Il luy a dict, on pourra voir en temps
Lequel sera le plus fort de nous deux,
Or cependant qu'il deuisoient entre eulx
De leur pouoir, voicy venir vn erre
De vent de bise, aspre & impetueux
Qui faict tomber le chesne sur la terre.
　Quand il se veist en ce poinct abbatu
Et le roseau estre debout encoire
Il demanda par quel' force & vertu
Il auoit peu obtenir la victoire,
Il luy a dict pour raison peremptoire
Que ce a este pour auoir obey
A cestuy vent, car luy estoit notoire
Qu'il fut rompu s'il eust desobey.

Le moral.

Par la fable il nous est prouue
Que par non vouloir supplier
Obeir ceder & plier
Maint homme confuz s'est trouué.

　❧ Le. ciiii.xx.i. d'un fourmy
　　　& d'un criquet.

DVrāt l'yuer qu'aulcun grain n'est plus veu
Estre sur champs, vn criquet d'auanture
Tresmal songneux, s'est trouué despourueu
Totallement de menger & pasture,
Dont fut contrainct pour soubstenir nature
D'aller prier iusques a la maison
Certain fourmy, pour luy donner nourture
Pendant le temps d'hyemale saison.
 Mais le fourmy nectement l'escondit
Luy demandant qu'il faisoit sur les champs
Durant leste, auquel il respondit
Que nuict & iour il continuoit chantz
Pour recréer les viateurs marchantz
Auprez de luy, sans auoir souuenir
Du temps d'este, ou les gens sont cachantz
Les biens des champs, pour lyuer aduenir.
 Quand le formy eust ouy sa responce

Il a iuge en son intelligence
Ce fol criquet, en luy n'auoir vnq once
Dentendement, veu que par negligence
Il estoit cheu en extremq indigence
Dont a bon droit il le disoit souffrir
Quand vn chascun doibt faire diligence
D'amasser biens quand le temps vient soffrir.

Le moral.

La fable monstre la simplesse
De ceulx qui ne veullent songner
A gaigner biens, ny besongner
Pour eulx nourrir en leur vieillesse.

Le. c iiiixx.ii. d'un lyon & d'un taureau & d'un bouc.

Vlcun taureau voulant fuire l'oultrage
D'un fier lyon, vint en vn lieu se mettre
Ou il trouua vn boucq de grand courage
Lequel luy dict, qui la faict entremettre
Entrer icy dedans, ou ie suis maistre,
En ce disant monstroit auoir grand deuil
Et ne vouloir ledict taureau permettre
Y demourer, tant estoit plain d'orgueil,
Mais le taureau Luy redict, poure sol
Se ne craignoyq aultre beste que toy

Ie te teurdroyſ a ceſtſ heure le col
Et te mettroyſ en piteux deſarroy,
Quand voluntiers en la craintꝗ & eſmoy
Enquoy ie ſuis encor me greueroys
S'auoys pouoir, la ou pitié de moy
Certainement auoir tu debueroys.

Le moral.

Il eſt enſeigné par la fable
Qu'on ne doibt adiouſter triſteſſe,
Mais donner confort & lyeſſe
A l'homme pourꝗ & miſerable.

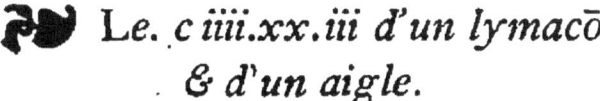
Le. c iiii.xx.iii d'un lymacō
& d'un aigle.

VN lymaçon de ramper euſt ennuy
Dont hault monter deuint treſcurieulx,
Parquoy promiſt mõs & vaulx a celluy
Qui le vouldroit porter iuſqs aux cieux,
Ce que pour vray d'un vouloir gracieux
L'aigle entreprint, mais apres l'auoir faict
Au lymaçon fol & ambitieux
Demanda lors en eſtre ſatisfaict.
 Surquoy reſpond qu'a l'heure il n'auoit pas
L'argent ou l'or qu'il luy auoit promis,
Dont par grand deuil l'aigle de hault en bas
Le laiſſa choir, toſt apres l'auoir mis
A mort, ainſi pour auoir s'entremis
A hault monter & auoir eu enuie
De voir le ciel, ce lymaçon remis
Et pareſſeux, au ciel perdiſt la vie.

Le moral.

La fable monſtre qui ſuruient
Souuent dommage & facherie
A pluſieurs durant qu'il aduient
Qu'eſleuez ſont en ſeigneurie

❧ Le. c iiii.xx.iiii. d'une eſcreui
che & ſon eſcreuichon.

Vn escreuiche regardant
Son escreuichon cheminer
Et aller en retrogradant
Luy dict qu'il eust a s'incliner
A marcher droict, sans decliner
Son pas en arriere, surquoy
Il luy redict pour m'enseigner
Va deuant: i'yray aprez toy.

Le moral.

La fable en son moral exprime
Qu'aulcun ne doibt auoir en luy
Notamment le vice ou le crime
Duquel il veult reprendre aultruy.

 Le. c iiii.xx.v. du soleil &
D'aquilon,

Entre aquilon vent fort impetueux
Et le soleil fut altercation,
Disant le vent qu'il est plus vertueux
Et trop plus fort, sur laquelle action
Fut accorde faire probation
Par iecter bas le manteau d'un passant
Affin de voir par approbation
Lequel seroit en pouoir surpassant.

Premierement aquilon vint a bruyre
Et a souffler le manteau tellement
Qu'il est venu a icelluy reduire

En plufieurs plis fur l'homme feullement,
Quand le foleil a veu que nullement
Ce vent lequel fe difoit le plus fort
N'a ce manteau faict choir par foufflement
Il eft venu a monftrer fon effort,
A cefte caufq il feift tomber de laer
Grande rauine & abundance d'eau
Laquelle peuft tant le paffant mouiller
Qu'il fut contrainct defpouiller fon manteau
Pour le fecher deffus aulcun verd preau
Ioinct qu'aprez leau le foleil n'euft encore
Groffe chaleur par ainfi bien & beau
Du pretendu il obtint la victoire.

Le moral.
Par fon moral la fable prouue
Qu'il n'eft fi puiffant ny agile
Qu'encor plus fort que luy ne trouue
Ou a tout le moins plus habile.

❧ Le. c. iiii. xx. vi. d'une grenoille & d'un regnard.

I Adis aduint qu'une folle grenoille
Sortift dehors aulcun marecs ou fouille
Pour fe vanter qu'en lart de medecine
El' furpaffoit chafcun docteur infigne

Fut hypocras ou galien, dequoy
Quelque regnard conceut grand deul en foy
Tant qu'il luy dift, fi tu es fi fcauante
Comme tu dis, & ton parler fe vante
Pourquoy as tu vne couleur fi palle
Tout a lentour de ta geullǫ ordǫ & fale,
Aquoy ne fceuft la grenoille refpondre,
Dont bien a l'heurǫ en terrǫ euft voulu fondre.

Le moral.

Cefte fable l'homme reprent
Comme plain de grand conardie
Qui eft vexe de maladie
Et aultruy guarir entreprend.

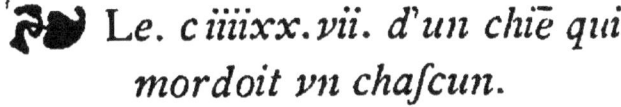

Le. ciiiixx.vii. d'un chiē qui mordoit vn chafcun.

Pourtāt qu'vn chiē s'accouſtumoit a mordre
Petis & grandz, on luy miſt es aureilles
(Pour ſen garder & auſſi donner ordre
A leuiter) deux clochettes pareilles,
Dequoy il fut glorieux a merueilles
Tant qu'en tous lieux s'eſtimoit & priſoit
Et par tel gloirɇ (encor faiſant merueilles
Deſtre mauuais) tous chiens il deſpriſoit.
  Ce que voyant adonc vn aultre chien
Plus ancien luy dict (ô fol) n'eſtime
Qu'on t'ait baillé ces clochettes en rien
Pour quelquɇ honneur, mais par auoir eſtime
Qu'es dangereux & que ton cœur s'anime
Mordrɇ vn chaſcun, pourcɇ a ton deſhonneur
Repute les pour blaſmɇ offenſɇ & crime
Non point en gloirɇ a louengɇ & honneur.

Le moral.

La fable declarɇ & propoſe
Que pluſieurs ſont deſhonorez
Souuenteſfoys d'aucune choſe
Dont ils ſe penſent honorez.

Le c iiii.xx.viii. d'un chameau.

VN chameau voyant les taureaux
  Porter deux cornes en leur teſte

Qui les rendoient de trop plus beaux
Et plus fortz, que nulle aultre beste
A Iupiter a faict requeste
Qu'il voulsist luy en donner deux
Pour sen ayder son le moleste
Et sen deffendre comment eulx.
  Mais iuppiter non seullement
La escondit de sa demande,
Ains dicelluy reallement
Les longues aureilles commande
Escourter qui feist vne grande
Confusion a ce taureau
Veu qu'au contraire il les demande
Affin d'apparoistre plus beau.

Le moral.

Ceste fable enseigner pretend
Que celluy qui changer aspire
Son estat, comme non content
Souuent il eschet en vn pire.

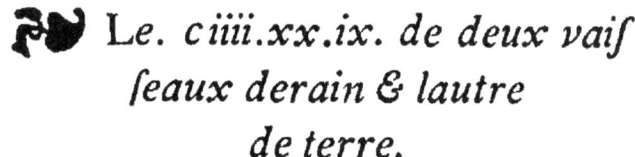 Le. ciiii.xx.ix. de deux vais
seaux derain & lautre
de terre.

Deux potz de matiere diuerse
L'un d'arain & l'autre de terre
Voulantz passer par la trauerse
De la mer, iusques en angleterre
Le plus fort peust le foibles enguerre
S'auec luy il vouloit nager
Promettant tout ainsi qu'un voirre
Le garder sans l'endommager.
  Neantmoins le vaisseau frangible
Luy dist, point ne feray voyage
Auec toy, car bien impossible
Seroit que ny eusse dommage
Car tu es dur a l'auantage
Et ie suis de terre fragile
Auec toy donc me mettre en nage
Sans danger ne m'est pas facile.

Le moral.

Il est enseigné par la fable
Que foyblę auec fort ne conuient
Pour le danger qui luy en vient
Donc n'est qu'estrę auec son sēblable.

Le. c iiii. xx. x. dū paō & dūe grue

Commę vne gruę & vn paon glorieux
Souppoient ensemblę, il aduint sur ce poinct
A cestuy paon, de beaulté curieux
De se vanter qu'oyseau il n'y a point
Qui soit plus beau mieux en ordrę & en poinct
Que luy, surquoy la grue luy a dict,
Vray est que ton plumagę est gent & coint,
Mais voler hault ta esté interdict.

Le moral.
La fablę entend profundement

Monstrer, comme dieu par nature
Donnç aux vns bon entendement
Aux aultres de corps ornature.

❧ Le. ciiiixx.xi. d'un veneur & d'un tygre.

Vn iour passé quelque veneur habile
En venerie, & de courir agile,
Vint a pourfuyure animaux de tout
gerre
Mouuant contre eulx aspre & mortelle guerre
Ce neantmoins vn tygre audacieux
Fort temeraire & tresambitieux
Se confiant en fa force & puissance,
Tout seul emprinst par son oultrecuydance
Exterminer c'est habile veneur,
Mais en cela fut fol entrepreneur

Car d'une flechɇ ou raillon d'arbaleſtre
Par le veneur, lors nauré il peuſt eſtre
Tant qu'il ne ſceuſt aultre choſe que faire
Sinon que fuirɇ & quicter ceſt affaire.
Or en fuyant vn regnard luy demande
Qui luy a faictɇ vne playe ſi grande
Et pourquoy ceſt qu'il fuyt en telle ſorte
Veu & congneu qu'il eſt beſte ſi forte
Et qu'il ſembloit que luy ſeul par ſon dire
Deuſt vne arméɇ en effect deſconfire,
A quoy le tigrɇ en ſa confuſion
A reſpondu que pour concluſion
Ne congnoiſſoit pas bien le perſonnage
Qui luy a faict a ſon corps tel oultrage,
Mais bien ſcauoit & congnoiſſoit en ſomme
Eſtre naure de la main d'un fort homme.

Le moral.

Par la fablɇ il eſt aſcauoir
Que gens pleins de temerité
Et qui ne diſent verité
Sōt veuz hontɇ & vergongnɇ auoir.

☙ Le. ciiii xx.xii. de quatre taureaux & d'un lyon.

Quatre taureaux par vn cōmun accord
Promisrent foy de nourrir & de viure
Eux quattrɇ ensemblɇ, & que iamais discord
N'auroiēt entrɇ eux, pretendant tousiours suiure
Bonnɇ amytié, iusqu'a la mort ensuyure,
Ce qu'entendant vn lyon cault & fin
Par tel moyen est venu les poursuyure
Qui les a faict separer en la fin.
　Quand il a veu vn chascun estrɇ a part
Sans plus les craindrɇ vn chascun deulx assault
Et en plusieurs pieces celluy depart,
Puys le deuourɇ, ainsi du premier sault
Cestuy lyon malicieux & cault
D'iceulx taureaux a eu la iouyssance
Par leur donner separément l'assault
Il affoyblist moult leur forcɇ & puissance.

Le moral.

La fable certains nous peult faire
Que gens de volunte vniz
Et de concorde bien munis
Sont difficiles a deffaire.

🕭 Le. ciiijxx.xiij. d'un sapin
& d'un buysson.

LE sapin arbre hault & droict
Et qu'a grand peing on peult briser
Tant est fort, veist en quelque endroict
Vn buysson qu'il peust mespriser
Pour soy extoller & priser
Disant, ie suis tresfort vtile,
Mais on voit chascun despriser
Toy buysson comment inutile.

 Et qu'ainsi soit en ta grand honte
Aux champs pourrir on te delaisse,
Sans faire de toy misę ou compte,
Mais on na garde qu'on my laisse
Passer ny vser ma vieillesse
Car ie duis & sers, a raison
De mon excellencę & noblesse
Tant en nauire qu'en maison.

 Quand ce sap eust finé son dire

Le buyſſon blaſmant l'inſolence
D'iceluy, ſe print a luy dire
Bien meȝ en faiƈt ton excellence
Mais tes malheurs tiens ſoubȝ ſilence
Et le bon heur qui eſt en moy
Qui n'endure la violence
D'eſtrɇ ainſi decouppé que toy.
    Le moral.
La fable monſtre que fortune
Dominɇ & regnɇ en tous eſtatz
Veu que princes & poteſtatz
Commɇ aultres gentz ont infortune.

☙ Le. c. iiii. xx. xiiii. d'une aHou
   ette & de ſes petis.

VN alouettɇ ſainſi qu'a decouſtume,
Dedans vn blé vint ſon nid appoſer
Ou ſes petis eſtans encor ſans plume,
Par aſſeurancɇ el' laiſſa repoſer
Leur enchargeant qu'ilȝ n'euſſent a oſer
Saillir dehors, mais auoir leur entente
De retenir ce qu'orront propoſer
Ce temps pendant quel' ſera deulx abſente.
 Elle partiɇ a pourchaſſer viande
Pour les nourrir, voyci venir le maiſtre

De cestuy blé, qui a son filz commande
D'aller prier les ceulx qu'il peust congnoistre
Ses familiers, & prochains voysins estre
Affin d'auoir la faucille a la main
Pour luy ayder a syer & a mettre
Son blé en grange, au iour de lendemain.
   Quand les petits eurent bien entendu
Iceulx propos, chascun fut trespoureux
Lors endroict soy & effroye rendu,
Dont aussi tost que leur mere vers eulx
Est retournée, ilz furent tressongneux
De luy compter tout le cas & affaire
Que le seigneur & son filz entre eulx deux
Touchant ce blé, ont proposé de faire,
Surquoy leur dict, qu'ilz n'eussét crainte ou doute
Puis que les deux deliberoient s'attendre
A leur voysins, en disant somme toute
Que nul d'iceulx on n'y voirroit entendre
Du premier coup, n'y a ce faire tendre,
Pourtant iceulx asseure & reconforte
Et d'escouter songneux tousiours eulx rendre
Pour luy redire encore les exhorte.
   Incontinent qu'elle eust ce dict, se part
Comme deuant, & voicy tost aprez
Pour vray le pere & son filz d'aultre part
Qui l'endemain reuiennent tout exprez
Pensant trouuer de voysins vn surcrez

Pour leur ayder a ſyer, mais vn ſeul
Ilz n'y ont veu, fut de loing ou de prez
Eſtre venu, dont ilz eurent grand deuil.
  Tant que le perǿ au filz ſe print a dire
Va ceſte foys noz parentz deprier
Pour nous ayder, ſans point nous eſcondire
Comme les ceulx que t'auoye faiẛ prier,
Ce qu'entendantz les oyſeaulx ſans crier
Ou faire bruyt, ont attendu leur mere
Pour l'aduertir & pour la reprier
Les oſter d'ou, mort leur appert amere.
  Or ainſi commǿ ilz craignoient la venue
D'iceulx parentz, de cercher leur repas
Et aliment, la merǿ eſt reuenue
A qui ſoubdain ilz ont compté le cas,
Mais elle diẛ mes enfantz n'ayez pas
De cela paour, car parentz ne couſins
Pour leur ayder n'en feront vn ſeul pas
Non plus qu'ont faiẛ leurs treſprochains voyſins.
  Ce qui aduint tout ainſi quel' leur diẛ
Se voyant donc le perǿ eſtrǿ en effeẛ
De ſes voiſins & parentz eſcondit
Ou pour le moins iceulx, quant a ce faiẛ
Par trop remis, commandement a faiẛ
A ſon diẛ filz d'une faucile prendre
Et auec luy employer ſon effeẛ
Pour ceſte choſǿ eulx meſmes entreprendre.
  Cela conclud ilz ſe ſont pour ce iour

En leur maison retirez, quant au reste
Voicy la mere au soir faisant retour
Vers ses petis, ausquelz el' faict enqueste
De ce qui peult estre a eulx manifeste
D'auoir ouy, lesquelz sans differer
Luy font venuz en tel' crainte & moleste
Entierement tout le cas referer.
 Quand elle ouyt que le filz & le pere
De cestuy blé syer prenoyent la charge
Plus ne conuient (dit el') auoir repaire
En cestuy lieu, ains fault que ie vous charge
Et qu'aultre part ie vous pose & descharge
Puis que les ceulx auqueulx est cestuy grain
Sans qu'en riens nul d'iceulx differe ou targe
Ont proposé de le sier demain.

Le moral.

La fable par dictz apparentz
Monstre que cest folie extresme
S'attendre aulx amis & parentz
Quand on se peult ayder soy mesme.

❧ Le. c.iiii.xx.xv. d'un enuieux & d'un auaricieux.

Eux hommes imbuez de vice
L'un d'envys infolly & damnable
Et l'aultre d'ardantz avarice
Et convoytifz abhominable
Par vouloir entre eulx decordable
A Iuppiter ont faict priere,
Lequel ont rendu accordable
Mais ce fut en telle maniere.

 C'est assavoir qu'a chascun d'eulx
Il dist, ie te donne option
De requerir ce que tu veulx
Ottroyant ta petition
Au moyen & condition
Que l'aultre obtiendra plus que toy
La moytié par addition
De ce dont t'auray faict ottroy.

 Par ce mesmes edict Iuppiter

Ordonna l'auaricieux
Le premier dirę & reciter
Quelle chofę il appetoit mieulx,
Lequel par defir vicieux
Requift force d'or & d'auoir
Ce qu'il obtint, mais l'enuieux
Plus la moytié en peuft auoir
Lequel par apres vint a faire
En telle forte fa requefte
(Comme plain de mefchant affaire
Et pire trop plus qu'une befte)
Qu'on luy arracha de la tefte
Vn œuil, affin que l'autrę en euft
Deux hors, & que par tellę apprefte
Peinę & mal au double receuft.

Le moral.

La fable monftre qu'auarice
De foy n'eft iamais affouuie
Et que pareillement enuie
Eft vnę intrinfeque malice.

Le. ciiii.xx.xvi. d'une corneille.

VNe corneillę alterée de chault
Veift vn vaiffeau de façon affez hault
Au fōdz duql eftoit eau clairę & belle
Dont ardamment boirę appetoit icelle

Pour ſa grand ſoif eſtancher ou reſtaindre,
Mais iuſqu'a l'eau pas ne pouoit attaindre
Pour la haulteur qu'auoit ledict vaiſſeau
Dont s'esforça (pour en reſpandre l'eau)
Le faire choir, mais n'y peuſt aduenir
Ce que voyant (pour encor paruenir
En ſon ententę) el' s'eſt iectéę a terre
Ou a ceuly mainte petite pierre
Quellę a dedans le fondz du vaiſſeau miſe
Par tel moyen, & ſubtilę entremiſe
El' feiſt haulcer c'eſt eau habilement
Iuſques au bord, & puis facilement
Ellę en a beu a pleine ſuffiſance
Tout ſans vſer de grand forcę ou puiſſance.

Le moral.

La fablę enſeigne qu'il nous fault
Vſer d'art & d'habileté
De prudencę & ſubtilité
Quand pouoir ou force deffault.

🕮 Le. ciiiixx.xvii. d'un chaſſeur & d'un lyon.

COmme vn chasseur tendoit a prendre
Vn lyon plain de grand oultrage
Ce lyon vint a le reprendre
Soubstenant auoir l'auantaige
Tant de force que de courage,
Mais le veneur luy peust redire
Qu'il luy monstreroit vn ouurage
Lequel reprouueroit son dire.
   Neantmoins ce lyon replicque
Qu'en riens il n'adioustera foy
A ce que le chasseur explique
S'allors ne luy monstre dequoy,
Pourtant le veneur auec soy
Le mena voir vn lieu a Romme
Ou estoit vn lyon tout coy
En painƈure subieƈ a l'homme.
   Par cela vouloit inferer

Qu'on doibt quand en force & constance
L'homme a tout lyon preferer,
Mais le lyon sur telle instance
Respond, que c'est grande inconstance
De penser l'effect de nature
Tenir vray, soubz la demonstrance
Tant seullement d'une painctsure.

 Plus respond ce lyon encore
Sy a nous leons l'art de traire
Ou paindre figure & hystoire
Donné estoit, l'homme au contraire
Soubz noz piedz serions veuz pourtraire
Pourtant n'est suffisante attaincte
Pour certain iugement extraire
D'auoir regard en chose painctse.

Le moral.
Par la fable a chacun appert
Que l'homme pour gaigner sa cause
Mainte raison allegue & cause
Laquelle en riens ou bien peu sert.

⚜ Le. ciiiixx. xviii. d'un larron,
  & d'un ieune garçon.

VN iour aduint qu'un larron pourchassant
 A desrobber, & chemin tracassant

Veist vn garçon qui fort se complaignoit
Et prez d'un puis moult souspirer faignoit
Tout par malice, en disant qu'en ce puis
Vn vaisseau d'or luy estoit cheu, depuis
Vne heure ou deux comme il puisoit de l'eau,
Ce que pensant pour vray ce larronceau
Incontinent s'est voulu condescendre
Iusques au fond de cestuy puis descendre
Et pour ce faire il vint a despouiller
Ses vestemens, de paour de les mouiller
En les baillant a ce garçon en garde,
Or cependant qu'a ce puis il regarde
Pensant trouuer ce vaisseau precieux
Cestuy garçon faulx & malicieux
A le cordail retiré & hallé
Dequoy s'estoit ce larron deuallé
Puis ses habits il charge sur son col
Et luy fuyant laissa ce poure fol
Dedans le puis long temps crier & braire
Et depriant qu'on voulsist hors l'extraire.

Le moral.

La fable declare bien emple
Qu'un trompeur on trompe en la fin
Et qu'un larron a vn aultre emble
Les biens qu'ilz a euz par larcin.

Le. c iiii xx.xix. d'un laboureur

& d'un taureau.

VN laboureur en sa maison auoit
Iadis vn thor, fier & orgueilleux,
Pourtant en riens ne pouoit ne sçauoit
Le dominer, tant estoit merueilleux
Et a donner coups & heurs perilleux
A l'un du pied a l'aultre de la corne,
Pourtant afin d'obuier a telz ieux
Cestuy rustique icelluy thor escorne.
En oultre afin que plus du pied ne rue
Ou face mal a personne, le ioinct
A vne bonne & pesante charue,
D'ou sans dangier il le picque & le poingt
En estimant l'appaiser en ce poinct
Et faire doulx, tant aux champs qu'en l'estable,
Ce neantmoins icelluy n'en fut point

Oncques meilleur, ny en riens plus traictable.
  Ce thor voyant que mal faire ne peult
Par ainſi loing de ce laboureur eſtre
Son mauuais cœur touteſſois oſą & veult
A faire mal encore ſentremettre
Et pourcą il vient iuſqu'a l'effect ſe mettre
Deſmouuer terrą en la faiſant reſouldre
Cuydant creuer les deux yeulx de ſon maiſtre
En luy iectant de ſes piedʒ force pouldre.

Le moral.

La fablą entend nous aduertir
Que pluſieurs ſont tant obſtinez
Et a mal faire deſtinez
Qu'on ne peut les en diuertir.

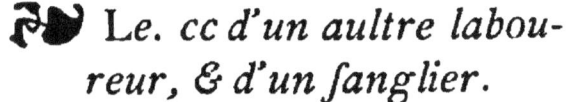 Le. cc d'un aultre laboureur, & d'un ſanglier.

EN ce temps meſmą aulcun aultre ruſticque
En vn ſenglier couppa l'aureille dextre
Pour & autant que ceſtoit ſa praticque
De iour en iour & ſa couſtume deſtre
Parmy ſes grains a les menger & paiſtre,
Or peu apreʒ par ce ſecond meſchef
Luy a couppé encore la feneſtre
Parce qu'au grain le ſurprint de rechef.

 Mais non obſtant tous les maulx & tourmens
Qui luy a faictz ne ſe peult contenir
De retourner menger grains & fourmentz
Pourtant encorᵉ a le prendrᵉ & tenir
Pour dure mort luy faire ſoubſtenir
Il eſt venu, puis des champs par honneur
La tranſporte ſans en riens detenir
Iuſqu'en la villᵉ en quelque grand ſeigneur.
 Qui ceſtuy porc accouſtrer commanda
Car de long temps en auoit deſiré
Et notamment le cœur en demanda,
Mais vn friant ia l'auoit retiré
Et a part luy en oultre conſpire
De le menger ſecrettement tout ſeul,
Dont le ſeigneur en fut moult fort iré,
Mais le ruſticquᵉ appaiſa lors ſon deul.
 En luy diſant monſieur n'ayez merueille
S'au ſenglier n'auez vn coeur trouué
Car de ce cas point ne m'en eſmerueille
Veu qu'icelluy ay moymeſmᵉ approuué
Auoir eſté d'un vouloir reprouué
Quand pour tourment que ie luy ay peu faire
Il s'eſt touſiours demonſtré & prouué
Plain dun meſchant & execrablᵉ affaire.

Le moral.
 Par ceſte fablᵉ on doibt ſcauoir

Pour bien entendre le moral
Qu'aucuns ſont tant enclins a mal
Que nul cœur ilz ſemblent auoir.

 Le. cci. d'un thor & d'une
meſiraigne.

Vne meſiraigne voyant
Vn taureau puiſſant, roydę & fort
Sus vn paſtiz s'eſbanoyant
Vint le picquer au pied ſi fort
Qu'il en a perdu ſon effort
Et qu'au bout de deux ou trois iours
Par la piqueurę encourut mort
Sans y pouoir trouuer ſecours.
 Toutesfoys a l'inſtant & lors
Qu'a ſon corps a ſentu dommage
Et qu'ainſi fuſt picqué & mords
Il cuyda forcener de rage,
Par quoy d'un tresfier courage
Vint pourchaſſer a mort celluy
Qui luy auoit faiʓ tel oultrage,
Mais ame ne veiſt entour luy.
 Car pour certain la faulſe beſte,
S'eſtoit retire en vng creux
Ou el' ne monſtroit col ne teſte
Et y fut bien vnę heurę ou deux

Despitant cestuy courageux
Taureau, & toute sa puissance
Combien quil fut fort oultrageux
Il ne luy sceust porter nuisance.

Le moral.
La fable nous veult aduiser
Que le petit souuent peult nuyre
Au grand, parquoy ne fault s'induyre
A nul quel quil soit despriser.

Le. cc ii. d'un rustique re-
querant Hercules.

Comme vn rustique charyoit
Aupres d'un fosse ou puteau,
Son char par ce qu'il varyoit
Vint a trebucher dedans l'eau,
Parquoy icelluy bien & beau
Se print a plourer & crier,
Et sans s'ayder nomplus qu'un veau
A tresfort Hercules prier
 Or vne voix ouyst en laer
Qui luy dict, tes cheuaulx fouette,
En les contraignant a aller
Et vertueusement te iecte
A l'un des boutz de ta charette

NN

En la deboutant pour partir
Puis allors requiers & soulhaitte
Hercules ayde t'impartir.

Le moral.

La fable monſtre que celluy
Lequel ayde & ſecours demande
S'il veult obtenir ſa demande
Doibt faire ce qui eſt en luy.

Le. ii cc iii. d'un ſinge & de
ſes deux petitz.

A Inſi comment vn ſinge nourriſſoit
Deux petis faons deſquelz l'un cheriſſoit
Trop plus q̄ l'aultre, aduint qu'un cheuaulcheur
Paſſa, duquel ce ſinge euſt en ſon cœur

Fort grand frieur, penfant eftre furprins
Dont tresfoubdain fes deux petis a prins
Entre fes bras portant fongneufement
Celluy qu'aymoit affectueufement,
L'aultre en aprez a chargé deffus luy
Puis en vn boys a tout s'en eft fuy,
Mais en fuyant haftiuement efcheut
Par grand malheur que fur le ventre chut,
Parquoy celluy qu'il aymoit ainfi fort
Fut fuffocqué & a encourut la mort
Sans que iamais l'aultre receuft allors
Encombrier, ou dommage en fon corps.

Le moral.

La fable donne enfeignement
Qu'enfantz lefquelz on voit cherir
Bien fouuent & communément
Viennent a mourir ou perir.

❧ Le. iicc iiii. d'un ieune beuf, & d'un viel.

VN ieune beuf fut iadis mis a l'herbe
Pour l'engreffer, voyre foubz lefperance
De l'immoler, auquel lieu fort fuberbe
Eft deuenu, & plain d'oultrecuydance
Ainfi qu'ayant de menger abundance

Et ignorant qu'on l'euſt mis en ces lieux
Pour le nourrir par ſuperabundance
Puis le tuer pour l'immoler aux dieux.
  Icelluy doncq eſtant en ſon herbage
Veiſt vng viel beuf daultre part, a grand paine
En dur trauail excercer labourage
Et au collier haller en vne plaine
(Auquel il diſt) bien eſt ta vie plaine
De grand miſerǫ, au regard de la mienne,
Quand tu permeȩʒ que captif on te maine
Et qu'en labeur ainſi on te maintienne.
  Quand ce viel beuf les propos entendiſt
De ce bouueau, ſe tenant tant heureux,
Reſponcǫ allors, pour vray ne luy rendiſt,
Mais par apres qu'il viſt qu'un hōmǫ ou deux
Pour l'immoler, le menoyent deuant eulx
La teſtǫ ayant lvée d'un cheueſtre,
Il luy cria, ó poure malheureux
Point ne vouldroyǫ en ton lieu pour lors eſtre.

Le moral.

On pǫult congnoiſtre par la fable
Que de gens leur plaiſir fuyuantz
Et voluptueuſement viuantz
La fin eſt brefuǫ & miſerable

Le. cc v. d'un chien & d'un lyon.

Qvelque iour vng chien estrangs
Vn lyon errant en vn boys,
Auquel de parler s'aduançeit
En luy disant, bien l'apperçoys
Qu'icy meurs de faim, dont te croîs
Et estimé estre fol parfaict
Au regard de moy, que tu vois
Estre ainsi gras & bien refaict.
  A quoy cestuy lion refere
Trop plus heureux que toy me tiens,
Parquoy ta vie ne prefere
A la mienne, veu que l'obtiens
Liberté, mais toy & les tiens
Tenuz estes en seruitude
Est tellement qu'a tous voz biens

Conioinctz q y est amaritude.
Le moral.
La fable en son moral propose
Que de liberte le tresor
On doibt trop plus aymer que l'or
Et l'appeter sur toute chose.

⚜ *Le. iiccvi. d'un poisson d'eau*
doulce, & d'un veau de mer.

Vn poisson d'eau doulce aduint
Que ce iour mesme en plaine mer
Par fortune adiecter se vint
Ou de luy peust tant estimer
Par son excellence exprimer
Qu'il sembloit tout aultre poisson
Au regard de luy deprimer
Les prisant en nulle façon.
  Ce que voyant vn veau marin
Le vint grandement a blasmer
Luy disant, ó sot bustarin
Comme oses tu te reclamer
Si excellent, & te clamer
Sur tous auoir noblesse en toy
Quand pour au vray te proclamer
Riens ne vaulx au regard de moy.

Et qu ainsi soit quand on te prend
Tu nes vendu fors qu'au commun
A vile prix, mais on me vend
Fort cher aux grands seigneurs, comme vn
Singulier poisson, non commun,
Parquoy concludz sur tel affaire
Que tu es fol & importun
D'ainsi noble & exquis te faire

Le moral.

Par la fable entendre il nous fault
Que louer on ne se doibt poinct
Veu qu'en lieu en temps & au poinct
On congnoit combien l'homme vault

🙰 Fin du premier liure.

Le second li-
ure des Apologues d'Esope.

Le premier de L'aigle &
d'un Regnard.

L'Aigle qu'on tient de tous oyseaulx le roy
Et le regnard, iadis promirent foy
D'entre'ulx garder paix côcorde & amour
Ce neantmoins l'aigle par quelque iour
Vint a rauir les petitz du regnard

Ce temps pendant qu'il estoit aultre part
Et les porta pour ses petis repaistre
Iusqu'a son nid, dont le regnard peust estre
Fort irrité en son cœur & courage
Contre c'est aigle en voyant le dommage
Et le grand tort desplaisir & iniure
Qui luy a faict, comme faulx & pariure
D'auoir baillé ses petis a menger
Aux siens, dequoy asprement se venger
Eust bien voulu de l'aigle & de sa race,
Mais ne pouoit a cause de l'espace
Et la haulteur de larbre, auquel l'oyseau
Auoit son nid pose tout au couppeau
Tant qu'y attaindre il estoit impossible,
Ce regnard doncq voyant n'estre possible
D'aulcunement a c'est aigle meffaire
Et qu'il n'eust sceu aultre chose luy faire
Fors le mauldire, il depria les dieux
Luy enuoyer, comme a son odieux
Et ennemy capital, infortune
De feu, lequel ses petis importune
Et les puisse ardre en signe de vengeance
En ce faisant luy donroyent allegeance
Ce qu'il aduint par le vouloir de dieu
Bien tost aprez, car ainsi qu'en vn lieu
En my les champs on faisoit sacrifice
En immolant chieures, durant l'office

C'eſt aigle vint a rauir ſur lautel
Vn gros morceau de chair, dedans lequel
Eſtoit encor vn charbon tout ardant
Qu'il tranſporta, ſans eſtrę en riens tardant
Iuſqu'a ſon nid, pour donner nourriture
A ſes petis, mais par mallę aduanture
De ce charbon ſortiſt vne flameche
Laquellę au nid faiȼt de matiere ſeche
A mis le feu dont tomberent a terre
Tous ſes petis que le regnard vous ſerre
Dedans ſon ventrę, ainſi par les menger
Se peuſt de l'aiglę entierement venger.

Le moral.

La fable donnę enſeignement
Que dieu permect l'hōmę impuiſſant
Eſtre venge communément
Du tort que luy faict le puiſſant.

☙ Le. ii. d'un lieure, d'un aigle, & d'un eſcarbot.

VN lieurę eſtant pourſuyui de bien prez
De q̄lqu'autrę aiglę appelāt le ſurprēdre
Pour le menger, trouua lors tout exprez
Vn eſcarbot auquel voulut ſe rendre
En le priant le recepuoir & prendre

A seruiteur & tant faire pour luy
Que l'aigle en riens plus ne veuille pretendre
Le pourchasser, & luy donner ennuy.
   Pas n'eust si tost sa harengué finie
Que ne vint l'aigle, affin de l'emporter
Ains toutesfois que iecter sa pongme
Ou gris sur luy & que le transporter:
Cest escarbot du faict se deporter
L'aigle a requis, mais n'en voulut riens faire
Dont tresgrand deul peust l'escarbot porter
En protestant se venger de l'affaire.
   A ceste cause il vint a s'adiecter
Iusques au nid de cest aigle, ou par deul
Il print ses oeufz & les vint tous iecter
De hault en bas, sans en laisser vng seul
En les froissant, pour satisfaire au veuil
Et au desir qu'auoit de se venger
Ce temps pendant qu'il congnoissoit a loeuil
Que l'aigle estoit au pourchaz du menger.
   Or peu apres que lescarbot eust faict
Cest destourbier, l'aigle peust reuenir
Et luy voyant que son nid en effect
Estoit pille, ne sceust que deuenir
Fors qu'a telle heure a iuppiter venir
Luy deprier, qu'il luy voulsist donner
Vn certain lieu, auquel pour l'aduenir
Asseurément son nid puisse ordonner.

Lors iuppiter aymant l'aigle de cœur
Luy a permis son nid mettre & poser
Dedans son sain, affin d'estre plus seur,
Mais lescarbot vint encore a oser
Par sa malice a faire & composer
Vn globe rond, plain de matiere infaicte,
Lequel voulut au sain mesme apposer
De iuppiter, affin qu'il en infecte.
Or aussitost qu'il sentist tel exain
D'infection, il se print a le mettre
Et ieter hors par escourre son sain
Voire si fort a senestre & a dextre
Que tous les oeufz qu'auoit voulu admettre
Dedans son sain vindrent a choir en bas
En eulx froissant, de l'aigle ainsi peust estre
Cest escarbot lors vengé sans combatz

Le moral.

La fable chascun veult instruire
Qu'il n'est homme tant soit petit
Qu'en la fin petit a petit
Au grand & fort ne puisse nuyre.

☙ Le. iii. d'un Roussignol &
d'un Espreuier.

Ainsi qu'un roussignol sur champs
Chantoit de la gorge a plaisir
Et donnoit harmonieux chantz
Vn espreuier ayant desir
De le menger, le vint saisir,
Loyselet voyant qu'il oppresse
Luy dict ne me fais desplaisir
Ains a plus grand que moy t'adresse
   Quand en effect vne douzainne
Telz que moy ne suffiroyent pas
Pour bien ta mague rendre plaine
Et ty donner vn bon repas
Lespreuier respond sur ce pas
Que nonobstant son doulx parler
Et que de luy ne soit grand cas
Point ne le laisseroit aller.

Le moral.

Par la fable on doit retenir
Que l'homme est fol, qui le certain
Laisse pour tendre a l'incertain
Posseder, auoir, & tenir.

Le. iiii. d'un regnard sans queue.

Comme vn regnard alloit pour attrapper
Poulles & coqz, ainsi que'est sa nature
Dedans vn lacqz, il s'est venu frapper
Ou par la queue il se print d'aventure
Luy doncq ayant certaine coniecture
Que du filé il n'ystroit iamais
Sans qu'il n'y eust de queue forfaicture

Il la couppa, la quictant pour tout mectz.
  Puis par aprez qu'il s'eſt trouué ainſi
Eſtrǿ eſcourté, a fainct commǿ enuyeux
Pour euiter hontǿ et vergongnǿ auſſi
Qu'a tous regnars aultant ieunes que vieulx
Il eſtoit plus honneſtǿ & valloit mieulx
Eſtre ſans queuǿ, entendu qu'a bien fuyre
Ellǿ empeſchoit commǿ vn faiz ennuyeux
Lequel ne faict ſinon qu'a leur corps nuyre.
  Surquoy vn aultrǿ antiquǿ & fin regnard
A reſpondu, chaſcun de nous en ſoy
Seroit bien fol & glorieux conard
De conſentir, auſſy d'adiouſter foy
A ton conſeil, quand par tes dictz ie voy
Que vouldrois bien que nous euſſions deffaulte
De queuǿ, ainſi que puis auoir en toy
Qui eſt maliçǿ & euidente faulte.

Le moral.

Par ceſte fablǿ il appert bien
Que maint pourǿ hōmǿ & miſerable
Conſeille ſoubz vmbre de bien
Qu'un aultre ſoit a luy ſemblable.

🙵 Le v. d'un Regnard &
d'un buyſſon.

Comme vn auitre regnard encore
Vouloit d'vn danger se garder
Qui luy estoit prochef & notoire
Vint asaillir & se darder
Sur vn buisson, ou sans tarder
Maintz espines & ronche l'ont poinct
Tant qu'il n'eust soew lieu regarder
En tout son corps qu'il n'en fut poinct.
 Quand il se fust veu en tel desordre
Il est venu a durement
Cestuy buysson ronger & mordre
Disant le cuydoys seurement
En toy paser asseurement
Par apres m'estre retire
D'vn danger, mais bien clairement
Ie voy qu'il m'en est empire.
 Le buysson luy a repliqué

O regnard faulse creature
Ne tesbahy se t'ay picqué
Entendu que c'est ma nature
Comme la tienne sans droicture
Est de rauir poulles & cocqz
Aux bonnes gentz, quand d'auanture
Y puis mettre les gris ou crocqz.

Le moral.

La fable monstre au sens moral
Que tousiours vn chascun s'adonne
A tenir soit en bien ou mal
L'effect que nature luy donne.

 Le. vi d'un regnard & d'un cocodrille.

AVltre regnard encore trop plus fin
Qu'aulcun d'iceulx, dont faict auons
memoire,
En tracaſſant trouua ſur le chemin
Vn cocodrillø enſlé de vainne gloire
A la raiſon & cauſe peremptoire
(Commø il diſoit) de ſa racø & nobleſſe
En ſe vantant par tout le territoire
Auoir eſté extraict de gentilleſſe.
 Mais le regnard luy dict lors que te ſert
Du noble ſang te proclamer extraict
Veu qu'en ta peau ou cuyr bien il appert
Que de long temps tu en es ia diſtraict
Et qu'en toy n'eſt de nobleſſø vn ſeul traict,
Dont te procedø ou viennø aulcune grace
Ou par lequel honneur puiſſø eſtrø attraict
A ceulx leſquelz ont eſté de ta race.

Le moral.

Par ceſte fablø on peult extraire
Que gentz de menſongø inuenteurs
Bien ſouuent ſont prouuez menteurs
Par clerement voir le contraire.

☞ Le.vii. d'un regnard & d'un
   Bocheron.

AVltre regnard fuyant pour euader
Aulcun chaſſeur qui cerchoit l'inuader
Et mettrę a mort, rencontra ſur ſõ erre
Vn bocheron, auquel il peuſt requerre,
De luy monſtrer & enſeigner lieu ſeur
Pour ſe cacher, en oultre qu'au chaſſeur
Qui le pourſuit ne vueillę aulcunement
Le reueler, ce que certainement
Le bocheron luy eſt venu promettre
Luy enſeignant vn lieu ſeur a ſe mettre.
Or auſſi toſt que ce poure regnard
Se fut caché & tiré a l'eſcart.
Au bocheron le chaſſeur eſt venu
A demander qu'il eſtoit deuenu.
Lequel reſpond pour vray & ſans ſeiour
Qui ne l'auoit oncques veu de ce iour
Mais luy monſtroit des doys tacitement

Le lieu auquel s'estoit secretement
Cestuy regnard caché, prez d'ung espine
Qui le voyoit au chasseur faire signe
(Comme il est dict) tant des mains que des doigtz
Pour l'enseigner, le chasseur toutesfoys
Oncques ne sceust en soy le lieu comprendre
Ou le regnard estoit, donc sans le prendre
S'en est alle & du lieu departy.
Or peu aprez qu'il peust estre party,
Le bocheron au regnard est venu
En luy disant n'es tu pas fort tenu
A bien m'aymer & a graces me rendre?
Quand t'ay saulué, par donner a entendre
Que du iourdhuy oncques veu ne t'auoye
N'y apperceu en ceste part & voye
Vray est (respond le regnard) que ta langue
A tresbien faict son debuoir & harengue
Pour me sauluer, mais tes doys & main dextre
Mont en danger de mort cuyde faire estre
Qui monstre bien que ton dire de bouche
N'est riens que vent a qui ton cœur ne touche,
Parquoy nul gré ne te scay ne scauray
Ny auec toy fidelité n'auray.

Le moral.

La fable monstre appertement
Que plusieurs semblent estre amys

En parler, mais couuertement
Sont de faict & d'œuure ennemys.

Le. viii. d'un auaricieux, & de son ydole.

VN quidan auoit vn ymage
Taillé en forme d'un des dieux
Auquel souuent faisoit hommage
En oultre estoit fort studieux
De la prier affin de mieulx
Ses biens multiplier & croistre,
Mais d'aultant que plus curieux
En estoit, les voyoit decroistre
   Pourtant par deul iecta l'ydole
Contre vn mur a droict ou a tort
En la iectant il la decolle

Adonc par admirable sort
De sa teste cassée il sort
D'or & d'argent vne grand somme
De laquelle chose fut fort
Ioyeux, & esbahy c'est homme.
 Tant qu'il a dict a l'heure mesme
Certainement tu monstre bien
Ta malice & folie extresme
Quand tu ne m'as voulu en rien
Exaulcer, ne faire aulcun bien
Sinon que par force & contraincte
D'auoir ton chef brisé, combien
Que t'eusse faict priere mainte

Le moral.

Ceste fable taxe le vice
De ceulx lesquelz iamais ne font
Prouffit, plaisir, bien, ne seruice
Si notamment contrainctz n'y sont.

 ❧ Le. ix. d'un chien inuité
 a vn bansquet par
 vn aultre,

LE iour qu'un riche homme donna
A vn aultre, vn banſquet notable,
Et que pour ce faire ordonna
Pluſieurs metz ſeruir en la table
Pour luy eſtre plus acceptable,
Son chien congnoiſſant c'eſt affaire
Inuita comme charitable
Vn aultre chien, pour ſi refaire.
  Lequel au iour ne faillit pas
A venir, tout ſoubz l'eſperance
D'y auoir lors vn bon repas
Et tellement emplir ſa pance
En y mengeant par abundance
Que de trois iours il n'auroit fain
Mais onc par malheureuſe chance
N'y taſta d'un morceau de pain,
  Car (pour dire vray) auſſy toſt

Qu'en la cuyſine il entre & ſongne
D'aller voir & ſentir le roſt
Comme ſa premiere beſongne
Vn des cuyſiniers vous l'empoigne,
Par la queue & puis vous le rue
(Combien qu'il en crie ou en grongne
Par la feneſtre en my la rue.

 Or peu apres qu'en telle ſorte
Ce poure chien fut repoulſé
Voyci encore vne cohorte
D'aultres chiens qui vous l'ont houſſé
Agité houblé & poulſé
Tant que s'il n'euſt uſé allors
D'un menſonge aſſez bien trouſſé
Iamais n'euſt iouy de ſon corps.

 Le menſonge qu'il leur peuſt dire
Eſtoit que d'un lieu il venoit
Auquel ſans perſonne eſcondire
Table a tous venantz on tenoit
Et quand pour luy, il ſoubſtenoit
Qu'il ſy eſtoit ſi bien repeu
Qu'ignorant il ſe maintenoit
Par quel lieu yſſir auoit peu.

 Quand chaſcun des chiens l'euſt ouy
En ſes propos adiouſtant foy
Le laiſſa, puis tout reſiouy
Se tranſporta ſubit & coy

QQ

Iufqu'a ce lieu, pour voir dequoy,
Mais fi toſt qu'un eſtoit furprins
On luy faifoit tel defarroy
Qu'au premier & non meilleur prix.

Le moral.

Par la fable eſt a retenir
Pour en bien le moral extraire
Que fouuent aduient le contraire
De ce qu'on efpere obtenir.

Le. x. d'un aigle & d'un voleur d'oyfeaulx.

Ar vn voleur d'oyfillons, quelquefoys
Vn aigle fut furprins dedans vn boys
Que le voleur peut lors efpignoler
Affin que plus n'euſt pouoir a voler
Luy arrachant fes plumes les plus belles
Qu'ilz fuſſent point en fa queue & aux aelles
Et puis le meiſt auecques fa poulaille
Pour foy nourrir & prendre victuaille,
Ce temps pendant ne feruoit qu'a menger
Sans en facon du monde fe renger
A faire bien ou prouffit a fon maiſtre
Or ainfi comme en leſtat pouoit eſtre
Vint vn marchand qui l'achapta autant

Qu'on luy a faict, & le paya contant,
Puis par aprez recouurir c'est oyseau
Tout de rechef de plumage nouueau,
Quand il se veist de plumes renforcé,
A prouffiter adonc s'est efforcé
Sans estre ingrat tant que du premier vol
Vn lieure a prins & happe par le col
Qu'il a porté lors a son achatpteur
Comme a son maistre & aussi bienfaicteur.

Le moral.

La fable enseigne qu'aucuns sont
Tellement decheuz de leur bien
Qu'il ne leur est possible en rien
Eulx releuer s'amys ilz n'ont.

Aultre moral.

Ceste mesme fable nous monstre
Que chascun doibt rendre en effect
Le bien & seruice a luy faict
Aultrement ingrat se demonstre.

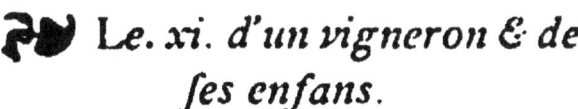 Le. xi. d'un vigneron & de
ses enfans.

VN vigneron ſe voyant prez que mort
Tous ſes enfans vers luy feiſt conuenir
Eulx aſſemblez leur diɑ̃ ayns q̃ la mort
Me vienne prendrɡ ou me circunuenir
Veulx (mes enfantz) vous faire ſouuenir
(Veu que mes hoirs eſtes par droiɑ̃e ligne,)
Que tout le bien qui meſt peu aduenir
Eſt enfouy & cache ſoubz ma vigne.

 Or penſoyent bien ces enfantz quen ce lieu
Vn grand threſor leur perɡ euſt enfouy
Pourtant ſi toſt qu'il fut alle a dieu
Et que ſon corps fut en terrɡ enfouy
En ceſte vignɡ ont houé & fouy·
L'un d'une houɡ & l'autre d'un picquoys,
Mais par nul deux onc ne fut deffouy
D'or ou d'argent ſeullement vne croix.

 Bien eſt certain qu'enuiron ſur l'autonne

La vigne aprez eust du vin a puissance
Tant qu'il n'y eust vaisseau poinsson ne tonne
Qu'il n'en fut plaing en grand' esbaissance
Or par cela ilz eurent congnoissance
Que par auoir bien leur vigne ordonnée
Et cherfouye, expresse iouyssance
D'un grand thresor leur en estoit donnee

Le moral.

Par la fable entendre il conuient
Que par trauailler & songner
Labourer aussi besongner
En tresgrand biens l'homme deuient.

☙ Le. xii. d'aulcun pescheur.

Aulcun pescheur en l'art de pescherie
Assez ignare, essaya quelque foys
Poisson attraire en vne mer serie
Le tout au son d'une flutte ou haulboys.
Mais en effect leur causa telz effroys
Que nul poisson en sa retz s'adiecta,
Combien qu'en l'eau lors des coups plus de trois
Icelle retz, pour en prendre iecta.
  Quand il a veu que riens il n'a gaigne
Pour resonner, sa fluste bas a mise

Et luy fache & moult fort en gaigne
Sa rethz en leau par acquit a remise,
Or aussi tost que de rechef la mise
Dedans la mer, de poyssons toute plaine
El' se trouua, de laquellę entremise
Il fut ioyeux ne plaignant plus sa peine,
Or quand il vint a les traire dehors
Il se sont prins a saillir & mouuoir
En fretillant, tant qu'il leur dict allors
Quel' ioye peust vostre cœur esmouuoir
D'ainsi danser & ioyeux vous trouuer
Entre mes mains, veu que tout au contraire
Fort malheureux on vous doibt approuuer
De mener ioyę en fortune contraire.

Le moral.

La fablę enseigne que plusieurs
Resemblent aux filz heurteuent
Se reiouyssant bien souuent
En leur infortunę & malheurs.

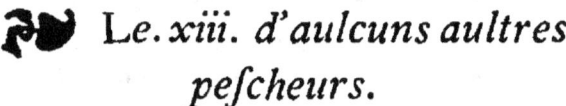 Le. xiii. d'aulcuns aultres
pescheurs.

A Viens pescheurs furent qui tout vn iour
Infuses de foir ne cesserent d'estendre
Leurs rhetz en l'eau, nonobstant tel seiour
Vn seul poisson ne sceurĕt oncq surprĕdre,
Dont par grād deul tous se deuoiĕt pĕdre,
Quand par fortune vn poisson precieux
Dedans leurs rethz est venu a surprendre
Pourtant apres en furent tresioyeux.

Le moral.

La fable en son moral propose
Qu'homme par engin ou par art
Ne peult souuent faire vne chose
Laquelle eschoit bien par hazart.

🙵 Le. xiiii. d'un poure homme

& des larrons.

AVlcun pourg hommg eſtant fort agité
De maladig, en tel perplexité
Requiſt aux dieux en ſanté le remettre
Et pour ce fairg il peuſt adonc promettre
Leur immoler cent bœufȝ ſans delayer
Ce que les dieux deſirantȝ eſſayer
Et approuuer, ilȝ l'ont guary tout ſain,
Quand il s'eſt veu de ſanté eſtre plain
Il eſt venu a ceuillir en maintȝ lieux
Les oſſemens de cent bœufȝ, pour aux dieux
Les immoller penſant par tel affaire
Et par tel' frauldg a iceulx ſatisfaire
Et eſtrg abſoubȝ de ſon veu & promeſſe

Mais eulx voyantz la malice & finesse
De ce trompeur & bailleur de mensonge
Le sont venuz a induire par songe
Qu'au plus matin qu'il seroit esueillé
Fust de cercher prest & appareillé
Dessus le bord de la mer vn thresor
Qui se montoit bien a cent talens d'or
Ce qu'estimant ce trompeur estre vray
S'est transporté a ce riuage & quay.
Mais aussi tost qu'en ce lieu il peust estre
Trois gros ribaulx l'ors sont venuz a mettre
La main sur luy, en luy disant, demeure
Ta vie aurons, voire tout a ceste heure,
Quand il se veist au peril & destroy
D'encourir mort, eust tel paour & effroy
Qu'il leur promist cent talens d'or liurer
Pour & affin d'iceulx se deliurer
En les menant pour cercher au lieu mesme
Auquel s'estoit de venir mis en esme
Pour trouuer l'or, mais onc vn denier seul
N'y ont trouué dont eurent si grand deul
Vers ce menteur que pour telle entremise
Ilz l'ont pillé iusques a sa chemise.

Le moral.

Par la fable certains nous sommes
Que gens menteurs sont odieux

RR

Non point tant feullement aux dieux
Mais auſſi par ſemblable aux hommes.

☙ Le. xv. d'aulcuns peſcheurs.

Aulcuns peſcheurs furent en quelque temps
Des le matin iuſqu' au ſoir a laſcher
Leurs rethz en leau, maiz ainſi que i'entendz
Vng ſeul poyſſon n'y vint s'entrelaſcher,
Ce qui a peu grandement les faſcher,
Mais vng d'iceulx pour leur donner confort
Leur dict ce mot (affin de le macher
Et retenir pour oſter deſconfort)
 Ceſt aſcauoir compaignons ſoyez ſeurs
Que ioye auec deſirée lyeſſe
Certainement ſont les prochainnes ſeurs
De facherie & d'amere triſteſſe
Car aprez l'une l'autre a cours & addreſſe,
Pourtant debuons tous entendre & ſcauoir
Que ſi malheur a preſent nous oppreſſe
C'eſt pour aprez bonne fortune auoir.

Le moral.

L'homme eſt par la fable incité
D'auoir eſpoir en l'aduenir
Congneu qu'aprez aduerſité
On voit le bon temps reuenir.

Le. xvi. d'un poure homme
appellant la mort.

Ainsi qu'vn poure homme estoit las
De porter vng faiz moult pesant,
Le deschargea & meist en bas
Puis luy sur la terre gesant
Comme ennuye & desplaisant
De tant grandz malheurs encourir:
La mort il appelle en faisant
Semblant de bien vouloir mourir.
  Or pendant qu'il souhaytte ainsi
La mort, elle est entre venue,
Disant que veulx tu, me voyci
A ta requeste suys venue,
Luy effroye de sa venue

Respondit pour se descharger
Vers elle, puis qu'es suruenue
Ayde moy a me recharger.

Le moral.

Par cette fable il est notoire
Qu'il n'est homme agite si fort
De malheur qui ne craigne encore
Passer le destroict de la mort.

❧ Le. xvii. *d'une femme aueugle & de son medecin.*

I Adis aux yeux de quelque femme aduint
Si tresgrand mal qu'aueugle elle en deuint
Parquoy voulant en santé reuenir
Et voir encore, elle peust conuenir
Et faire pact auec vn medecin
Par luy promettre vn certain prix, affin
De la guarir, ce que faire entreprint
Dedans vn temps prefix, lequel il print
Pour luy donner guarison & luy rendre
La veue aux yeulx, Or il conuient entendre
Que chascun iour venoit deux fois chez elle
Luy applicquer medecine nouuelle
Durant ce temps, & puis quand il venoit
A sen aller, il robboit & prenoit

A chascun coup le meilleur de ses biens
Tant qu'a la fin il ne luy laissa riens
Pour abreger quand ceste femme eust veue
A ses deux yeulx entierement receue
Le medecin requist estre paye,
Ce que la femme a tousiours delaye,
Parquoy a faict icelle conuenir
Deuant le iuge, en voulant soubstenir
Quel' luy debuoit quelque somme certaine
D'argent promis, pourtant que toute saine
L'auoit rendue (ainsi comme il disoit)
Ce que du tout elle contredisoit
En soubstenant que la somme promise
Estoit affin qu'a ses yeulx fut remise
Veue & clarte, ce que n'estoit encoire
Et qu'ainsi soit il luy estoit notoire
Que parauant qui la medecinast
Et qu'a ses yeulx appareilz consignast
Que sa maison estoit plaine de biens.
Desqueulx pour lors elle ne voyoit riens,
Insinuant que ledict medecin
Auoit vse cheux elle de larcin.

Le moral.

La fable en son moral veult dire
Qu'homme estant auaricieulx
Souuent est veu se contredire

Et ne voir goutte de ſes yeux.
Aultre moral.
Par la fable meſmǿ il eſt ſceu
Qu'un hommǿ vſant de piperye
De larcin ou de tromperie
En la fin luy meſmǿ eſt deceu.

Le. xviii. de deux ennemys.

Ainſi comme deux ennemys
Sentrehayantz mortellement
Pour paſſer la mer s'eſtoent mis
En vne nef, ont tellement
Leurs coeurs tenuz cruellement
Par haynǿ & ire concepuoir
Quilz ne pouoyent tant ſeullement
L'ung l'autrǿ en la nef s'entre voyr

Pourtant l'un affin d'estre apart
A l'un des boutz se peust retraire
Et l'autre en l'opposite part
Qui est la pouppe, a se distraire
Cela faict vn vent fort contraire
Se print a esleuer & sourdre
Et en perdition attraire
La nef, par sa tempeste & fouldre.
 Premier touteffoys que du tout
En peril la nef se vint mettre,
Celluy lequel estoyt au bout
De deuant, a inquiz le maistre
De la nef, en tel dernier estre,
Se voyant moult fort esperdu
Lequel des deux boutz debuoyt estre
Le premier dedans l'eau perdu.
Le maistre dict que ce seroyt
La pouppe & que ia toute plaine,
Estoyt d'eau qui la poulseroit
En fondz bien tost & sans grand peine,
Quand l'un des ceulx qui auoyt hayne
Du maistre eust le propos ouy,
/Combien que mort luy fut prochaine
Encore en fut tout resiouy.

Le moral.
La fable declarer nous peult

Qu'un enuieux est de tel' sorte
Que voir aultruy en biens, se deult
Et de luy voir mal, ioyç en porte.

🙵 L. xix. d'un ieune homme &
de fortune.

Fortune voyant vn ieung homme
Endormy sur le bord d'un puis,
Luy dist (mon amy) ie te somme
De te resueiller si tu puis
De paour de choyr en bas, & puis
Que tu me viennes de ce cas
Blasmer & dire que i'en suis
La cause, ce que ne suis pas.

      Le moral.

La fable enseigne que plusieurs
Reprennent & blasment fortune
Quand par leurs faultes & erreurs
Ilz tombent en quelque infortune.

Le. xx. d'un chat & des souris.

IL fut vn temps qu'en certaine maison
Estoient souris en tresgrand abundance
Qu'un chat prenoit sans mesure & raison
Et les mengoit, pour en remplir sa pance,
Les aultres lors voyant telle greuance
Que leur faisoit ce chat par les surprendre
Pour les menger, ont fait vne ordonnance
De se tenir en hault, sans plus descendre

 Quand le chat veist que plus nulle happer
Il ne pouoit, par n'y scauoir attaindre,
A celle fin de les mieulx attraper
Subtillement, s'est aduise de faindre
Qu'il estoit mort, affin que sans le craindre
Vinssent en bas, comme ilz soulloient venir
Ce qu'ilz ont faict, non pensant plus se plaindre
En riens de luy, par les circunuenir.

 Ce neantmoins luy faignant estre mort
Pour quelque temps, sur elles eust attainde
Tant que plusieurs il a mises a mort
Et attrapée & mengée encor mainte,

SS

*Mais par aprez auoir congnu sa fainɛte
Et grand fallacę, ont regaigne le hault :
Et par aynsi elle n'ont plus de crainte
D'icelluy chat malicieulx & chault,
Lequel encor voulant auoir le reste
Se vint a pendrę encontrę vne paroy
Les piedz en hault, tenant en bas la teste
Se faignant mort, tant estoit a Reçoy,
Mais le voyant vne souris, si coy
Luy a crie, tu as beau contrefaire
Le mort, si plus nous y adioustons foy
Quand trop scauons le tour que tu peulx faire.*

Le moral.

La tablę au sens moral apprend
Que sagę & prudent est celluy
Lequel a l'exemple d'aultruy
A euiter danger comprend.

⚜ Le. xxi. *d'un singe & d'un
Regnard.*

LE singe plain de grand finesse
Feist quelque iour tant de soupplesses
De petitz saulx & mommeries
De bons tours & de singeries
Qu'en effect par commun ottroy
Toute beste l'esleust pour roy,
Fors le regnard lequel tout seul
En son cœur en conceut grand deul
Feignant touteffoys que ioyeux
En estoit & non ennyeux,
Parfaincts & couuerte fallace
Au singe vne fosse tresbasse
Monstra, luy disant que dedans,
(Mais il mentoit parmy ses dentz
Voulant causer au singe encombre)
D'or & d'argent estoit gros nombre,
A quoy le singe adioustant foy
Sans penser aultrement en soy

Dedans la foſſe eſt deſcendu
Ou fut bien toſt confuz rendu
Et fort miſerable approuué
Car or ou argent n'a trouué
Dedans la foſſe, mais vn lacqs
Ou il fut prins, criant helas
I'encours yci vn gros dommage
Pour auoir creu ton faulx langage
O regnard traiſtre & deſloyal
Tout adonné a faire mal
Iuppiter te puiſſe confondre,
Auquel le regnard peuſt reſpondre
De luy ſe truffant & mocquant
Et en ire le prouocquant,
Mais toy meſmes, qui penſes eſtre
Des aultres beſtes roy & maiſtre
Qui n'a gueres eſtoys tant agile
Et de faire faulx ſi habile
Que ne trouues tu le moyen
Deſchapper hors de ce lyen
Parfaire quelque ſouple ſault?
Depuis le bas iuſque yci hault
En ce faiſant eſtime & croy
Que digne ſeras d'eſtre roy
Aultrement ſoit a droict ou tort
Dy pour certain que tu es mort.

      Le moral.

La fable monſtre euidamment
Que gentz fiers & orgueilleux
Entreprennent imprudamment
Souuent a eulx cas perilleux.

☞ Le. xxii. d'un corbeau &
des aultres oyſeaulx.

Vppiter deſirant eſlire
Vn roy aux oiſeaux, certain iour
Voulut ordonner & preſcripre
Affin que toſt & ſans ſeiour
Conuinſſent tous enſemble, pour
Choiſir a roy celluy d'entre eulx
Qui ſeroit ſans faire faulx tour
Le plus triumphant & pompeux.
 Ce qu'entendant le noir corbeau
Pour lors endormi ne fut point,
Ains ſur tous ſe feiſt le corps beau
Le plus iolis & mieulx en poinct
Le plus gay le plus propre & coint
Qui fut en toute l'aſſemblée,
Mais il s'eſtoit ainſi bien ioinct
Et enrichy de plume emblée
 Iuppiter voyant qu'il eſtoit

Si bien en ordre, il fault entendre
Que la digne le protestoit
D'estre roy, ce qu'ont peu deffendre,
Les aultres, en luy faisant rendre
Chascun ses plumes, tant qu'a lheure,
En grand honte, il vint a reprendre
Sa robbe, plus noyre que meure.

Le moral.

La fable nous monstre que mainctz
Des biens d'aultruy brasues se font,
Mais quant a rendre sont contrain
On congnoit allors quelz ilz sont.

❦ Le. xxiii. d'un forgerō & de
son chien.

EN vne forge eſtoit iadis vng chien
Lequel pendant que beſongnoit ſon maiſtre
Touſiours dormoit, ſans prouffiter en rien,
Mais quand venoit au menger & repaiſtre,
Et que le ſeburg en la table peuſteſtre
Ce chien allors endormy n'eſtoit pas
Ains ſen venoit au prez de luy ſe mettre
En le flattant, pour auoir ſon repas.
 Cela voyant de iour en iour le ſebure
A dict au chien, ie ſuys eſmerueille
De toy congnu & veu qu'au faict & oeuure
De te ſaouler, tu es bien eſueille,
Semblablement preſt & appareille
A chacun coup de menger comme rongne
Mais touſiours dors, & eſt enſommeille
Quand il aduient que ie forge & beſongne

Le moral.

La fable au ſens moral infere
Que pluſieurs veullent bien menger
Mais ilz ne daignent eulx renger
A ſeruice ou beſongne faire.

❧ Le. xxiiii. d'une mule ſe decongnoiſſant.

A Pres qu'une mule fut faicte
Grosse & grasse & tresfort remplye
D'orge & de grain & bien refaicte
Tellement s'est en orgueillie
Que par arrogance & follie
Se voyant en si bon repaire
Et comme vn getz ronde & polie
Elle a descongnu mere & pere
   Disant follement a par elle
D'un cheual legier suis venue
Car du tout suis semblable & telle
Et non point mule deuenue,
De me dire donc prouenue
Engendrée aussi d'un asnon
Ce m'est iniure aperte & nue
Blessant mon honneur & renom

Or aduint qu'elle fut contrainde
A porter vne grande espace
De temps, qui luy fut dure estrainde
Car elle en deuint si treslasse
Quel' cuyda mourir en la place,
Parquoy se voyant en telz maulx
Confessa estre de la race
Des asnes, & non des cheuaulx.

Le moral.

Par ceste fable on peult extraire
Que plusieurs se font descongnuz
En biens, mais se font recongnuz
En temps de fortune contraire.

Le. xxv. d'un medecin & des hommes portant vn corps mort.

Comme on portoit le corps d'un trespassé
Pour l'inhumer, en quelque cymetiere,
Vn medecin d'auanture est passé
Qui dict a ceulx qui en portoient la biere
Si cestuy mort n'eust beu que de la biere
Et eust en temps aulcun clystere prins
Iamais la mort ne l'eust en tel' maniere
Comme elle a faict assailly ne surprins.
  Dequoy nous sert a ceste heure ton dire

(A refpondu l'un des porteurs du corps)
Quand ainfi eft que tu le debuois dire
Pour bien feruir a l'inftant & deflors
Qu'il fut maladę & ains qu'au rang des mortz
Vint a gefir, car a ceftę heurę icy
Il ne prouffitę en rien du monde, fors
Que nous accroiftrę ennuy deul & foucy.

Lé moral.
Il eft par la fablę entendu
Que le confeil lequel on baille
Trop tard & non point en temps deu
Ne proufitę ou fert d'une maille.

☙ Le. xxvi. d'un loup & d'un chien.

Ainſi qu'vn chien dormoit deuāt le ſeul
De ſa maiſon vn loup eſt ſuruenu
Lequel luy dict, puis que te trouues ſeul
Quāt a ma part, m'eſt treſbiē aduenu,
Mais quand a toy, grand malheur t'eſt venu
Car pour le moins tout creu te mengeray
Veu que touſiours tu m'es contreuenu
En me nuyſant, ainſi m'en vengeray.
   Surquoy le chien pour raiſon peremptoire
Reſpond qu'il eſt maiſgre ſec & menu
En le priant bien fort d'attendre encore
Iuſques a tant qu'il ſoit gras deuenu
Et grand & gros, ce qu'il a obtenu
Par affermer que ſon maiſtre fera
Banſquet au quel (s'il n'eſt bien preʒ tenu)
Abondamment adonc s'engreſſera.
   Or peu apreʒ que le chien euſt prins greſſe
Ce loup vers luy de rechef ſe tranſporte
En luy diſant, tien moy foy & promeſſe
Et maintenant permetʒ que ie t'en porte
Pour te menger, veu que de bonne ſorte
Teʒ engreſſe, à vrayment dict le chien
Puis que dormant ne me prendʒ en la porte
Comme aultreffois, ie m'en garderay bien.

Le moral.

La fable monſtre que le ſage

Euittę a tomber de rechef
En aulcun dangereux paſſage
Dont il luy peult venir meſchef.

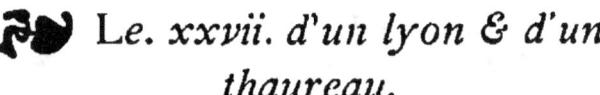 Le. xxvii. d'un lyon & d'un
thaureau.

VN fier lyon pretendant a ſeduire
Et a menger, deuourer & deſtruire
Aulcū thaureau, luy dict iay grād enuie
De te cherer, pourtant ie te conuie
Preſentement de t'en venir chez moi
Pour bancqueter, ſans paour & ſans eſmoy
Car en ce lieu y ay faict apreſter
Vne brebis, pour fort bien te traicter
Ce que creuſt lors ce thaureau aſſez toſt,
Luy penſant donc menger bouilly & roſt
A luy tenir compagnie fut meu,
Mais luy venu en ce lieu n'a riens veu
Fors ſeullement que chaulderons plains deau
Dedans leſqueulx n'eſtoit vn ſeul morceau
De chair, parquoy il fut bien eſbahy
Tant qu'en effect penſant eſtre trahy
Sans dire mot du lieu s'eſt departy.
Quand ce lyon le veiſt eſtre party
Luy demanda de loing pour quel' raiſon
Il s'en alloit ainſi de ſa maiſon.

Pourtant (dict il) que dedans la cuyſine
Ie n'y ay veu poulaille ou ſauuagine
N'y par ſemblable aultres chairs ou viandes
Mais bien vaiſſeaux & marmites ſi grandes
Qu'on y cuyroit vn bon bœuf ou thaureau
Non ſeullement vn mouton ou vn veau,
Or par cela il m'eſt treſmaniſeſte
Que c'eſt de moy dont pretendz faire feſte.

Le moral.

La fable donne inſtruction
Que feullement par coniecture
On congnoit d'une creature
La nature ou l'affection.

Le. xxviii. d'un lyon ayman la fille d'un ruſticque.

EN ce temps meſme vn aultre lyon fut
Si amoureux d'aulcune ieune dame
Qu'il depria au pere qu'il luy pleuſt
De luy donner a eſpouſe & a femme,
Conſidere que ſur toutes il ame,
Le pere adonc craignant de le faſcher
Luy a promis de ce faire ſans blaſme
Mais que ſes dentz & griz vueille arracher.
Ce qu'il a faict, tant il auoit deſir

D'estre auec elle en vn lict resident,
A celle fin d'en faire a son plaisir,
Mais quand au perq a este euident
Que ce lyon nauoit plus gris ne dent,
Vint a ruer d'un baston sur son doz
En tel façon, qu'enfin par accident.
Luy a rompus & cassez tous les oz.

Le moral.

La fable en son moral propose
Qu'o doibt pour vray, fol lhõe prēdre
Qui se dessaisit de la chose
De laquelle il se peult deffendre.

⚜ Le. xxix. d'un loup & d'un
aigneau.

VN loup errant trouua sur le chemin
Vn aignelet gracieux & bening
Auquel il dict pour prendre occasion
De le menger, sans quelque euasion
Pour quelle causę esse que de long temps
A pretendu & encore pretendz
A tesforcer de toute ta puissance
A me porter destourbier & nuisance,
Aquoy laigneau respond benignement
Ce n'est pas moy, veu que certainement
Vingt iours ne sont comme ie puis congnoistre
Que sur la terrę estoyę encor a naistre,
Quand cestuy loup a veu que par ce poinct
Occasion sur luy ne trouuoit point
Pour le menger, le rauir ou luy nuire
Il luy a dict, tu mes venu destruire,
Vn champ de blé pour y paistre dedās
Impossiblę est, quand encor ie n'ay dentz
A respondu laignelet a ce loup,
Lequel voyant qu'encore de ce coup
Ne le pouoit en sa responce prendre
Tout de rechef l'est venu a reprendre
Et a blasmer, luy disant qu'en son eau
Il boit tousiours, mais le petit aigneau
A replicque, qu'il n'en beust iamais goutte
En affermant que pour vray & sans doubte
Sa merę encor tette tant seullement

Ce neantmoins ce loup cruellement
L'eſt venu prendre en luy diſant, combien
Meſchant aigneau, que tu t'excuſe bien
Et qu'a tous poinctz donne solution,
Ce nonobſtant pour reſolution
Croy que de faict ſoit a droict ou a tort
Que te feray a preſent ſouffrir mort.

Le moral.

C'eſt apologue determine
Que par force & auctorité
Le mauuais ſouuent extermine
Raiſon, iuſtice, & verité.

Le. xxx. de deux coqz &
d'un aigle.

Comme deux coqz par conuoitiſe & gloire
Baſtoient l'un l'autre a grand force &
puiſſance
Eſcheut, que l'un a obtenu victoire
Tant qu'euſt tout ſeul des poulles iouiſſance,
Parquoy de ioye & grand eſiouiſſance,
Se demonſtrant hardy, comme ſainct george
D'auoir mis l'autre en ſon obeiſſance
Coquerycoq a haulte voix deſgorge.
  Laigle voyant ce coq tant glorieux

Par plusieurs foys chanter coquerycoq
Comme fier d'estre victorieux
Il est venu sur luy iecter le croq
Le rauissant, dequoy fut l'aultre coq
Qui estoit mat, & vaincu resiouy
Car par aprez sans plus donner nul choq
Entierement des poulles a iouy.

Le moral.

La fable veult signifier
Que quand fortune est fauorable
On ne si doibt glorifier
Entendu qu'elle est fort muable.

☙ Le. xxxi. de la mouche a miel & de iuppiter.

LA mouchǫ a miel presentant
A iuppiter miel & cire
Luy pria d'estre consentant
Luy ottroyer, ce quel' desire,
Ce quil promist sans l'escondire
Luy donner, dont tost & a l'heure,
Ie veulx, se print ellǫ a luy dire
Que qui mon miel prendra, meure,
Lors iuppiter peust replicquer,
Qu'a la mouchǫ il donnoit droicture
Et pouoir, de poindrǫ & picquer
Tant seullement la creature,
Mais qu'en faisant telle poincture
Son aguillon y laisseroit
Parquoy la mort selon nature
Bien tost apres l'oppresseroit.

Le moral.

Il est congnu par le moral
De cest apologue qu'a ceulx
Qui desirent aux aultres mal
Souuent le mal retorquǫ a eulx.

🙵 Le. xxxii. d'un aultre
mouche.

A Quelqueʒ aultre moucheʒ il eschut
Que dedans vne poille chut,
En la quelleʒ estoit force chauld
Que n'estoit trop froid ne trop chauld,
Parquoy s'en peust si fort fouler
Que quand vint a cuyder voler
D'y demourer el' fut contrainde,
Se voyant donc en telleʒ estrainde
Quel' n'eust sceu euiter la mort
De cela ne sen marrist fort
Et n'en iecta grande querelle,
Ains commença direʒ a par elle,
Puis qu'ainsi est que sans remede
Il fault qu'en ce lieu ie decede
Et que ce m'est chose certaine
Que la mort m'est seureʒ & prochaine
Riens ne me vault le lermoier
Plorer, marrir, n'y esmoyer,
Mais doibʒ auoir ferme courage
Pour bien passer tel dur oultrage.

Le moral.

La fable nous veult inuiter
Scelon le moral quel' propose
Que ne debuons craindre la chose
Qu'en riens ne pouons euitter.

Le. xxxiii. d'un ieune enfant & d'une heronde.

Vng ieune enfant n'ayant plus rien du monde,
Fors feullement vng manteau fur le col,
Ce nonobftant luy voyant vng heronde
Au premier moys de l'an ia prendre vol
Qui n'eftoit pas encor le iour fainct pol,
Ceftuy manteau il eft venu a vendre
Se confiant au doulx temps commę un fol,
Mais toft apreʒ luy en eft peu mefprendre.

  Car en effect fi grand froidurę aduint
Le moys d'apreʒ que l'importun oyfeau,
Finer fes iours & mourir luy conuint,
Au cas pareil ce poure iouvenceau
N'ayant fur luy plus robbe ne manteau

Parquoy il peuſt contre le froid durer,
Mais ſeullement vng ſimple deuanteau
Mort en la fin contrainɕt fut endurer.

Le moral.
La fable declarɕ en effect.
Qu'un actɕ eſt ſouuent inportun
Et fine treſmal ſil n'eſt faict
En temps & en lieu opportun.

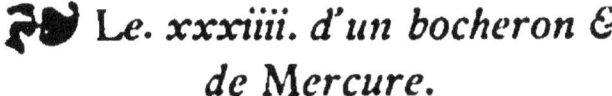 Le. xxxiiii. d'un bocheron &
de Mercure.

Ommēt au prez d'aulcun profund ruiſſeau
Vn bocheron couppoit bois a plaiſir
Sa hache cheut, & tomba dedans l'eau,
Dequoy il euſt au coeur grand deſplaiſir,
Mais pitie vint mercurɕ adonc ſaiſir.
En l'incitant luy donner reconfort
Et de vouloir ceſt homme reſſaiſir
De ſa congniɕ, ou d'aultre meilleur ſort.
   Ce qu'il a faiɕt, mais par experience
A bien voulu eſſayer & tenter
Du bocheron premier la conſcience.
Pourtant aſſin de l'experimenter
Luy eſt venu trois haches preſenter
Dont l'unɕ eſtoit d'argent, vallant grand ſomme,

L'aultre dor fin, sans en riens exempter
Et l'aultrɇ estoit la hache du bon homme.
　　Lequel inquis sur chacune des trois
A respondu en verité, que celle
Laquellɇ estoit amanchee de bois
Luy competoit, non voulant aultre qu'elle,
Mercurɇ oyant la parolle fidelle
Du bocheron, toutɇ a lheure presente
Sans differer de son bon gre & zelle
Toutes les trois il luy donnɇ & presente.
　　Quand le bon hommɇ eust ce present receu
A plusieurs gentz tout le cas refera,
Entre lesquelz vn aprez l'auoir sceu
Venir au lieu beaucoup ne differa
Ou ce fut faict, disant qu'il essaira
(Cest asscauoir a perdrɇ au lieu sa hache)
Pour voir quel bien mercure luy fera
Et quel present, mais que sa pertɇ il sache.
　　Or le cas faict commɇ auoit controuue
Ce mensongeur, mercurɇ est suruenu
Qui gemissant & plourant la trouué
En requerant luy estre subuenu
Par remonstrer que pourɇ est deuenu,
Mercurɇ adonc commɇ a lautrɇ est venu
En offrir trois en le tentant encor
Lequel inquiz voire par le menu
Dict que la siennɇ estoit la hache d'or.

Quand du menteur mercure peust entendre
L'invention mensongere, & calumnie
Il dasdaigna non seullement luy vendre
(Tant fut sur luy irrité) sa congnie
Ains luy donner, luy refusé & denye
Tout celle d'or que d'argent l'approuuant
D'estre meschant, quand la verité nye
Parquoy le fut blasmant & reprouuant.

Le moral.

La fable monstre euidamment
Que dieu souuent est irrite
Contre vng menteur, mais ardammēt
Ayme cil qui dict verite.

Le. xxxv. d'un serpent & d'un rusticque.

Avcun serpent en certaine saison
Estant cache, au prez de la maison
D'vn laboureur, vint a mordrɇ & piqr
Et tellement poindrɇ & intoxiquer
De son venin l'enfant de ce rustique,
Qu'il en deuint enflé & puis ethique,
Tant qu'en la fin le pourɇ enfant mourut,
Or de sa mort, le sien perɇ encourut,
Tel desplaisir & fut tant d'irɇ esprins
Qu'vne congniɇ en sa main il a prins,
A tout laquellɇ il est venu ruer
Sur le serpent, esmant a le tuer,
Mais de ce coup varia tellement
Qu'il luy couppa la queue seullement
Encor aprez se peust il repentir
De luy auoir faict si dur coup sentir,
Parquoy voulant se reconsilier
En son amour, est venu allyer
Sel & miel auec eau & farine
Et en a faict certaine medecine
Pour mettrɇ au lieu ou il l'auoit blesse
De sa congnyɇ, & son coup addresse,
Mais le serpent luy dict, tu as beau faire
Ains qu'enuers moy saches ta paix refaire,
Considere que quand m'apparoistra
Estre sans queuɇ, hainɇ au cueur me croistra
Et appetit de me venger de toy
Et pour autant deffie toy de moy,

Le moral.
Par ceste fable il est notoire
Qu'on mait hors de rancune & hayne
Vn desplaisir a bien grand peine
Auquel l'effect appert encore.

Le. xxxvi. d'un regnard &
des poulles.

VN regnard ayant fain aux dentz
Trouua façon d'entrer dedans
Vng poullier, ou estoit grand nombre
De poulles, aux qu'elles soubz l'umbre,
D'amitie & de bonne amour
A toutes donna le bon iour.
Cela faict, il conuient sçauoir
Qu'il en peust vne apperceuoir
Malade en son nid, vers l'aquelle,
Se transporta comme fidelle
Luy demandant en quelle sorte
Et en quel' maniere el' se porte,
La poulle adonc luy peust redire
Bien me porteroye ſa vray dire
S'aultant tu estoies loing de moy
Que maintenant suis prez de toy.

Le moral.
Par ceste fable bien exprez
Il est enseigne qu'en tous lieux
Chascun desire & ayme mieulx
Son ennemy loing que plus prez.

🙢 Le. xxxvii. d'un aultre
Regnard.

Aduint qu'vn aultre fin regnard
Apperceust vne vigne, plaine
De raisins meurs, dont tout son art
Il employa & meist grand peine
D'y entrer, pour vne douzaine
De grappes menger illec, mais
Son intention en fut vaine
Car il n'y sceust entrer iamais.
   Pourtant que la vigne estoit close

D'vne haye forte & espesse
Puis d'eau tout a l'entour enclose
Tant qu'on n'eust sceu trouuer addresse
A y entrer pour faire oppresse
Luy voyant donc que par nul poinct
Aux raisins n'eust sceu faire presse
Il faingnit qu'il n'en vouloit point.

Le moral.

Ceste fable veult enseigner
Qu'un hōme prudēt est veu faindre
Souuent la chose desdaigner
A laquelle ne peult attaindre.

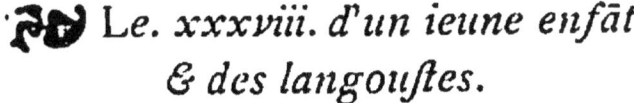 Le. xxxviii. d'un ieune enfāt
& des langoustes.

Ainsi qu'vn ieune enfant tendoit
Langoustes prendre sur la brune
Vn scorpion qui lattendoit
Il vint a trouuer par fortune
Qu'il cuyda happer au lieu d'une,
Mais quand eust veu & regardé
Ce que cestoit sans faulte aucune
De le prendre il s'est bien gardé.

Le moral.

La fable demonſtrę aſſez bien
Qu'on doibt vne choſę a loyſir
Et non haſtiuement choiſir,
Pour ſcauoir ſi c'eſt mal ou bien.

Le. xxxix. d'une perdrix & d'un oyſeleur.

Vne perdrix aux rethz ſe voyant prinſe
  D'vn oiſeleur, de relacher la prinſe
Luy ſupplia, & le reſtituer
En liberté, ſans l'occir & tuer
Luy promettant s'il accordę & conſent
A la ſauluer, luy faire plus d'vn cent
Daultre perdrix dedans ſa rethz attraire,
Par les tromper & finement ſubſtraire.
Quand le pipeur euſt bien ouy le dire,

De la perdrix, il luy vint a redire.
Or daultant plus chacun te doibt hayr,
Et mettre a mort, veu que appetes trahir
Et perdre ceulx qui sont de ton lignage
Qui monstre bien ton faulx coeur & courage.

Le moral.

La fable donne instruction
Que gens meschantz & detestables
Tendent a perdre leurs semblables
Et les mettre en destruction.

Le. xl. d'un lieure & d'un lymacon.

Ainsi qu'vn lieure se mocquoit
D'un limacon pour sa paresse,
Et de courir le prouocquoit
Iusque a certain but & addresse,
Pour voir par euidence expresse
Lequel des deux pourroit venir
Premier au lieu ou la promesse
Estoit faicte de conuenir

 Le limaçon luy peust respondre
Combien que par agilite
Ie ne puis a toy correspondre
Veu que suis en totalite

Lent & tardif de qualite,
Neantmoins encor i'entreprends
Selon ma possibilite
Premier estrǿ au but que tu prendz.
   Or prez auoir ordonné
Le regnard iugǿ en c'estuy cas
Le lieurǿ au repos s'est donné
Se fiant a son legier pas,
Ce que pour l'heure ne feist pas
Le limaçon, ains sans desdict
Allant tout doux & par compas
Paruint premier au lieu predict.

Le moral.

La fable donnǿ enseignement
Que foyblesse ioinctǿ auec soing
Plus prouffitǿ en aulcun besoing
Que forcǿ ou est retardement.

⁓ *Le. xli. d'un saulx &*
    des coings faictz
       de luy.

VOyant le saulx que de son propre boys
On faisoit coings pour le briser & fendre
Et que par eulx soumentesfois
Constraint a estre ou se debuoit deffendre
A peu ces coings formellement reprendre
Disant auoir d'iceulx trop plus d'ennuy
Que de la hache, a raison bien comprendre
Pour & aultant qu'estoient yssus de luy.

Le moral.

Par la fable il est apparent
Qu'aigrement on porte l'offence
De celluy qui greſue ou offence
Son amy ou propre parent.

Le. xliï. des deulx haulx arbres & d'un petit buysson.

Omme deux arbres haultz & droictz
Contendoient de leur excellence
Et foubstenoient chascun leurs droictz
Par grand orgueil & insolence
Le buysson de petitɇ essence
Les voyantz maintenir discorde
Fist tant par sa beneuolence
Qu'il les a remis en concorde.

Le moral.

Il est congnu par ceste fable
Que les petis souuentesfoys
Des grandz appaisent les desroys
Par doulce parollɇ & affable.

Le. xliii. d'une taulpe & de sa mere.

IL fut vne taulpe, laquelle
Dict a sa mere, quel voyoit
Vne fournaise haultɇ & belle,
Mais de verite desuoyoit
Oultre plus luy dist qu'ellɇ oyoit
Vn son de marteaulx, dauantage
Sentoit vn odeur qu'el croyoit
Estrɇ yssu d'aulcun bon potage.
La merɇ adonc finɇ & subtile

Luy respondit ciuilement,
Ainsi que i'apperçov ma fille
Des yeulx tu n'es pas seullement
Priuee, mais pareillement
Du nez & aussi de l'ouye.
Ce que monstre facilement
Ta parollę a present ouye.

Le moral.

La fablę en son moral propoſe
Que vanteurs sont le plus souuent
Redarguez sur peu de chose
Et reprins comme plains de vent.

Le. xliv. d'un vigneron & des vespres & des perdrix.

Alcunes mouches trespicquantes
Que vespres on appellę & nomme
Auec perdriz ie ne sçay quantes
S'aldresferent a vn bon homme
Vigneron, luy depriant comme
Ayant grand soif, eau leur donner
Pour boire, promettant en somme
De tresbien l'en reguerdonner.
  Tant que s'obligoient les perdriz
De luy fouyr d'vn si bon stille

Sa vigne, de leurs pieds & gris
Qu'il la debuoient rendre fertile
Et a porter vin tresutile
Et les vespres en poingnant fort
Debuoient garder qu'on ne la pille
Et qu'on ne luy feist aulcun tort
  Non obstant leur dict ou raison
Du vigneron n'obtindrent rien
Disant qu'auoit en sa maison
Deux bœufz, lesquelz luy feroient bien
Ce proffit, seruicq & ce bien
Dont aux bœufz donner vn plain sceau
Mieulx aymoit qu'eslargir du sien
Aux aultres vne goutte deau.

Le moral.

Par la fable il doibt souuenir
Qu'a gens malins & non traictables
Il n'est requis de subuenir
Comme a ceulx qui sont prouffitables.

🙘 *Le. xlv. de iuppiter faisant*
vn bansquet aux
bestes.

Adis fut faict ung banquet tresfolumpuelte
Par Iuppiter le souuerain des dieux
Auquel conuint, en effect toutz dieux
En luy donnant presentz delicieux
Lesquelz il print d'ung vouloir gracieux
Sans nul d'iceulx refuser, fors la rose
Que luy offrit le serpent vicieux
La desdaignant, ainsi qu'infecte chose.

Le moral.
Ceste fable icy nous aprend
Qu'a fuire soyons diligentz
Les presentz de meschantes gentz
Veu le dommage qu'on en prend:

Le. xbi. d'une puce & d'un
quidam.

Omme vne pulce quelquefois
Mordoit vn quidam aſprement
Il la ſurprint entre ſes doygtz
Puis la voulut cruellement
Mettre a mort, mais treſhumblement
Luy pria de ſe deporter
Luy diſant, que tout ſimplement
Picquoyt, ſans mortel coup porter.
   Oultre plus diſoit que nature
De viure ainſi luy permettoit,
Parquoy ſelon ſa coniecture,
Mauuais ſeroit s'il la mettoit
A mort, & ne luy remettoit,
Ou pardonnoit icelle offenſe,
Veu que en cela ne commettoit
Grand faulte & que beaucoup n'offenſe.
   Surquoy le quidam luy replicque
Que d'aultant plus elle eſtoit digne
De ſouffrir mort, veu quel' ſapplique
A faire acte qui eſt indigne,
Et qui l'homme faſche & indigne
Quand auoir ne doibt appetit
De nuyre en riens & eſtre incline
A faire mal grand ou petit.

Le moral.

La fable donne congnoiſſance

Qu'on ne doit auoir amytiè
Et encore moins de pitiè
De gens qui sont plains de meschance.

Le. xlvii. d'une aultre pulce.

Vnǝ aultre pulce fut, laquelle
Picqua quelqu'aultrǝ homme si fort
Qu'il fut tant irrite contrǝ elle
Qu'il la print pour la mettrǝ a mort.
Mais neantmoins tout son effort
Ellǝ eschapa d'entre ses doigtz
Ce que voyant pour reconfort
Hercules pria plusieurs foys,
Quand hercules eust entendu
La folle prierǝ & requeste
De ce quidam, mal entendu
Il eust en son cœur grand moleste
D'estre venu d'un lieu celeste
Pour le venger de la morsure
De si vilǝ & petite beste
Et qui ne faict pas grand blessure.

Le moral.

La fable certains nous peult faire
Qu'on ne doibt les dieux deprier
Inuocquer requerrǝ ou prier
Fors en licitǝ & iustǝ affaire.

Le. xlviii. d'un homme & de ses deux femmes.

Sur vn printemps que Flora la deesse
Ses beaulx tapis sur terre estend & dresse
Vn homme ayant les cheueulx de sa teste
A moytié blacs, noirs, aussi quand au reste
S'est marié a deux femmes, dont l'une
Estoit la vieille & l'aultre ieune brune
Laquelle auoit les cheueulx blancs en hayne
Parquoy mettoit tout son estude & peine
A les coupper, or la vieille au contraire
Prenoit plaisir a luy oster & traire
Les cheueulx noirs, afin qu'en son amour
Le peust attraire, ainsi de iour en iour
Ces femmes ont tant faict qu'a ce pour homme

Ont arraché tous ses cheueulx en somme
Et que la teste enfin il eust pelée
Comme vne pie est en Aoust guerpelée
Dont encourut opprobre & mocquerie
Et en son cœur tresgrande sacherie.

Le moral.
La fable donne instruction
Que plusieurs ont esté infames
Et mis en grand destruction
Par faulses & meschantes femmes.

Le. xlix. d'un chat & d'un Regnard.

Ainsi qu'un chat & vn regnard
Estoient ensemble a diuiser
Le regnard dit que par son art
Scauoit mille tours aduiser
Pour eschapper & pour viser
A se garder d'estre surprins
Et pour l'effort des chiens briser
S'il aduenoit qu'il en fut prins.
  Le chat dict aprez sur ce point
Qu'il ne scauoit que le remede
De bien fuyre & n'attendre point
Duquel communément il s'ayde

Quand il conuient & fault qu'il cede
Le plus souuent & que par fuitte
Il luy est besoing qu'il precede
De ses ennemys la poursuitte
　Pendant qu'ilz tenoient telz prepos
En deuisant ainsi entrǿ eulx
Et qu'ilz pensoient estrǿ en repos
Voyci neuf ou dix chiens, lesqueulx,
Viennent pour prendre tous les deux
Mais le chat leur est eschappé
Car de bien fuire fut songneux
Ou le regnard fut attrappe.

Le moral.

La fable monstrǿ au moral sens
Qu'un conseil bon & raisonnable
Vault mieux que ne feroiēt deux cētz
Fondez en fraulḑ irresonnable.

Le. l. d'un Roy d'egipte & des singes.

VN roy d'egiptǿ en sa maison eust lors
　Singes apprins a faire saulx diuers
　Et a vser habillement du corps
　Par eulx mouuoir tant a droiǎ qu'a
　　reuers

Voyre de masque & de pourpre couuers,
Mais ce pendant qu'ilz menoient vne dance
Vn quidam vint iecter par le trauers
D'aulcun pertuis, noix en grand abundance,
Or aussi tost que ces singes ont veu
Les noix rouller, laisserent a baller
Et sont couruz aprez tant qu'ilz ont peu
En s'esforçant les tirer & haller
L'un contre l'aultre & a les escaller
A celle fin d'en prendre nourriture
Par les menger & dru les aualer
Sans faire misse en riens de leur vesture.

Le moral.

La fable nous donne a congnoistre
Que les ornementz de fortune
Ne change le naturel estre
N'y l'engin d'aulcun ou d'aulcune.

Le. li. d'un mulet & de deux viateurs.

Deux viateurs allantz par le pays
Sur le chemin trouuerent d'auanture
Vn bon mulet dont furent esbahys
Premierement contemplant la stature
Et grant beaulté, qu'il auoit de nature

YY

Tant que chascun des deux a luy tout seul
Tendoit l'auoir par grand desir & cure
Dont l'un vers l'autre eurent grand noyse & deul.
  Or ainsi comme estriuoient ces conardz
A qui l'auroit iusqu'a venir tirer,
De leurs fourreaux leurs glaiues & pongnardz
Pour sentre occir tuer ou martyrer
Ce mulet peust adonc se retirer
Et fuyre au lieu, d'ou il estoit venu
Et par ainsi contendre & eulx irer
Enfin n'ont sceu qu'il estoit deuenu.

Le moral.

La fable monstre en euidence
Que souuēt maintz perdent leur part
De quelque bon heur ou hazard
Par leur folie & imprudence.

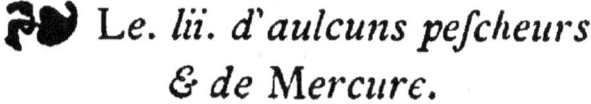 Le. lii. d'aulcuns pescheurs
& de Mercure.

Vcuns pefcheurs aprez auoir maint coup
Icte leur rethz, prindrent grand multitude
De lymaçons, qui ne valloient beaucoup,
Ce neantmoins foubz vmbre & habitude
De bon amour, eurent follicitude
A conuocquer mercure d'en venir
Menger fa part, comme ayantz certitude
Qu'a tout menger n'euffent peu fubuenir.

Ce qu'entendant mercure a defdaigné
Non feullement fe trouuer auec eulx
Mais qui plus eft il fut fort engaigné
En les blafmant, confidere qu'iceulx
L'auoient femond pour aultant que tous feulx
Ilz n'euffent peu tant de poiffon vfer
Et qu'il eftoit d'un gouft fi treffacheux
Qu'a tout menger ne vouloient s'amufer.

Le moral.

La fable au moral nous propofe
Que plufieurs foubz umbre de bien
Prefentent fouuent vne chofe
Pour aultant qu'elle ne vault rien.

❧ Le. liii. d'un afne veftue de la peau d'un lyon.

IL fut vn afne en la terre euboique
Plus ne voulant eftre fubiect a maiftre
Ne trauailler, a feruir vn rufticque
Parquoy rompit fon lycol & cheueftre
Et fenfuyt iufqu'a tant qu'il peuft eftre
Dedans vn boys, ou il trouua la peau
D'aulcun lyon, laquelle il vint a mettre
Et applicquer fur fon corps bien & beau,
Quand il fe veift veftu en fi bon ordre
Il eft venu comme vn lyon a faindre
Petis & grandz veuloir menger & mordre
Courant aprez affin de les attaindre
Ce qu'il la faict moult redoubter & craindre
Car au pays iamais befte femblable
Veue on n'auoit, qui tant les peuft contraindre
Ne qui leur fut fi fort efpouentable,
Or cependant qu'ainfi faifoit merueille
Defpouenter & faire paour a tous
Vn eftranger la congnu aux aureilles

Pourtant il print vn gros baston de houx
Dont sur son doz luy donna plusieurs coups
Puis chez son maistre icelluy ramena,
Lequel aprez en auoir eu courroux
Grande lyesse en la fin demena.

Le moral.
La fable donne congnoissance
Qu'a grand peine on peult arracher
Extirper couurir ne cacher
Vice qui prouient de naissance.

Le. liiii. des singes de Mauritanie.

AV pays de mauritanie
Singes sont en grand compaignie
Lesquelz ont vne seulle beste
Qui les persecute & moleste
Et leur faict sans cesse la guerre
Et est ceste beste du gerre
Des leopardz, or pour scauoir
Comme el' peult ces singes auoir
Et attrapper, il fault entendre
Quel' vient se coucher & estendre
Soubz le pied d'un arbre en tel' sorte
Que pour certain el semble morte

Aux singes, lesquelz sont au hault
Grippez, de paour de son assault.
Or combien que la faulse beste
Ne mouue les piedz ne la teste
Ne aultre membre de son corps
Comme gesantz au run des mortz,
Neantmoins ces singes encoire
Ayantz d'elle crainte notoire
Et a ce n'osantz se fier,
Vn d'eulx transmettent l'espier
Lequel descend tout bellement
D'icell̸ *approchant tellement,*
Quel' luy permet par grand cautelle
Monter & saillir dessus elle,
Sans se mouuoir ou luy meffaire
Ce que voyant les aultres faire
De l'arbre viennent a descendre
Et a l'entour d'elle se rendre
L'un dessus son doz sault & danse
Et les aultres dessus sa pance
Pensant que de vig el' n'ait poinct,
Mais quand elle voit son bon poinct
Et qu'il est temps de les happer
El' vous vient iceulx attrapper
Puis aprez les faict tous mourir
S'ilz n'eschappent par bien courir.
     Le moral.

La fable nous demonstre a fuire
Vn ennemy lequel s'efforce
Faindre son pouoir & sa force
Quād souuēt il peult beaucoup nuyre.

🕮 Le. lv. de la chaulue souris
& des aultres oyseaulx.

TOus les oyseaulx d'un bon vouloir
Prierent singulierement
La chaulue souris, de vouloir
De viure familierement
Auec eulx, & entierement
Laisser a nicher es maisons
Aux quelles coustumierement
Elle niche en quelques saisons.
  Or pour mieulx l'induyre a l'affaire

Vn chefne hault & fpacieux
Luy monftrerent, pour leurs nidz faire
Au temps d'efte folatieux
Que l'aer eft doulx & gracieux,
Nonobftant ce qu'ilz ont fceu dire
La chaulue fouris pour le mieulx
Les a voulu tous efcondire
  Allegant pour raifon entiere
Qu'aux chefnes s'engendre & fe prend
Vn glu ou vifqueufe matiere
Par laquelle oyfeaulx on furprend
Tant qu'en la fin il leur mefprend
Car pour menger maint on efgorge
Et aux aultres on leur apprend
En cage a fiffler de la gorge,
Or combien qu'iceulx aduertift
Pour leur prouffit, nul toutesfoys
Pour fon confeil fe conuertit
Difant mieulx aymer mille foys
Habiter es champs & aux boys
Que dedans villes & citez
Pour plufieurs dangiers & deftrois
Dont ilz craindroient eftre agitez.
  A cefte caufe tous enfemble
Laiffent la fouris chauluë aller
Dedans la ville, ou bon luy femble,
Mais eulx fe iectantz auant laer
Sont venuz tant de foys voller

Sur ce chefne, qu'a traict de temps
Le glu les vint tous accoller
Dont fe trouuerent mal contentz.

Le moral.
La fable au fens moral depend
Qu'il fault croire en doubteux paffage
Le confeil des bons & des fages
Car aultrement on f'en repent.

℘ Le. lvi. d'un pin & d'une courge.

IAdiz au prez d'un pin hault droict & fort
Plantée fut vne courge, laquelle
Vint a monter & a croiftre fi fort
Que de haulteur larbre excede dont elle
Conceut en foy gloire & audace telle
Quel' dict au pin tu voys qu'en vn efté.
Ia la haulteur de toy pin ie precelle
Qui fi long temps en ce lieu as efté.
　Surquoy le pin luy refpondit' ie voy
Appertement la folle oultrecuydance
Et fol orgueil lequel confifte en toy
Pour & aultant qu'es cruq en abundance
Durant l'efte, mais tien pour affeurance

Que quand viendra l'yuer a bruyner
Ou a causer quelqu'autre intemperance
Il te fera bien soubdain ruiner.

Le moral.

Pour bien le moral recueillir
De ceste fable il nous fault scauoir
Qu'on ne se doibt en orgueillir
De prospere fortune auoir.

Le. lvii. des loups & d'un corbeau.

L*Es loups voyant vn corbeau les suyuir*
Non pour l'amour qu'il eust enuers iceulx

Mais seullement pour du tout enfuyuir
Part au butin, l'ont mis hors d'auec eulx
En le chassant ainsi comme vn des ceulx
Qui se paistroit de leurs propres entrailles
S'il aduenoit, que par hazards morteulx
En my les champs on iectast leurs trippailles.

Le moral.

Ceste fable enseigne comment
Souuent plusieurs les aultres suyuent
Non par amour, mais seullement
Pour les biens qui leur en ensuyuent.

❦ Le. lviii. de arion & des mariniers.

IL fut iadis vn poete lyrique
Dict Arion tresparfaict & habile
Touchant la harpe aussi l'art de musicque
Qu'il surpassoit de tous aultres le stile,
Congnoissant dont estre a luy chose vtile
Si dilatoit le sien art & scauoir
Se transporta en maint pays & ville
Ou il gaigna force d'or & d'auoir,
  Or par aprez qu'eust tant de bien gaigné

Delibera de retourner par eau
Au pays mesme, ou auoit esté né
Pourtant choysist vn nauire ou basteau
Pour le porter chargé d'un gros mouceau
D'or ou d'argent, iusques a certain port
Mais pas long temps ne fut a ce vaisseau
Qu'on ne vint lors a machiner sa mort,
   Ce que entendant aux mariniers peust dire
Qu'il leur donnoyt tout son or & finance
S'on le vouloit de la mort interdire,
Mais escondit il fut en telle instance,
Dont se voyant en si mortelle chance
Il a requis d'estre en la mer gette
A taut sa harpe attachée en sa hanche
Ce qu'il obtint, comme il a soubhaitte.
   Or quand il veist qu'il estoit sur le poinct
D'estre plonge il se print a sonner
D'icelle harpe, vn si doulx contrepoinct
Qu'aulcun daulphin oyant laer resonner
Son corps soubz luy vint si bien ordonner
Qu'il le porta iusques a son pays
Qui peust grand ioye a ses amys donner
Aprez auoir este fort esbahis.

Le moral.
Il est desmontrè par la fable
Qu'aux hommes & moins de pitiè

Bien souuent & moyns d'ámitié
Qu'a vne beste irresonnable.

❧ Le. lix. de la goutte & de l'y
raigne.

VN iour passe au long d'une champaigne
La goutte vint a rencontrer l'yraigne
Qu'el salua fort honorablement,
Puis auec elle assez affablement
A deuisé & tant propos tenu
Que ce pendant le vespre est suruenu,
Parquoy leur fut necessaire, que a l'heure
Prinsent logis pour y faire demeure
Ce qu'ilz ont faict, mais chacune, a part soy
Voulut loger pour mieulx estre a recoy,
Or touteffois a lyraigne il aduint
Qu'en maison riche & opulente vint
Pour heberger, mais fut tost repoulsée
Et de balays encore mieulx houssée
Tant quel' n'eust onc si grand sain d'y loger
Qu'elle eust grand haste aprez d'en desloger,
Or pour parler du lieu en somme toute
Auquel voulut se transporter la goutte
Entendre sault qu'il estoit de tous biens
Si denué qu'elle ny trouua riens
Pour se chauffer, paistre & alimenter

Ce qu'il a peuſt aſſez mal contenter
Veu que par fain & froidurɇ encourir
Cuyda la nuiƈt treſpaſſer & mourir,
Parquoy ſi toſt qu'el' veiſt le poinƈt du iour
Ne voulant plus au lieu faire ſeiour
S'eſt departiɇ, en ſaillant rencontra
Lyraignɇ, a qui el' diƈt & remonſtra
Comme treſmal traiƈtéɇ auoit eſte
Tant qu'en logis ou ſeroit pauureté
Plus ne vouloit loger n'y heberger,
Au cas pareil, pour l'hyſtoirɇ abreger,
L'yraigne diƈt que plus n'auoit deſir
Pour l'aduenir de loger ou geſir
Chez vn richɇ hommɇ, enteduz les grefz maulx
Inuaſions & treſrudes aſſaulx
Qu'on luy a faiƈtz, eſtantɇ en ſa maiſon
A ceſte cauſɇ & pour telle raiſon
Aprez auoir mis fin a leurs querelles
A lheure meſmɇ ont conclu a par elles
Pour l'aduenir ſe loger & retraire
A l'oppoſitɇ auſſi tout au contraire
Quilz n'auoient faiƈt, tellement que lyraigne
En delaiſſant la goutte ſa compaigne
En la maiſon d'un pourɇ homme s'eſt miſe
Ou elle fut entierement permiſe
Ourdir ſa toillɇ & loger ſans danger,
Parquoy ne veult ou deſire changer

Or d'aultre part la gentil vint saisir
    Aulcun riches homme, où el' fut à plaisir
Dorenattef(?) & en riens attouchée
Treshien paistis(?) & encor mieulx couchée
Chauffés aussi, font bas aspergées(?) rien,
Dont quand il' veist qu'on la traictoit si bien
Loger vouloit toujours chez riches gens
Abandonnant pauvres & indigens.

Le moral.

La fable enseigne que plusieurs
Souuent en vn lieu sont blasmez
Et contempnez, qui sont ailleurs
Honorez prisez & amez.

☙ Le .lx. de la confession de l'asne du regnard & du loup.

Adis vn aſnǵ vn regnard & vn loup
En quelque lieu ſe trouuerent vn coup
Tous trois enſemblǵ, ou promiſrent la foy
L'un enuers l'aultrǵ & chaſcun endroict ſoy
Ceſt a ſcauoir de leur accompaigner
Pour les pardons a rommǵ aller gaigner,
Or ce pendant qu'ilʒ cheminoient enſemble
Le regnard dict, bon ſeroit (ſe me ſemble)
Nous confeſſer l'un a l'aultre des maulx
Iniquiteʒ & crimes anormaulx
Qu'auons commis par ainſi que i'entends,
Les cardinaulx & le papǵ en ce temps
Sont tellement & ſi fort empeſcheʒ
Qu'a nous ouyr confeſſer noʒ pecheʒ
Certainement ilʒ ne pourroient entendre
Dont ſuffira pour ceſtǵ heure pretendre
D'obtenir d'eulx pleinǵ abſolution
Ceſtuy conſeil pour reſolution
Les aultres ont approuué & tenu
Parquoy le loup au regnard eſt venu
Tout le premier, luy diſant a genoulx
Beau perǵ a dieu me confeſſǵ & a vous
Qu'vn iour paſſe deſſus vne terraſſe,
Ie rencontray vne coche fort graſſe
Que ie mengay pour aultant qu'en l'eſtable
Comme cruellǵ & mere deteſtable
Ses cochonnetʒ laiſſoit mourir de fain

Confiderant encoire lendemain
Iceulx cochons orphelins demourez
De leurs parentz, ie les ay deuourez
Par la pitié que i'ay peu auoir d'eulx
En les voyant eſtrę ainſi ſouffreteux
Se i'ay peché en ſes deux cas icy
I'enquiers pardon en vous criant mercy
Et ſuppliant par grand deuotion
De m'en donner voſtrę abſolution,
Ayant regard a ma grand repentance
Pour m'en adioindrę & bailler penitance,
Quand le regnard euſt bien ouy ce loup
Il luy a dict (voire mais bien a coup)
Touchant cela certes vous n'auez pas
Fort offencé n'auſſi commis grand cas
Veu que la cochę (ainſi comme i'entends)
Eſtoit aux champ ou prenoit paſſe temps
Sans tenir compte n'y auoir ſoing & cure
De ſes cochons, eſtantz ſans nourriture
Seulz en l'eſtablę, ou de faim i'z mouroient,
Conſiderant aprez qu'ilz demouroient
De perę & merę orphelins par pitié
Qui vous tenoit, non par inimitié.
Vous les auez tous mengez en la fin
(Il eſt cert. in, dict ce loup, or affin)
A replique le regnart de me faire
Vn cas pareil ſe vous dis mon affaire

AAa

Ie vous abfouz entierement de tout
Vous enioignant dire de bout en bout
Pater nofter vne foys feullement,
Ce qu'il promit trefliberallement.
  Or auffi toft que le loup euft ceffé
Ceftuy regnard a luy s'eft confeffé
En luy difant, il eft certain beau pere
Que ie trouuay l'aultrier en vn repaire
Vn fier coq, defpit & orgueilleux
Fort importun & fi trefmerueilleux
Qu'il meurdriffoit de fes griz & fes croqz
Et debelloit pour vray tous aultres coqz,
Et oultreplus tant le iour que la nuict
Eftourdyffoit par impetueux bruit
Petiz & grandz & en efpecial
Les ceulx a qui la tefte faifoit mal.
  Parquoy voyant de ceftuy coq l'orgueil
En mon couragd en conceuz vn tel deul
Que ie l'ay prins, commd il fe pourmenoit
En my les champs, ou fes poulles menoit
Puis l'ay mengé en luy teurdant le col
Pour & affin qu'il ny feift plus du fol.
Or peu aprez il aduint que fes femmes
M'en peurent dird opprobres & diffames
Dont fut contrainct en effect les menger
L'und aprez l'autrd, affin de m'en venger,
S'en ce cas i'ay faict diffolution

I'en quiers pardon & absolution
M'adioindre aussi penitance du faict,
Surquoy le loup respond, qu'il n'auoit faict
Touchant ce cas grand crime ny offence
Veu qu'il disoit, pour excuse & deffence
Que cestuy coq tous aultres meurdrissoit
Et que de bruict chascun estourdissoit
Et oultre plus que ses poulles sans cesse
Quand il passoit, luy vouloyent faire oppresse
Le mauldissant de toute leur puissance
Pourtant le loup pour toute penitance
Luy enchargea, qu'il s'abstint volumtiers
De menger chair par trois iours tous entiers
De vendredy, mais cestoit a scauoir
S'il n'en trouuoit ou n'en pouoit auoir,
Ce que promist faire de poinct en poinct
Cestuy regnard, & sans y faillir point
Et par ainsi fut absouz bel & bien,
En luy rendant (comme est dict) tien pour tien.
Tout cela faict le pauure asne est venu
A confesser son cas par le menu
A tous les deux leur disant mes amys
Vous congnoissez que nature ma mis
Sur terre, affin de porter peine & fais
Et endurer trauail, ce que ie faictz
Patiamment, ce nonobstant encoire
Le plus souuent (ainsi qu'il est notoire)

Ie suis baſtu & me faict on ieuſner
Dont quelquefois comme ſans deſiuſner
Vn ſeruiteur au moulin me menoit
Et que lyé apres luy me tenoit
Peuʒ aduiſer lors en marchant mon train
Ceſt aſcauoir deux ou trois brins d'eſtrain,
Oultre le bord de ſes ſoulliez paſſantʒ
Quand ie les veis eſtrǫ ainſi ſurpaſſantʒ
Ie vins iceulx a tirer & haller
Pour les menger, depuis a vray parler
Ie ne ſcay pas qu'il en eſt aduenu
Mais s'aulcun mal luy en eſtoit venu
Ie pry a dieu de me le pardonner
Et que veulliez m'en abſouldrǫ & donner
Et encharger penitance condigne
Iouxtǫ & ſelon que le cas en eſt digne
Lequel vous ay a preſent diffiny,
Pas n'euſt ſi toſt ce pourǫ aſne finy
Sondict propos, que le regnard & loup
Ne ſoient venu a crier bien acoup,
O meurdrier & larron tout enſemble
Tu as commis vn cas (commǫ il nous ſemble)
Irremiſſiblǫ & bien digne de mort
Veu & congnu le grand exces & tort
Que tu as faict au poure ſeruiteur
Lequel par toy (o meſchant proditeur)
A ſouffert mort (poſſiblǫ eſt) grefuǫ & dure

En endurant en ſes piedz la froidure,
Par luy auoir ceſtuy ſeurré arrache
Lequel eſtoit en ſes ſoullies cache
Pour luy tenir ſeſdictz piedz en chaleur.
Or affin donc qu'auec ton grand malheur
Nous puniſſions ton offenſé & peché
Par nous ſeras a preſent deſpeſché
Incontinent cela conclu entr'eulx
Ilz vous ont prins ce pouuré aſne tous deux
Et puis vous l'ont tellement deuoure
Qu'vn ſeul morceau de chair n'eſt demoure.

Le moral.

Par la fablé on voit qu'en leurs vices
Souuent les grandz s'entre ſupportent
Ou les petis ſouffrent & portent
De leurs maulx peinnes & ſupplices.

Le. lxi. de la guerre des chiens des chatz & des ſouris.

LEs chiens voyāt q̄ leurs maistres vouloiēt
  Les chasser hors, vindrent a leur promettre
  De les seruir trop mieulx qu'ilz ne souloiēt
Et de ce faire, ilz en passerent lettre
Laquelle aux chatz fut baillee, affin destre
Par eulx gardee en lieu seur & escars,
Mais sur des ayz la sont venue a mettre
Ou les souris en feirent mille partz.
  Or peu aprez il aduint que les chiens
Peurent aux chatz leurs lettres demander
Ne voulant plus estre obligez en riens,
Sur quoy les chatz vindrent a leur mander
Que les souris en lieu de viander
En aultre chose, elz s'estoient empeschées
A les ronger, menger & friander
Tant que du tout les auoient despeschées.
  Incontinent que les chiens entendirent

Iceulx prirent desseur guerre mortelle
Contre les chatz, mesmes ilz pretendirent
Mesmes les chatz, pour cause & raison telle
Contre souris menans guerre, laquelle
On voit encor iusques a ce iour durer
Veyre & asses importune & cruelle
Qu'a chascun coup leur font mort endurer.

Le moral.

Par la fable on doibt retenir
Que quand plusieurs hayne ou rãcune
Tiennent sus aulcun ou aulcune
Sont veux a iamais la tenir.

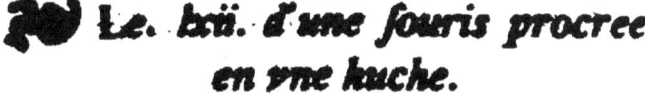 Le. lxii. d'une souris procree
en vne huche.

Vne souris ayant prins sa naissance
En vne huche y fut longtemps a viure
Sans auoir euq aulcune congnoissance
En plus auant, pour aultre choss ensuyure,
Mais il eschut que pour son plaisir suyure
El' saillit hors, ou el' trouua viande,
Quelle voulut tresardamment poursuyure
Pour & aultant qu'el' luy sembla friande.
  Quand el' fut bien rempliq & refaicte
Dict a part soy, maintenant bien ie m'ose
Pour vray iuger vne folle parfaicte
D'auoir pensé n'estre meilleure chose
Dessoubz le ciel contenuq ou enclose
Que ceste huche, ou i'ay tant longue espace,
De temps vescu, quand sans estre plus close
Me voy plus aisq en aultre lieu & place.

Le moral.
La fable demonstre que mieulx
Aulcuns se trouuent fortunez
En pays estrange qu'aulx lieux
Ausquelz mesmes ont este nez.

🕮 Le. lxiii. d'un rusticque re
querant Ceres que son blé creust
sans espicz.

A Vieux rusticque a ceres feist requeste
Qu'el' ne vouldist faire croistre ses graines
A tout laspy, affin qu'il ne molestast
Ne grast plus des mousserons les mains,
Ce qu'il obtint, mais adoc soirs & mains
Oyseaulx du ciel s'en sont venus a paistre,
Sans attoucher aux aultres graines prochains
Pourtant qu'en cosses ou espy pouoient estre.

Le moral.

Par cest fable icy appert
Que mainct pour auoir appetit
D'acquerir aulcun gaing petit
Souuent vn grand prouffit il perd.

Le. lxiiii. d'un espreuier d'u-
ne colombe & d'un oyseleur.

Comme vn espreuier poursuyuoit
Vne coulombe ferme & fort,
D'un oyseleur qui le suyuoit
Fut surprins par malheureux sort,
Auquel l'oyseau dict, tu as tort
De m'auoir prins pour ton plaisir
Pour me tuer & mettre a mort
Quand ne te feiz oncq desplaisir.
 Aquoy loyseleur dict, qu'aussi
En riens ne luy auoit meffaict
Icelle coulombe, qu'ainsi
Poursuyuoit par force & de faict,
Soubstenant qu'on doibt en effect
Punir celluy qui tend a faire
A l'innocent aulcun meffect
Sans cause & legitime affaire.

Le moral.

La fable enseigne que celluy
Qui pretend a vne aultre nuyre
Pour le ruiner & seduyre
Souuent son faict retorque a luy.

Le. lxv. d'une yraigne
& d'une herondelle.

Lyraigne voyant l'herondelle
De mouches prendre nourriture
Eust vouloir de se venger d'elle
Ainsi que mengeant sa pasture,
Parquoy dessoubz la couuerture
D'un guichet, vint ses retz a tendre
Cuydant par son art & facture
En passant l'herondelle prendre.
  Mais l'herondɇ emporta la rethz
Auecques l'yraignɇ auant laer
Dont tout incontinent aprez
Que cestɇ yraignɇ (a vray parler)
Se veist hault porter & haller
Dict qu'a bon droict tel desarroy
Souffroit, pour cuyder installer
Ses rethz contrɇ vn plus fort que soy.

Le moral.

La fable monstre sur ce pas
Que l'hōmɇ est fol lequel s'efforce
Vaincrɇ vn aultrɇ ayant plus de force
Et plus de pouoir qu'il n'a pas.

⚜ Le. lxvi. d'un rusticque son-
dant le fondz d'un fleuue
qui vouloit passer.

Qvelque rusticque a gue voulant passer
Par le trauers d'un torrent, sonda l'vnde
Mais par apres l'auoir peu compasser
Veist qu'elle estoit dangereuse & profunde
Au lieu auquel leau moins courante abunde
Et ou estoit plus tranquille & paisible,
Parquoy il dict, ie voy selon que sonde
Que vne eau dormante est plus qu'aultre nuysible

Le moral.
La fable prinse au moral sonne
Qu'on doibt plus craindre la menace
D'une double & faincte personne
Que d'une qui beaucoup menace.

Le. lxvii. d'une colombe & d'un piart.

Vne coulombę estant inquise
Dun piart, pour quelle raison
Auoit la coustumę & la guise
De couuer en vne maison,
Ou chacun coup a la saison
On luy robboit sa geniture,
Respondit lors sans long blason
Quę ainsi est simple de nature.

Le moral.
Par ceste fablę on appercoit
En la prenant moralement
Que simples gens facilement
On trompe, seduict & decoit.

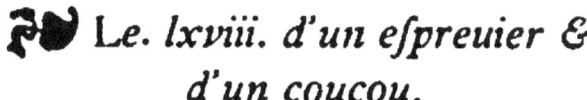 Le. lxviii. d'un espreuier &
d'un coucou.

VN espreuier voyant que le coucou
Viuoit de vers tāt es chāps q̄ en la ville
Luy dict tu es bien conard & mitou
Et monstre bien ta nature seruile
De te nourrir de viande si vile
Veu que tu es de corps a moy pareil
Ie m'esbahis que ne trouues le stille
De te nourrir de meilleur appareil.
  Or peu de temps apres le coucou mesme

Veist l'espreuier au hault d'une tour pendre
Pour & aultant qui s'estoit mis en esme
Dauoir voulu es champs les colombz prendre
D'un laboureur, qui l'auoit peu surprendre
Le voyant donc en ceste tour pendu
Il luy cria, tu voys que pour despendre
Les biens d'aultruy, il t'est bien cher vendu.

Le moral.

La fable nous mait a penser
Du nostre faire sobre chere,
Sans les biens d'aultruy despenser
Puis en payer la folle enchere.

℘ Le. lxix. d'un asne & d'un veau.

Ainſi qu'un aſnꝍ auec vn veau
Eſtoient paiſſantz en quelq̃ herbage
Vn bruit ſuruint, que de nouueau
Gents darmes au prochain villaige
Auoient mis le tout au pillage
Parquoy le veau diɛt a l'aſnon
Ains que ſentir d'iceulx l'oultrage
Fuyons nous en, hau compaignon.
 Surquoy c'eſt aſne reſpondit
A ce veau, fuy ſi tu veulx, toy
Qui redoubtes ſcelon ton diɛt
Ses gens darmes, car quand a moy
Ie n'ay d'iceulx craintꝍ ou eſmoy
Quand ſeullement (ce que ie faiɛtz
Chaſcun iour ſans eſtrꝍ a reçoy)
Me contraindront a porter faiz.

Le moral.

La fable declaire que maintz
On voyt par ſouffrance durer
Auec gentz qui ſont inhumains
Qu'aultres ne ſcauroyent endurer.

🙵 Le. lxx. d'un regnard voyant
aulcunes femes mēger vne poulle.

Vn regnard chemin tracaſſant
Pour attraper quelque poullaille
Veiſt pluſieurs femmes en paſſant
Qui mengoient force de vollaille
Holeur dict il, que de chenaille
I'auroyǵ apreʒ moy (tout affin
De me vanner mieulx que la paille,)
Se ie mengoyǵ vn ſeul pouchin
 Quand l'une des femmes ouyt
Les propos de la faulſe beſte
Ayant grand deul quel' ne iouyt
D'une des poulles de la feſte,
Luy cria, ceſt malgre ta teſte
Faulx regnard, que mengeons nos biens
Mais de toy il eſt manifeſte,
Que mengeuʒ ceulx qui ne ſont tiens.

Le moral.

La fablǥ au ſens moral contient
Que des biens mondains & terreſtre
Vſer a nous il n'appartient
Ainſi qu'a ceulx qui en ſont maiſtres

🙰 Le. lxxi. des chappons gras
& des meſgres.

VN quidam fut lequel chez luy tenoit
Plusieurs chappõs en mue qu'ilz prenoit
Pour sõ vser, quãd venoit a cõgnoistre
Que l'un d'iceulx engressé pouoit estre
Ce qu'entendant ceulx qui gras demouroient
Fort grandz regretz a par eulx demenoient
En desirant leur corps attenuer
Par leurs repas beaucoup diminuer
Comme certains que pour auoir enuie
D'eulx engresser, ilz abregoyent leur vie.

Le moral.

La fable certains nous peult faire
Par son moral que riches gentz
Ont souuentesfoys plus affaire
De leurs personnes, que indigentz.

Le. lxxii. dūe ourme & des bœufz

Commͤ aulcuns beufz vn gros ourme
trainoyent
Parmy chemins plains de fangͤ & d'ordure,
Et par rochiers qui fon boys enfraignoient
El' leur cria, eſſͤ a droict que i'endure
(O beufz ingratz) par vous paine ſi dure,
Eſſe raiſon quͤ ainſi me tourmentez?
En me trainnant & hallant ſur la dure
Moy qui vous ay long temps alimentez.
 Surquoy les beufz ont reſpondu a lourme
Lors endurant tellͤ aſprͤ & durͤ eſtrainctͤ
Pardonne nous, ſi vers toy cas enorme
Nous commettons entendu que par crainte
Nous te trainions et par forcͤ & contrainctͤ,
Or par aprez a lourmͤ auoir donne
Le cas entendrͤ, ellͤ a ceſſe ſa plainctͤ
Et tout ſon mal au beufz a pardonne.

Le moral.

La fable nous monſtrͤ a vouloir
Pardonner le delict a ceulx
Qui nous offenſent malgré eulx
Et non point de leur bon vouloir.

☙ Le. lx.xiii. des beaulx arbres
& des difformes.

Q Velque riche hōmē euſt iadis certain bois
Auquel eſtoit nombre d'arbres de chois
Tous beaulx & droictz ẽ grād magnifficēce
Fors vn eſtant d'aſſez petitē eſſence
Et oultre plus mal plaiſant & crochu
Et de gros neuz encoire tout boſſu
Parquoy eſtoit des beaulx impropere
Blaſme, mocqué auſſi vitupere,
Mais il eſchet que ceſt hommē opulent
Voulut baſtir vn logis excellent,
Pour lequel fairē il commanda coupper,
Syer, abaſtrē & auſſi decoupper
En general tous ces arbres leſqueulx
Eſtoient ſi beaus ſi droictz & ſumptueux
Sans attoucher a ceſt arbre difforme,
Ains le laiſſer en ſon eſſencē & forme
Ce qui fut faict, or apres que ledict

Arbre s'est veu demouré seul, il dict,
Plus ne me veulx de toy plaindre (ó nature)
De ce que suys d'ainsi layde facture
Quand i'apperçoy que seul demeure en vie
Pour n'auoir eu de ma laydeur enuie.

Le moral.
La fable presente nous monstre
Qu'a plusieurs beaulté corporelle
Apporte nuysance mortelle
Auec dommage & malencontre.

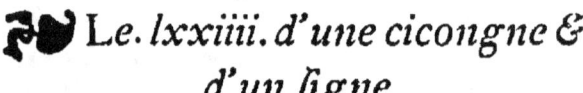

Le. lxxiiii. d'une cicongne & d'un signe.

VNe cicongne inquist iadis vn signe
Pour quel' raison chantoit si doulcement,
Quand se voyoit par tres apparēt signe
Sentir de mort le triste approchement
Pourtant (dict il) que son auancement
Me cause ioye & lyesse certaine
Car la mort est fin & accourcement
De tout ennuy misere mal & peine.

Le moral.
Ceste fable nous admonneste
A desirer pluftost que craindre

La mort, quand il est manifeste
Quelle vient pour tous maulx enfraidre

Le. lxxv. d'un nouueau marié, & de sa femme.

Aduint qu'un nouueau marié
De mort fut si bien charié
Qu'il en rendit l'esprit & l'ame.
En la presence de sa femme,
Qui faisoit grand querimonie
Le voyant estre en agonie
Se debatant par telle colle
Qu'il sembloit a voir qu'elle fut folle
De son amour & amytié,
Dont son pere esmeu de pitié

La voyant en telle detreſſe
Luy dict, ceſſez voſtre triſteſſe
(Ma fille) car ie ſcay ou eſt
Vn aultre mary ia tout preſt
S'il aduient que le voſtre meure,
Mais la femme monſtrant a lheure
Auoir d'eul d'ouyr & d'entendre
Telz propos, vint allors reprendre
Son propre perǫ, en luy diſant
Soyez d'aultre choſǫ aduiſant
Quand de cela ie n'ay deſir,
Mais ſi toſt que mort peuſt ſaiſir
Son dict mary ou peu aprez
Ellǫ a ſon pere tout exprez
Inquis, ſi ce mary nouueau
Eſtoit pas ieune friſquǫ & beau
Commǫ ayant ia ſon d'eul paſſe
Du premier mary treſpaſſe.

Le moral.

Icelle fabuleuſǫ hyſtoire
Monſtre que maintes femmes ont
De leurs maris courte memoire
Aprez que decedez ilz ſont.

☙ *Le. lxxvi. d'une putain &*
de ſon amoureux.

Vne putain cauteleuſę & ruſée
Quelquę amoureux entretint vnę eſpace
De tēps, faignant du tout eſtrę abuſée
De ſon amour (cōme putains ont grace
De dirę a ceulx qu'ilʒ tiennent en leur naſſe)
Or ce pendant l'exainma de tout bien
Tant quę en la fin par ſon art & fallace
Au malheureux pour vray ne laiſſa rien.
   Quand il a veu qu'il nauoit plus de quoy
Fors vn manteau, peuſt prendre conge d'elle,
Ce que voyant la putain a part ſoy
Vint a ieɾter maint regret & querelle
En gemiſſant, mais vne macquerelle
Luy demanda pour qu'el' cauſę elle pleure
Si ſottement, pource reſpond icelle
Qu'oultre mon gré ſon manteau luy demeure.

Le moral.

La fable nous fait aſcauoir
Qu'en effect putains & paillardes
N'ayment les gētz q̄ pour leurs hardes
Et pour du tout leurs biens auoir.

☛ Le. lxxvii. d'une mouche
excitante pouldre.

VNe mouche en vn char aſſiſe
Traine de quatre ou cinq cheuaulx
Penſoit que par ſa force exquiſe
Faiſoit voler par montz & vaulx
De pouldre gros taz & mouceaulx
Dont a ſoy la gloire imputoit
Et non au pied de ces courtaulx
Qui la pouldre ainſi debutoit.

Le moral.

La fable enſeigne que pluſieurs
Oultrecuydez ſi fort imbuent
De follie & d'erreur leurs cœurs
Que l'honneur d'aultruy s'atribuent

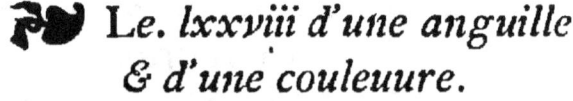 Le. lxxviii d'une anguille
& d'une couleuure.

L'Anguille voyant a par elle
 A la couleuure eſtre ſemblable
D'eſſenceͩ & forme corporelle
L'inquiſt, pourquoy au prealable
Gentz n'auoyent a prendreͩ agreable
La couleuure comme languille,
Pource (diƈt el') que ſuys doubtable
Et de me venger treſhabile.
Le moral.
Parceſtefableͩ on doibt comprendre
Qu'a offenſer ſouuent on doubte
Vne perſonne qu'on redoubte
Et qui peult nuyreͩ & ſe deffendre.

☙ Le. lxxix. d'un aſne d'un ſin
ge & d'une Taulpe.

Ainſi que l'aſne d'auanture
 Se plaingnoit qu'il n'eſtoit cornu
 Le ſingeͩ auſſi contre nature
Murmuroit d'auoir le cul nu,
Le filz de la taulpeͩ eſt venu
Qui leur a diƈt ſoyez contentz
Voyantz m'eſtre pireͩ aduenu
Qui eſt d'eſtreͩ aueugleͩ en tout temps.
Le moral.

La fable nous apprend a eſtre
Bien contendz de noſtre fortune
Par conſiderer l'infortune
Et d'aulcuns le malheureux eſtre.

☙ Le. iiii.xx. d'aulcuns mariniers implorantz layde d'aulcuns ſainctz.

Comment aulcuns mariniers pretendoient
Paſſer d'un port en vn aultrǫ, ou tendoient
Vn vent de biſǫ auec horrible fouldre
Commença lors a s'eſleuer & ſouldre
Et a mouuer tempeſte merueilleuſe
Rendant la mer tellement perilleuſe
Qu'en effect tous penſoient eſtre perduz,

Dont se sont prins comme gens esperduz
A inuocquer prier & reclamer
Chascun son sainct en ce peril de mer
Fors l'un d'iceulx qui vint a prier Dieu
Qui le voulsist preseruer en ce lieu
En disant lors a ses aultres confortz
Par facetiç, enfantz nous serions mortz
Et tous perduz & de l'eau suffocquez
Premier que nul des bons sainctz qu'inuocquez
Fut deuant dieu pour luy faire requeste
De nous oster hors d'icelle tempeste,
Pourtant a dieu debuons auoir recours
Premierement pour obtenir secours,
Puis par aprez les bons sainctz deprier
Pour & affin qu'ilz le vueillent prier
A nous ayder en nostrǿ aduersité
En tout besoing & en necessité.

Le moral.

La fablę enseigne que mieulx vault
Pour auoir d'un cas iouyssance
Prier vn qui a la puissance
Que cinquante ausquelz el' deffault.

☙ Le. iiii.xx.i. des poissons sail
lantz hors de la pœlle a frire sur
les charbons.

ESchut vn iour qu'en frisant en la pelle
Certains poyssons tous vifz que l'un d'iceulx
Vint a crier a haulte voix, i'appelle
De ceste mort & tourment angoisseux,
Aprez cela il dict encorǫ a ceulx
Qu'on auoit mis auecques luy pour cuyre
Nous voyla morts, se sommes paresseux
De saillir hors & negligentz de suyre.
 Pas n'eust si tost ce poisson mis a fin
Cestuy propos, que tous en general
Ne soyent saillis hors de la poellǫ, affin
D'eulx garantir (si pouoient) de tel mal,
Mais pour certain il leur en print tresmal
Car sur charbons tous ardantz se iecterent
Qui leur causa vn tourment anormal
Dont piteux cris & horribles iecterent.

Le moral.

La fablǫ au moral entend dire
Que pour nous cuyder estranger
D'un petit peril ou danger
Souuent nous tombons en vn pire.

☙ Le. iiii.xx.ii. des bestes a qua
tre piedz requerant layde des
poissons.

Es bestes de dessus la terre
Ayantes contre les oyseaulx
Vne assez aspre & forte guerre
Prierent les poyssons des eaux
De leur ayder, comme loyaulx
Et aussi familiers amys
Ce que sans estre desloyaulx
Liberallement ont promis.
   Mais quand ce vint au coup & poinct
Les poyssons manderent aux bestes
Qu'en la bataille n'iroyent point
En les frauldant de leurs requestes
Pourtant que guerres ou conquestes
Sur la terre ne povoient faire,
Veyres & d'eulx on coupper les testes
A vn chascun deulx pour lassaire

Le moral.

La fable au moral signifie
Que de regarder on ayt soing
Si les gents ausquelz on se fie
Defailliront point au besoing.

🙰 Le. iiii.xx.iii. d'un legat de-
cepuant aulcuns menestrelz.

Q Velque iour fut qu'un auaricieux
On enuoya comme en legation
En vne ville, en laquelle pour mieulx
Le resiouyr grand congregation
De menestrelz vint sans dilation
Pour luy donner vne ambade en grand ioye
Pensantz auoir remuneration
C'est ascauoir d'escuz ou de monnoye.
  Mais il leur dict, de paour de leur donner
Aulcuns desniers, qui ne vouloit ouyr
Flustes ne cors ny haulboys resonner.
Pource qu'allors ne pouoit sesiouyr
Prendre plaisir n'a riens se resiouyr
A la raison de sa defuncte mere
Faignant luy estre impossible iouyr
D'aulcun soulas, ains de tristesse amere,
  Ce menteur donc, soubz couleur de raison
lors renuoya voire sans croix & pille
Les menestrelz chascun en sa maison

Comment vn homme auare chiche & ville.
Or ce pendant vn quidam de la ville
Pensant pour vray qu'il fut en desconfort
L'est venu voir par coustume ciuille
Pour & affin de luy donner confort.
 Luy arriue l'inquist, en quelle sorte
Il se portoit puis par aprez, combien
De temps auoit que sa mere estoit morte,
A quoy respond ce legat, ilz sont bien
Des ans soixante & si ne sen fault rien
Quand ce quidam ouyt si longue espace
Ne sceust auoir en luy aultre maintien
Fors qu'en effect rire de sa fallace.

Le moral.

Par la fable on pourroit prouuer
Qu'auaricieux sont tresordz
Et tort promptz a bourdes trouuer
Pour garder leurs biens & thresors.

☞ Le. iiii.xx.iiii. de deux compaignons desquelz l'un fut
Cardinal.

Deux compaignons & familiers amys
Vefcurent lors en grand fraternité,
Mais il efchut que l'un deulx fut admiz
Pour obtenir l'eftat & dignité
Ceft afcauoir de cardinalité
Dont tel' follyɢ en fa tefte peuft croiftre
D'eftrɢ efleué en haulte qualité
Que fimples gents il fembloit defcongnoiftre.
 Ce qu'entendant fon compaignon prediɕt
Par deuers luy fe transporta, pour voir
S'il auroit point chez ce monfieur credit
En pretendant qu'il euft a le pouruoir,
Veu qu'il auoit de ce faire pouoir,
Mais ce monfieur parfumé d'arrogance
A defdaigné adonc le recepuoir
Faignant de luy n'auoir eu congnoiffance.
 Quand ce fimplɢ hommɢ euft entendu l'erreur
Dequoy eftoit ce cardinal pourueu
(Il luy a diɕt) iay pitié & horreur
De vous (monfieur) quand i'ay congnu & veu
Qu'eftes ainfi de tout fens defpourueu
Tant que de nul plus vous n'auez l'ufage
Qui eft en vous (tout bien penfe & veu
De grand foliɢ vn evident prefage.

Le moral.
La fable par dictz apparentz

Blasme ceulx lesquelz decongnoissent
Leurs poures amys & parentz
S'ilz aduient qu'en honneur ilz croissēt

℣ Le. iiii.xx.v. d'un ieune hom
me se mocquant d'un vieil hom
me courbé.

VN ieune fol se mocquant d'un vieil homme
Lequel estoit tout courbé par son eage,
Luy demanda combien d'argent en somme
Valoit son arc, monstrant le personnage,
Mais le vieillart luy dist en bref langaige
Quel besoing t'est dexposer ton auoir
Pour a present vouloir tel arc auoir?
Veu que nature en fera vn de toy

EEe

Sans en riens prendrę (ainſi le doibs ſcauoir)
Si tu vieillis au mondę autant que moy.

Le moral.

La fablę enſeigne que n'auons
A blaſmer les maulx de vieilleſſe
Veu qu'il fault que les eſſayons
Si nous ne mourons en ieuneſſe.

Le. iiii.xx.vi. d'un vieil hō-
me prenant vne ieune fille
en mariage.

VN quidam fut eage de ſoixantę ans
Ayant touſiours veſcu ſās fēmę aulcune
Leçuel voulut pour engendrer enfantʒ
Finallement ſe marier a vne
Qui fut pour luy treſmauuaiſe fortune
Car ne pouoit fournir a ceſte femme
Dont le hayoit & reputoit infame
Pourtant (dit il) ie recongnoy ma faulte
Quand en ieuneſſę ou il m'eſtoit fort propre
Me marier, de femmę ay eu deffaulte
Et ie l'ay prinſę au temps quel' m'eſt impropre.

Le moral.

Cest apologue nous propose.
Qu'il est licite & raisonnable
D'entreprendre et faire vne chose
En temps & en lieu conuenable.

🕮 Le. iiii.xx.vii. de la pie &
de l'aygle.

Madame la pie vne foys
L'aygle pria d'un cœur courtoys
Qu'il luy pleust de la recueillir
Et au nombre & rang l'accueillir
De ses amys, entendu quelle
Estoit fort cointe, gente & belle
Et habile aussi de la langue
Pour faire message ou harangue,
L'aygle neantmoins l'esbaudit

*Par ce qu'adonc luy respondit
Que de trop parler el' fingere
Ayant la langue si legiere
Quel' publiroit par son blason
Tout le secret de sa maison*

Le moral.

Par le moral on peult extraire
Qu'on ne doibt chez soy retenir
Homme qui ne peult secret taire
Ne sa langue aussi contenir.

Le. iiii.xx.viii. d'un estourneau se vaultant auoir familiarité auec l'heronde.

*Comme vn estourneau se vantoit
D'auoir a lheronde accointance
Et auecques elle y hantoit,
Sa mere luy dict, sans doubtance
Tu es fol en tel importance
Quand lieux fraiz desires trouuer,
Mais l'heronde en contraire instance
En lieux chauldz appette couuer.*

Le moral.

Par la fable est assez facile

A voir, qu'en amitié attraire
Gentz ayantz nature contraire
Il est grandement difficille.

Le. iiii.xx.ix. d'un rusticque & d'une souris.

Iadis eschut que le feu vint a prendre
En la maison d'un homme de village
Qui la reduictz entierement en cendre,
Mais en effect durant tel vacillage
Vne souris sentant du feu l'oultrage,
En sortit hors, que ce rusticquz a prinse
Puis la remisz au feu par grand courage
Et quand & quand durement la reprinse.
 En luy disant faulsz & meschante beste
Quand tu m'as veu en fortune prospere
Tu as bien sceu faire chez moy grand feste
Et prendrz aussi en ma maison repaire
Mais maintenant qu'infortunz y repaire
Tu veulx t'enfuyrz & me quicter, ainsi
Comment ingratz & digne d'improperc
Dont a bon droict souffriras mort icy.

Le moral.

Il est demonstre par la fable
Que quand on a felicité

On trouue maint amy de table
Qui delaisse en aduersite.

☞ Le. iiii.xx.x. d'un homme
riche & de son valet.

Chez vn riche hôme estoit lors vn seruãt
D'entendement assez rural & nice
Et assez mal songneux & obseruant
Quand en l'estat & faict de son office,
Parquoy le maistre en blasmant son seruice
Le roy des foulz bien souuent le nommoit
Ce qu'estimant le seruiteur a vice,
Auoit grand deul qu'ainsi le mesnommoit,
   Tant qu'il luy dist s'ainsi estoit (mon maistre)
Que de tous foulz ie fusse princé ou Roy
Plus grand seigneur que moy ne pourroit estre

Ne qui euſt plus de gentz ſubieƈz a ſoy
Et meſmes toy ſubieƈt ſerois a moy
Qui penſes bien eſtre ſagę & prudent
Par telz propos tacitement & coy
Il declaroit ſon maiſtrę eſtrę imprudent.

Le moral.

Par la fablę il eſt diffiny
Que len voit a pur & a plain
De ſoulx le mondę eſtre ſi plain
Que le nombrę en eſt infiny.

⚜ Le. iiii.xx.xi. des chiens de vil
le pourſuiuāt vn chiē de village.

Comme pluſieurs maſtins & chiēs de ville
Vn chiē ruſticquę aſſailloient fieremēt
Et luy craignāt d'eſtre mors commę agile
Pour le premier toſt & legierement
A ſuyre print, lors tous entierement
Luy ſont venuz a donner tel' pourſuytte
Qui l'ont contrainƈt particulierement
De s'arreſter & de laſcher ſa fuytte.

Luy arreſté leur vint monſtrer ſes dentz
Si bien que tous a lheurę ont faiƈt mytaine
Eulx arreſtantz, ſans plus donner dedans,
Ce que voyant vn vaillant capitaine

Dict a ses gens c'est chose trescertaine
(Comme on peult voir par ce chien) que la mort
Aux gentz paoureux par trop plus est prochaine
Quel' n'est a ceulx qui tiennent bon & fort.

Le moral.

Ceste fable nous peult induire
De tousiours en bien persister
Et de mieulx encore resister
Encontre ce qui nous tend nuyre.

Le. iiii.xx.xii. d'une vieille accusante le dyable.

P Ourtant que maintz quād il leur viēt aulcune
   Aduersité, ruine, ou infortune
Par leur erreur, soit d'eau de feu ou flamme
Sont veuz souuent au diable en donner blasme
Ou a fortune & leur faulte excuser
Totallement par iceulx accuser,
Le dyable ayant en soy deul de tel chose
De tesmoigner le contraire propose
Parquoy voyant qu'une vielle, sans estre
De ses soulliez deschaussée en vn hayfstre
Montoit, il print six hommes pour le moins
Pour en ce cas luy seruir de tesmoings,
En leur disant, ne voyez vous pas comme

Sans mon conseil ceste vieille ne chomme
Par sa folie a monter iusqu'au bout
Et au couppeau de c'est hault arbre, a tout
Ses deux soulliers, dont el' trebuschera
Puis en effect dira, que ce sera
Par moy quelle est trebuschée en la sorte,
Ce qu'ainsi n'est, a vous ie m'en rapporte
Pas n'eust si tost mise a fin sa parolle
Que pour certain icelle vieille folle
Ne chust en bas, or quand el' fut a terre
Incontinent on est venu l'enquerre
Qui la causoit de monter, en estant
De ses soulliers lors chaussée, a l'instant
A respondu que ce a esté le dyable,
Quand il ouyt quel' le faisoit coulpable
De cestuy cas, ses tesmoings il appelle
Qui tous ensemble ont tesmoigné contre elle.

Le moral.

Ceste fable icy nous demonstre
Que de fortune n'est la faulte
Ny du dyable si malencontre
Encourons par nostre deffaulte.

☞ Le. iiii.xx.xiii. des lymacõs
& des grenoilles.

FFſ

LEs lymaçons voyantz que les grenoilles
De leur naturé eſtoient moult fort agiles
Pour bien ſaillir en leurs mareſcz & fouilles
Et de nager parfaictement habilles
Eulx au contrairé eſtoient tous inhabiles
Dont de cela ſe ſont plains de nature
Qui les a faictz & crées ſi debiles
Lentz & tardifz plus qu'aultre creature,
 Mais par aprez auoir veu que des ranes
Venoyent ſouuent les anguilles ſe paiſtre
Ces lymaçons iugez ſe ſont bien aſnes
D'auoir ennuy de leur naturel eſtre
Diſant en ſoy, qu'encoré ayment mieulx eſtre
Lentz & tardifz que venir a changer
En aultré eſtat, voyre pour ſe ſubmeſtre
Aux accidentz de peril & danger.

Le moral.

On voit par ceste fable comme
En cuydant estre plus parfaict
Souuentesfoys desire lhomme
Estat encor plus imparfaict.

⚜ Le. iiii.xx.xiiii. des lerotz &
d'un chesne.

Qvelque iour les lerotz des champs
Pasturg & nutriment cerchantz
Veirent vn chesne plain de fruict
Pour duquel auoir l'usufruict
Mieulx a leur gré, tous sans poser
Entrg eulx vindrent a proposer
De mettre cestuy chesng a terre,
Mais l'un d'iceulx les peust enquerre
(Comme le plus discret & sage
A causg & raison de son eage)
Qui les paistroit pour l'aduenir
Si vouloient iusques la venir
Qu'en fin il peussent ruiner
Par s'esforcer desraciner
Cest arbre, lequel chascun an
Leur apportoit force de glan
Pour les nourrir & substenter
Disant qu'a ce faict attenter
Ilz ne debuoient veu que besoing

Eſt d'auoir curǫ eſgard & ſoing
Au temps preſent non ſeullement
Ayns au futur pareillement.

Le moral.

Par ceſtuy fabuleux paſſage
On peult iuger congnoiſtrǫ & voir
Qu'un homme prouident & ſage
Veult touſiours le futur preuoir.

☙ Le. iiii.xx.xv. d'un chien & de ſon maiſtre.

VN ſeigneur fut lequel auoit vn chien
Qui nourriſſoit luy meſmǫ & en ſa table
En le traictant ſans luy eſpargner rien
Mais quād ce chien faiſoit cas irritable

Ou qu'il venoit a eſtre non traictable
Ceſtuy ſeigneur commandoit a ſes gentz
Qu'a l'enchainer & le baſtrǫ en l'eſtable
A chaſcun coup ilz fuſſent diligentz.
 Ce chien eſtant faſché d'eſtrǫ enchaine
Trouua façon & moyen de ſenfuyre,
Mais fut reprins & allors renchainé,
Puis le ſeigneur eſt venu a luy dire
O chien ingrat, quel' choſǫ a peu t'induire
A ten fuyr, entendu que ſi bien
Ie t'ay traicté & qu'en nul cas te nuyre
Ie n'ay voulu, mais te faire tout bien.
 Il eſt bien vray, a ce chien replicqué,
Que ta perſonnǫ aulcun tort ne ma faict
Ny moleſté, irrité ny picqué,
Mais bien tu as commandé, que de faict
On m'euſt a battrǫ, & auſſi qu'en effect
On m'enchainaſt en leſtable, parquoy
Si tes ſubietz m'ont en ce cas meſſaict
I'en donne blaſmǫ a iceulx, aprez toy.

Le moral.

Il eſt demonſtre par la fable
Que l'homme lequel faict meſſaire
Par aultruy, eſt auſſi coulpable
Que celluy qui le mal veult faire.

Le. iiii.xx.xvi. des oyseaulx
craignans les escarboz.

Oyseaulx du ciel voyantz que de fiente
Les escarbotz galetz rondz composoyent
Ilz eurent paour & crainte vehemente
Car en effect a par eulx supposoient
Pour vray qu'iceulx escarbotz proposoient
Les inuader, assaillir & combattre,
Et que par telz galetz se disposoient
A tous leurs arcz les tuer & abatre
Mais vn moysson dict aux aultres oyseaulx
(O compaignons) point ne vous effroyez
Des escarbotz ny des tas & monceaulx
De leurs galetz, entendu que voyez
(Se de voz sens vous n'estes desuoyez)

Qu'aux escarbotz a grant peinę est possible
Iceux galetz rouller, pourtant croyez
Que vous en bastrę a eulx est impossible.

Le moral.

Par c'est apologuę il appert
Qu'on ne doibt vn ennemy craindre
Lequel on congnoit inexpert
Et n'a pouoir fors que de faindre.

❧ Le. iiii.xx.xvii. d'un ours & des mouches a miel.

VN ours picqué lors d'une seulle mouche
Irrité fut en cœur si sierement
Qu'il est venu faire tellę escarmouche
Qu'a demoly la ruchę entierement
De ceste mouchę, ou coustumierement
Tousiours estoit d'aultres mouches gros nombre
Lesquelles ont particulierement
Voulu venger tel dommagę & encombre.

A ceste causę icelles sont venues
De tous costez cest ours enuironner
Puis par apres tant grosses que menues,
A le picquer poindrę & d'ardillonner,
Quand il se veist ainsi gresillonner,
Il sescria, trop mieux il meust esté

D'auoir souffert vne m'aguillonner
Que de plusieurs tant estre inquiete.

Le moral.

La fable nous peult inciter
A estre plus lentz & remiz
De nous venger, qu'a susciter
Par cela plusieurs ennemys.

🕭 Le. iiii.xx.xviii. d'un oyseleur & d'une berée.

VN oyseleur fut tout au long d'un iour
 Tendant ses rethz, durant lequel seiour
Aulcunefoys quelque nombre d'oyseaulx
Comme plouuiers, mauluix, & estourneaulx,
Dedans ses rethz venoient pasture prendre,

Mais defdaignoit les happer & furprendre
Par plufieurs foys, pourtant que trop petit
Le nombrɇ eftoit, felon fon appetit,
Et par ainfi d'heurɇ en heurɇ attendant
Que d'auantagɇ il en vint, ce pendant
La nuyt furuint, dont fut contrainct haller
Adonc fes rethz affin de fen aller,
Mais quand il vint de cefluy coup a voir
Combien d'oyfeaux il pouoit bien auoir
Il ne trouua iamais qu'une berée
Dedans la rethz, furprinfe demeurée

Le moral.

Par la fablɇ on doibt retenir
Que qui trop defirɇ embraffer
Prendrɇ, amaffer & cabaffer
Vient fouuent a bien pou tenir.

ꝑ Le. iiii.xx.xix. de deux che-
uaulx & de leur maiftre.

Aucun gendarme poffedant
Vn cheual tout aultrɇ excedant
Tant eftoit fingulier & beau
Vn aultrɇ achata tout nouueau
Lequel en effect beaucoup moins
Eftoit vaillable, neantmoins

GGg

C'eſt homme plus le cheriſſoit
Et de trop mieulx le nourriſſoit
Que ſon premier cheual, parquoy
Le nouueau eſbahy en ſoy
De ceſtuy cas, l'autrǿ a inquis
Pourquoy il eſtoit plus exquis
Et plus aggreablǿ a ſon maiſtre
Veu que trop moindrǿ il pouoit eſtre,
Pourtant (reſpondit le premier)
Que l'hommǿ eſt ſouuent couſtumier
De prepoſer choſe nouuelle
A la vieille, comme plus belle
Et la plus aggreablǿ auſſi
Combien qu'il ne ſoit pas ainſi
Que ce ſoit touſiours la meilleure,
Mais pourtant qu'elle plaiſt pour l'heure.

Le moral.

La fablǿ au moral nous propoſe
Pour l'entendre ſommairement
Que choſe nouuellǿ on prepoſe
A la vieillǿ ordinairement.

☞ Le. centiéſme d'une truye &
d'un chien.

Vne truyɇ orde fallɇ & immunde
Trouua le chien d'un veneur en fa voye
Auquel el' dict, ie ne fcay en ce monde
Plus fol que toy, ne qui plus fe defuoye
Dentendement, entendu qu'on t'enuoye
Chaffer aux champs pour prendre venaifon
Mais s'il aduient que ton pied fe foruoye
Aulcunement, on te bat fans raifon.
   Le chien oyant les propos deffudictz
Cefte truyɇ a l'inftant a reprins
En luy difant, tu ne fcays que tu dis
Veu que par baftrɇ on m'a fi bien apprins
Et fi bien duict, que maint lieure i'ay prins
Dont chafcun iour fuis nourry & traicté,
Ce que iamais pour vray n'euffe comprins
Qui ne m'euft bien baftu & fouette.

Le moral.

Cefte fablɇ aux enfans demonftre
De prendrɇ en gré & patience
Si on les bat quand on leur monftre
Pour acquerir art & fcience.

☙ Le. ci. des bœufz trainnantz
vn chariot.

Omme troys bœufz vn chariot halloient,
Dedans lequel vne piece de boys
Si grosse estoit, qu'en effect ilz alloient
A bien grand peing & choppoient maintesfoys,
Ce neantmoins la souche a haulte voix
Leur a crié, courez bœufz negligentz,
On debueroit vous assommer tous troys
Veu qu'aultrement vous n'estes diligentz,
Surquoy les bœufz vindrent a luy respondre
Tu as grand tort (ó folle & ignorante)
De tellement nous haster & confondre
Veu que le feu tu feras encourante
D'aultant plustost, & a ta mort courante
Si nous courons legierement, parquoy
Mieulx te vauldroit estre icy demourante
Que desirer te mettre en desarroy.

Le moral.

La fable donne enseignement
Que plusieurs sont tant despourueuz
De leurs sens, qu'appeter sont veuz
Leur malheur & encombrement.

☙ Le. c.ii. d'un enfant & d'une
chardreronnette.

Vn ieune enfant euſt vne chardonnette
Que ſouefuement il nourriſſoit en cage
Et qu'a ſiſſler ia mainte chanſonnette
Apprinſq' auoit, oultre ſon chāt ramage,
Ce neantmoins elle trouuant paſſage
Eſt eſchappéq, aymant trop mieulx enſuyure,
Sa liberté, qu'en obtenant l'uſage
De prou de biens, en captiuité viure.

Le moral.
Par ceſte fablq il eſt certain
Qu'en liberté il plaiſt trop mieulx
N'auoir ſeullement que du pain
Qu'en priſon roſt delicieux.

℣ Le. ciii. d'un caphart & d'ū
eueſque.

VN mendiant voyant par quelque lieu
Paſſer aulcun reuerend perè en Dieu
Vn premier iour de lan, il luy cria
A haulte voix (bon an) puis luy pria
Qui le voulſiſt eſtrener pour le moins
D'un eſcu d'or, l'eueſque neantmoins
De ſa prierè adonc ne tint grand compte
Commè eſtimant qu'il debuoit auoir honte
De requerir & demander tel' ſomme
Quand ce caphard & fallacieux homme
Veiſt qu'il n'auoit peu venir a ſon eſme
Touchant leſcu, au perſonnage meſme
Il a requis qu'a ceſtuy iour de l'an
Il eſtrenaſt d'aulcun gros de millan
Dequoy l'eueſquè encor a faict reffuz
De luy donner, parquoy l'aultre confuz
D'eſtrè eſcondit, ne ſceuſt que fairè adonc
Que le prier encor qu'il luy pleuſt donc
Luy omoſner ſeullement vn deſnier,
Ce que luy peuſt l'eueſque denier,
Dont ce gallant euſt telle facherie
Que par aprez par grande mocquerie
Deuant leueſquè eſt venu a ſe mettre
A deux genoulx, tout au meilleur d'un ayſtre
Luy requerant ſoubz faulſè affection
De luy donner ſa benediction.
Or de cela n'oſa onc l'eſcondire

Monſieur leueſque, ou en rien contredire
Pour & aultant en eſleuant ſes doigtz
Sur luy a faict le ſigne de la croix,
Incontinent ceſtuy miſtere faict
Le mendiant vint a dire en effect
Ie ne te ſcay (monſieur) ny gré ny grace
D'auoir obtins a la preſente place
C'eſt aſcauoir ta benediction,
Veu quel' ne m'eſt de grand' acception
Pourtant que ſi elle euſt vallu de ſoy
Vn ſeul deſnier, ne l'euſſe eue de toy.

Le moral.

Ceſte fable taxe le vice
De celluy qui plus ayme & priſe
Or & argent par auarice
Que les ſacrementz de l'egliſe.

❧ Le. c.iiii. de la huppe indigne
ment receue.

Le iour auquel l'aygle eſpouſa,
Il feiſt vn banſquet preparer
Ou tout oyſeau ſe diſpouſa
Perſonnellement comparer
Et pour mieulx le lieu reparer
Chaſcun voulut ſe mettre en poinct

Sç orner accouſtrer & parer
Des meilleurs habitz qu'il euſt point.
　Or ſur tous la huppe fut celle
Qui fut en la feſte trouuée
La mieulx en ordrç & la plus belle
Neantmoins tous l'on reprouuée
Pourtant qu'elle eſt approuuée
Habiter & viurç en ordure
Qui eſt a toute la couuée
Des huppes, opprobrç & laidure.
Le moral.
La fable nous peult exhorter
Que n'ayons a priſer a rien
Gentz vicieulx ne leur porter
Honneur pour leur richeſſç & bien.

🕮 Le. c v. d'un ſaoulart et des
poyres.

Vlcun ſaoulard iadis fut inuité
A ſe trouuer en vnes eſpouſailles,
Et puis diſner en vn lieu limité
Ou bien penſoit dōner ſur les vitailles
Et de bon vin arrouſer ſes tripailles,
Mais toutesfoys il fut trompé du tout
En s'attendant menger perdrix & cailles
Et a remplir ſon ventre iuſqu'au bout.

Car scauoir fault que la maison des nopces
Estoit distante & loing de son demeure
Enuiron deux ou troys lieues bien grosses,
Et pource affin que par trop ne demeure
Cestuy saoulart peust partir de bon heure,
Or en chemin des poyres vn mouceau
Il a trouue, dont cha, vne estoit meure
Onc toutesfoys n'en gousta d'un morceau
Ains qui pirs est il vint a vriner
Dessus ce fruict, ainsi comme vn villain
Puis par aprez se print a cheminer
Et a marcher ayant aux dentz grand faim,
Mais pas encor il n'auoit faict long train
Qu'il a trouué vn fleuue tresprofundz
Qu'il l'arresta, car il estoit certain
D'estre noye s'eust passe par le fondz.
  A ceste cause icelluy fut contraint
De retourner d'ou il estoit venu
En retournant fut tellement astraint
De fain, qu'adonc il luy est conuenu
(Car aultrement mal y fut aduenu)
Malgré ses dentz de ses poyres vser
Dont au deuant compte n'auoit tenu
Et que du tout auoit peu reffuser.

Le moral.

Par la fable entendre il conuient

Qu'il n'eſt choſe tant inutile
Qu'aulcuneſfois ne ſoit vtile
Quand la neceſſité en vient.
🕮 Le. c vi. d'un mulet & d'un
cheual.

VN mulet voyant vn cheual
Gras & refaict & encor mieulx
Phalere tant a mont qu'a val
De parementz treſprecieulx
Le iugea lors deuant ſes yeulx
Eſtre bien plus heureux que luy
Veu que ſans ceſſẽ & en tous lieux
Il n'auoit que peing & ennuy.
  Mais aprez quelque temps aduint
Que des guerres & des combatz
Ce cheual meſgrẽ & ſecq reuint

Nauré, & bleſſe hault & bas
Sans faire plus ieux n'y eſbatz
Quand ce cas le mulet congnut
Combien qu'il portaſt peſant baſtz
Le plus heureux ſe recongnut.

Le moral.
La fable en moralité ſonne
Que les ſeigneurs princes & roys
Ont des malheurs ſouuentesfoys
Auſſy bien qu'une aultre perſonne.

☙ Le. c vii. d'un pourceau &
d'un aultre cheual.

VN pourceau contemplant encoire
Aultre cheual de guerre, en ſoy
Tendant auoir honneur & gloire
De ce qu'en triumphant arroy
Alloit en guerre & en tournoy
Luy a crié (ô ſol parfaict)
Tu deſires comme ie voy
D'eſtre mis a mort & desfaict.

Surquoy le cheual peuſt redire
Trop plus m'eſt la choſe acceptable
Mourir en honneur a vray dire,
Qu'ordement viure en vne eſtable
Ainſi que toy, & ton ſemblable

Congnu qu'aussi bien mourras tu
Voire sans faire acte honorable
Et qui soit digne de vertu.

Le moral.

La fable monstre euidamment
Que mieulx vault mourir en honneur
Qu'au monde viure meschamment
Acquerant blasme & deshonneur.

❦ Le. c viii. d'un veneur & d'un courrieur.

Certain veneur d'animaulx rauissatz
Côme sont loups & ours fors & puissãs
A vn courrieur s'adressa pour luy vendre,
La peau d'un ours lequel il debuoit prendre

Le lendemain, sans qu'y eust faulte aulcune
A ceste cause vn nombre de pecune
Peust le courrieur au veneur deliurer
Par marché faict, qu'il luy debuoit liurer
La peau de lours, ce que luy a promis
Et de ce faire encore s'est submis
Cestuy veneur, obligeant corps & biens,
Parquoy il print l'endemain tous ses chiens
Et vint au lieu ou il scauoit que lours
Faisoit repaire, & couchoit nuictz & iours
Mais ce pendant encoire fault entendre
Que ce courrieur voulut venir voir prendre
Pour son plaisir c'est ours a ce chasseur.
Or pour aultant qu'il n'estoit fort asseur
De sa personne, en vn arbre est monte
Iusques a tant que c'est ours fut dompté
Et mis a mort, adonc par le veneur
Qu'y en ce cas fut fol entrepreneur
Car ainsi comme il cuydoit d'aulcun art
Tuer cest ours son coup vint aultre part
Choir & tumber sans en riens lours attaindre
L'ours donc voyant qui ne debuoit plus craindre
Cestuy veneur, a cause que du coup
Auoit failly, contre luy bien accoup
Pour l'oultrager il a voulu venir
Lors ce veneur ne sceust que deuenir
Sinon que faindre estre mort sans tirer
Ne pied ne main n'y aussi respirer

Tant que c'eſt ours de luy approchant prez
Sentir ſon corps, eſt venu tout exprez
Et luy voyant que piedz ne mains ne tire
Et qu'en façon du monde il ne reſpire
Comme penſant qu'il fut mort le delayſſe
Sans luy toucher ne faire quelque oppreſſe,
Ains s'en retourne allieurs cercher paſture
(Car pour vray l'ours eſt de telle nature
Que d'un corps mort gouſter il ne veult point)
Or pour narrer le reſte & dernier point
De ceſte hyſtoire, entendre & ſcauoir fault
Que le courrieur qui eſtoit monté hault
Pour voir de l'homme & de lours les combatz
(Comme il eſt dict) eſt deſcendu en bas
Aprez qu'il veiſt que l'ours n'y eſtoit plus
Et eſt venu tout droict, quand au surplus
A demander au veneur ce dequoy
L'ours luy parloit ſi doulcement & coy
Ce temps pendant qu'il le ſentoit ainſi,
L'autre reſpond ſur ce propos icy
Il me diſoit qu'il m'euſt a ſouuenir
Qu'une aultrefoys pour le temps aduenir
Vendre la peau d'un ours ie fuſſe apprins,
Mais que ie l'euſſe ainçois tué & prins.

Le moral.

Qui la fable au moral veult mettre

Il entendra que l'incertain
On ne doibt vouer ne promettre
Ainſi que tout ſeur & certain.

☙ Le. cix. d'un hermitte & d'ū gendarme.

Vn ſainct hermitte admonneſtant
  Vn gendarme, de ce retraire
Hors de l'eſtat de guerre, eſtant
Au ſalut de l'ame contraire
Luy dict (mon amy & mon frere)
Ne veulliez plus ce train enſuyure
Duquel tout mal on voit extraire
Ains prenez aultre eſtat de viure.
  Auquel reſpond l'homme de guerre
Ie my conſentz, veu que nulz gaiges
On n'a plus en mer ny en terre
Et que maintenant aux villages
Plus on ne peult faire pillages
Ne prendre a vn liard de bien,
Pour aultant qu'aux meilleurs meſnages
Au temps qui court n'y a plus rien.

Le moral.

La fable au moral nous denunce
Que maint homme laiſſe a malfaire

Et a vicę & pechè renunce
Quād plus ne peult ou fcayt meffaire.

☙ Le. cx. d'un veufuier & d'u
ne veufue.

VN veufuier fut lequel print vne veufue
En fon fecond mariage, laquelle
Eſtoit encorę en mefnagę affeʒ neufue
Parquoy fouuent regrettoit deuant elle
Son aultre femmę, en femblable querelle,
La veufuę auffy fon mary regrettoit
Qu'ellę auoit eu premier, en facon telle
A chafcun coup l'un l'aultrę inquietoit.

Tant qu'une foys eulx deux feiʒ au foupper
La femme vint vn chappon departir
Que pour tous meaʒ ilʒ auoient pour foupper,

Dont la moytié qu'ellǫ auoit peu partir
Ellǫ a voulu aux poures impartir
Tout pour l'amour de ſon premier mary.
Que mort auoit faict du monde partir
Dequoy eſtoit ſon cœur triſtǫ & marry,
Quand le mary a veu que par ſa teſte
Sa femmǫ auoit ia donné la moytié
De ce chappon, il en a prins la reſte
Et la donné ſoubƷ l'umbre de pitié
Pareillement pour la bonnǫ amytié
Qu'il auoit euǫ a ſa premiere femme
Vers qui iamais il n'euſt inimitie
En priant Dieu qu'en repos fut ſon ame.
  En telƷ deuis, noyſes, auſſy contentƷ
C'eſt hommǫ & femmǫ ont veſcu pluſieurs iours
Sans eſtrǫ en riens l'un de l'aultre contendƷ,
Mais regrettantƷ leurs premieres amours,
L'un a ſa femmǫ & l'autrǫ auoit recours
A ſon mary, ainſi pour ſe venger
CuidantƷ iouer l'un a lautre faulx tours
A leur ſoupper ilƷ n'eurent que menger.

Le moral.

Ceſtǫ apologuǫ enſeignǫ comme
Fol eſt celuy lequel veult prendre
Noyſǫ & procez encontrǫ vn homme

Qui peult se venger & d'effendre.

Le. c.xi. d'un lyon & d'un Rat.

VN lyon estant lors happé
Et en vn laqz bien attrappé
Veist vn rat lequel il cria
Commę il passoit, & luy pria
Qu'il luy pleust tant ronger des dentz
Ce laqz, qu'il peust hors de dedans
Yssir, commę y si estoit mis
En ce faisant luy a promis
De tresbien le recompenser
En tout ce qui vouldra penser
Luy demander a ceste cause
Ce rat sans faire longue pause
Et sans differer & songer

La cordę eſt venu a ronger
Dequoy ce lacqʒ eſtoit tyſſu
Tant que ce lyon eſt yſſu,
Or auſſi toſt qu'il en fut hors
Ce Rat luy a requis allors
Qu'il voulſiſt pour luy ſatisfaire
De ſa fillę & de luy parfaire
Vn mariage, a celle fin
D'eſtre ſon prochain & affin
Ce qu'il obtint, mais de ce faiƈt
Mal luy en print, car en effeƈt
Ainſi comment il ſe pouoient
Eſbatrę enſemblę & ſe iouoient
L'un auec l'aultre comme ſont
Nouueaux mariez, quand ilʒ ſont
Ioyeux & ieunes, il aduint
Que ſur ce rat l'eſpouſe vint
Mettre ſes gris pour dirę en bref
Ne luy penſant fairę aulcun gref
Neantmoins le poignit ſi fort
Que le poure rat en eſt mort.

Le moral.

Il eſt euident par la fable
Que qui veult droictement conioindre
Aulcune choſę il la doibt ioindre
Auec ſon pareil & ſemblable.

Le. cxii. d'un ourme & d'un Ozier.

Comme vn gros ourme eſtāt au pres de leau
De iour en iour d'un oʒier ſe mocquoit,
Ne le priſant enuers luy d'un naueau
Tant s'extolloit & hault ſe colloquoit,
Dont bien ſouuent au cōbat conuocquoit
Ce freſle oſier en l'affermant mobile
De toutes partz, ou vent le prouocquoit
Ou le mouuoit, comme vn arbre debile.
 Mais il aduint que ceſt ourme orgueilleux
Fut abattu par la grande abundance
D'eau ioincte auecq' vn vent ſi merueilleux
Qu'il l'enuoya apprendre a mener danſe
Tout auant l'eau, loʒier voyant qu'il danſe
Et flotta ainſi, il luy cria de loing

En se mocquant, hau voysin par quel' chance
Me laisses tu, sans qu'il en soit besoing.
Le moral.
Ceste fable entend exprimer
Par son moral qu'ambitieux
Superbes & contentieux
On voit bien souuent deprimer.

Le. c.xiii. de la cire appetāt durté.

La cire pensant estre dure
Si par le feu elle estoit cuytte
Ainsi qu'vne tuille qui dure
Long temps aprez qu'elle est recuitte,
Par tel fol penser fut induicte
De se iecter en vn fourneau,
Ou en vn riens el' fut reduicte
Et fondue a coup bien & beau.
Le moral.
Par le moral on peult extraire
Que fol est vne creature
Laquelle appette effect contraire
Directement a sa nature.

Le. cxiiii. d'un laboureur affectant aultre estat.

VN laboureur ayant iadis desdaing
De son estat a raison que le gaing
Estoit petit, en oultre que la peine
Y estoit grande & souuentesfoys vaine
Vendre a voulu tous ses bœufz & ses veaulx
Vaches, moutons, brebis, porcz, & agneaulx
Pour achatter, heaulme, espée, & lance
Vn hallecret, & cheual d'ordonnance
En pretendant s'exercer en la guerre
Tout soubz lespoir de beaucoup plus acquerre
Qu'il n'auoit faict en son labeur champestre,
Considere qu'il voyoit plusieurs estre
Fort opulentz & tresriches des prinses

Qu'au faict de guerre aultrefoys auoient prinses
Tant que vestuz ilz estoient richement
De drap de soye, & viuoient graffement,
Luy donc aorné d'un assez bon arroy
S'est venu mettre au seruice du roy
Qui l'enuoya a l'explaict d'une guerre
Ou fut iecté du premier coup par terre,
Et puis aprez l'auoir eu abbatu
A esté prins empoigné & bastu
Voyre a grandz coups tant d'estoc que de taille,
Et oultreplus durant ceste battaille
Il fut pillé & despouillé tout nu,
En tel estat le poure homme est venu
Chargé de coups, mauldiffant pour tous metz
L'heure & le iour qu'en guerre entra iamais.
Or peu aprez il voulut entreprendre
D'estre marchant, affin de luy mieulx prendre
Parquoy en vente il a ses terres mises
Pour achatter force de marchandises,
Dont il freta vn nauire sur mer,
Ou luy aduint vn cas trop plus amer
Que le premier, quand sur mer n'auoit pas
Ce malheureux encor faict troys repas
Qu'un vent de bise auec tempeste & fouldre
Ne soient venuz a s'esleuer & fourdre
Qui tellement la nef ont agitée
Qu'au fondz de l'eau il l'ont precipitée

Et par ainsi son corps & tous ses biens
Furent perduz sans onc en sauluer riens.
Le moral.
Ceste fable reprend le vice
De ceulx qui desirent changer
De mestier, d'estat & d'office
Veu qu'il y a partout danger.

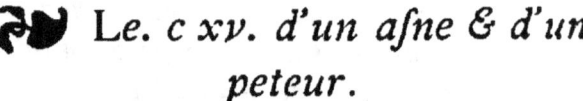 Le. c xv. d'un asne & d'un
peteur.

VN asne voyant vn peteur
 Estre en honneur & auoir gaiges
 D'un seigneur estant appeteur
D'auoir chez luy telz personnages
Villains, tant en faictz qu'en langaiges
Dict qu'honneur mieulx luy competoit
Congnu, que par grandz auantages
De trop mieulx que l'aultre petoit.
Le moral.
Par la fable il est manifeste
Qu'au monde y a beaucoup de gentz
Lesquelz despensent leurs argentz
En chose qui n'est pas honneste.

Le. c xvi. d'une riuiere &
de sa source.

Vne riuiere assez ambitieuse
Dict lors iniure a sa source & fontaine
En soubstendt estre ample & spacieuse
Trop plus qu'icelle & de son plus hault
taine,
Et dauantage encore estre certaine
D'auoir poissons en grande multitude,
La source adonc voyant l'ingratitude
De la riuiere, a son eau retenue
Sans en donner plus goutte, en tel' facon
Que la riuiere est seche denenue,
Dont a l'instant mouret tout le poisson.

Le moral.

Par la fablɇ entendrɇ il conuient
Que pluſieurs tant ſe meſcongnoiſſḗt
Qu'en effect en riens ne congnoiſſent
Dont le bien qui poſſedent vient.

☙ Le. c.xvii. d'un inuocateur du dyable & de ſon dyable.

ADuint qu'un hōmɇ execrable & dāpné
S'eſtāt aydé par pluſieurs foys du dyable
Finablement fut prins & condamné
Pour ſes meffaictz & viɇ abhominable
A ſouffrir mort licitɇ & raiſonnalle.
Or ſur le poinct auquel debuoit mourir
Il inuoqua par vn vouloir damnable
Le dyablɇ, affin d'encor le ſecourir.
 Mais ſcauoir fault que le diable ſuruint
Incontinent qu'il peuſt ouyr ſa voix
En luy monſtrant des ſoulliez plus de vingt
Du tout vſez, & luy diſant tu voys
Commɇ en effect pour eſtre tant de foys
Vers toy venu, vſez ces ſoulliez i'ay
Faſché ien ſuys, pourtant croire tu doibs
Qu'a ceſtuy coup mourir te laiſſeray.

Le moral.
La fablɇ enſeigne que meffaict.

Iamais ne demeure impuny
Et qu'en fin celuy qui la faict
Sera pour la cause puny.

¶ Le. cxviii. des oyseaulx vou
lantz eslyre plusieurs roys.

Ainsi qu'oyseaulx tât des champs q des boys
Estoient ensemble, eurent vouloir d'eslire
Pour leur plaisir plusieurs princes & roys
Pour les regir gouverner & conduire,
En estimant que l'aygle iceulx reduyre
Seul ne povoit en son obeyssance
Et qu'il n'estoit suffisant pour les duyre
Et tenir tous soubz sa force & puissance.
  Mais toutesfoys la corneille peust mettre
A leurs propos une opposition

En foubftenant qu'ilz ne deuoient admettre
En leur confeil tel' difpofition
Tant qu'un appel par propotion
D'erreur, forma elle feulle contrɋ eulx
En leur difant pour refolufition
Pluftoft & mieulx on emplɋ vn fac que deulx.

Le moral.

La fable donne certitude
Qu'il vault mieulx en vne prouince
N'auoir qu'un feul roy ou vn prince
Que plufieurs pour la feruitude.

❦ Le. c xix. d'une fẽme voyant mourir fon mary.

Vne femmɋ ayant fon mary
Lequel el' voyoit expirer
Euft le cœur fi triftɋ & marry
Qu'elle s'eft prinfɋ a fouppirer
Et a foy contre mort irer
Luy difant mort plaine d'ennuy
Vien moy de ce monde tirer
Et laiffe encor viurɋ icelluy.
  Si toft que la prierɋ euft faicte
Voyci la mort afprɋ & cruelle
Hydeufɋ a voir pallɋ & deffaicte,

Quand ceste femme la veist telle
Et quel' tendoit venir a elle
El' luy cria, mort ne me touche
C'est pour mon mary que t'appelle
Lequel se meurt en ceste couche.

Le moral.

Par la fable il fault qu'il souuienne
Qu'il n'est homme pour le iourdhuy
Qu'il n'appette que mal aduienne
Plustost a vn autre qu'a luy.

Le.c.xx. d'un ieune enfant
& de son pere.

Ainsi que dedans vne biere
On portoit en vn cymetiere
Inhumer le corps d'une femme
Et que les prebstres pour son ame
Chantoient, comme ont accoustumé
Quand aulcun corps est inhumé
L'enfant de la poure deffuncte
Sans mal penser ou auoir honte
Ainsi que les prebstres s'est prins
A chanter, mais il fut reprins
A lheure mesme de son pere
Luy disant qu'il eust a se taire
Dequoy l'enfant fut argué

Son pere en a redargué
En repliquant quel vitupere
Ou deshonneur fais ic̨ (ó mon pere)
De chanter? veu qu'il est ainsi
Qu'argent a ces prebstres icy
Tu bailleras pour cest affaire
Si dont gratis ie le veulx faire
Il m'est aduis que ne faulx point,
Le perc̨ en bref a sur se poinct
Respondu, les vns son admis
Affin de plourer les amys,
Aux aultres on baille l'office
De dirc̨ & chanter le seruice
Pourtant chascun doibt regarder
De bien son office garder.

Le moral.

La fablc̨ au moral entendue
Monstre que souuent vn office
Conuient aux vngs comme propice
Ou aux aultres el' est deffendue.

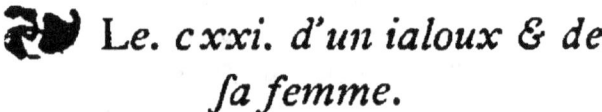 Le. cxxi. d'un ialoux & de
sa femme.

Vn quidam fut de sa femme ialoux
Non pas a tort, döt voluntiers aux loups
Il l'eust baillé a deuourer, affin
D'icelle perdre & en auoir la fin
Tant desplaisant estoit d'icelle femme,
Car bien souuent luy iouoit tour infame
Or il eschat entretant que c'est homme
Par vn veu faict voulut aller a romme,
Luy donc estant en grand crainte & soucy
Et tout perplex, que ceste femme icy
Faire pourroit, pendant qu'il seroit hors
De son pays, ne sceust que faire fors
Que la bailler a quelque sien compere
Pour la garder de promettre impropere
Touchant son corps par foy abandonner
En promettant force argent luy donner,
A son retour, si la charge en veult prendre

Ce qu'en effect l'aultre peuſt entreprendre,
Mais pas gardeɇ il ne la quatre iours
Qu'il n'apperceut quel' iouoyt de ſes tours
Accouſtumeʒ par tel' ruſɇ & fineſſe
Que nonobſtant la vigilancɇ expreſſe
Et le grand ſoing dont vers ellɇ il vſoit,
Ceſte meſchantɇ encoire l'abuſoit
Et decepuoit, a chaſcun coup tant elle
Eſtoit ruſéɇ & pleine de cautelle
A ceſte cauſɇ au mary eſt venu
(Tout auſſitoſt qu'il le ſceuſt reuenu)
Rendre ſa femmɇ, en iurant & diſant
Que point Arguʒ ne ſeroit ſuffiſant
A la garder, combien qu'il euſt cent yeulx
Et quand a ſoy il dict, qu'aymeroit mieulx
Par chaſcun iour aux champs eſtendrɇ & mettrɇ
Vn ſac tout plain de pulces pour y paiſtre
Et puis au ſoir les rendre vne a vne
Et les ſerrer ſans qu'il ſ'en faillɇ aulcune.

Le‑moral.

Ceſte fablɇ entendre nous donne
Qu'impoſſiblɇ eſt ſcauoir garder
Vne femme laquelle s'addonne
Et mait ſon cœur a paillarder.

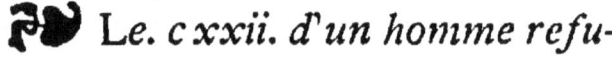 Le. cxxii. d'un homme refu‑

sant vn cliſtere.

Inſi que pluſieurs medecins
Eſtoient venuz reuiſiter
Vn patient, qu'a toutes fins
S'efforçoient a bien viſiter,
Penſer auſſi folliciter,
Pourtant qu'il eſtoit homme riche
Selon qu'ilz l'onoient reciter
Et que d'argent n'eſtoit point chiche.
  Or par apres que tous enſemble
Eurent bien conſulté, l'un d'eulx
A dit, il conuient ſe me ſemble
Luy bailler vn clyſterſ ou deux,
Mais ce propos fut ſi facheux
A ouyr au patient, qu'alors
Il commanda chaſſer iceulx
Et ſans argent les mettre hors,

KKk

En leur difant vous monftrez bien
Chafcun de vous eftrɇ vne befte
Et a guarir n'entendre rien
Entendu que c'eft a la tefte
D'ou vient le mal qui me molefte
Qu'applicquer debuez medecine
Non a mon cul ou n'eft molefte
Ny de maladiɇ aulcun figne.

Le moral.

Par c'eft apologuɇ il appert
Que confeil falubrɇ & utile
Semblɇ a homme qui n'eft expert
Souuent eftrangɇ & inutile.

Apologue d'une afneffe malade & d'un loup.

VN temps fut auquel uny asnesse
Estoit en grosse infirmité
Pendant laquelle aspre detresse
Maladie, & perplexité,
Vn loup faignant estre incité
Par amour vint iusqu'a la porte
Demandant soubz simplicité
A son filz comment el' se porte.
    Quand l'asnesse eust par la creuache
De son huys veu & ouy ce loup
Ayant le cœur faulx traistre & lache
Luy a respondu bien acoup,
Certes ie me porte beaucoup
Mieulx que tu ne veulx, pourtant croy
Qu'encor ne m'auras pour ce coup
Et t'en reua paisible & coy.

Le moral.

La fable au moral nous demonstre
Que maint homme est né en tel sort
Que combien qu'a vn aultre il monstre
Beau semblant il le vouldroit mort.

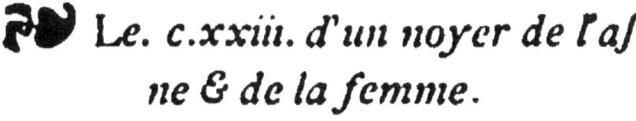 Le. c.xxiii. d'un noyer de l'as
ne & de la femme.

Qvelque femme enquist le noyer
Quel' erreur le pouoit seduire
D'an en an, vouloit s'employer
D'apporter plus & mieulx produire
D'aultant que gentz venoient s'induire
A luy bailler grandz coups de pierre,
Ou de baston, pour le destruyre
En luy menant mortelle guerre.
 Ce noyer inquis peust respondre
A la femme, on voyt ma nature
Touchant cela bien correspondre
A la tienne, car sans basture
Non plus que l'asne par droicture
De bien faire tu n'es amorse,
Dont sommes troys en l'escripture
Qui faisons bien, mais c'est par force.

Nux, asin⁹, mulier, simili sūt lege ligati
hec tria nil recte faciūt si verbera cessēt

Le moral.

Ceste fable icy nous apprent
Que maint de tel vice & peche
Duquel luy mesme est empesche
Bien souuent vn aultre reprend.

  🕮 Le. c xxiiii. d'un asne ne

trouuant fin a ses labeurs.

VN asne ayant de l'yuer grand ennuy
Et fort fasché que durant icelluy
Il endureroit vehementz froydure
Et ne mangeoit que paille encor bien dure
De tout son coeur le printemps aduenir
Il desiroit & soubhaittoit venir,
En estimant qu'en ce temps gracieux
Seroit plus aysé & se traicteroit mieulx,
Mais aussi tost qu'au printemps il peust estre
Il fut contrainct (sans cesser) de son maistre
A luy porter terre, bricque, & argille
En plusieurs lieux pour faire potz & tuylle
Dont luy voyant estre fort molesté
Il commença a desirer l'esté
En pretendant qu'en repos il seroit

Et qu'a porter charge & faiz cefferoit
Lorsque fon maiftre auroit fon aouft a faire
Et qu'il feroit empefché pour l'affaire,
Ce neantmoins durant cefte faifon
C'eft afne fut des champs en la maifon
Toufiours portant orge, blé, veche, & poys
Sans luy donner relache aulcunesfoys,
Dont de l'efte ennuyé grandement
Et fort fafché il fe print ardamment
A defirer & demander automne
Ou en vaiffeaulx cildre & vin on entonne
Penfant toufiours mettre a fin fes labeurs
Peines, trauaulx, miferes, & malheurs,
Mais en ce temps luy aduint encor pire
Et a fouffert plus de peine & martyre
Qu'au parauant, congnu qu'a chafcun coup
On le baftoit & chargoit on beaucoup
En luy mettant fur le doz groffes fommes
Comme de boys, de poyres & de pommes
Ainfi voyant qu'il fouffroit tant de mal
A regretté encor temps hyemal
Pour en repos de rechef eftre mis
Et n'eftre plus en telz labeurs fubmis.

Le moral.
Par la fable il eft afcauoir
Qu'il n'eft temps en la vie humaine

Auquel soit l'homme exempt d'auoir
Ennuy, trauail, misere, & peine.

⚜ Le. cxxv. d'une souris voulāt
contracter amylié auec vn chat.

Plusieurs souris estant dedans le creux
D'une paroy, ilz veirent d'auanture
Sur vn plancher vn chat trescauteleux
Qui les guettoit soubz l'ōbre & couuer-
ture
D'estre amyable & de bonne nature
Comme seroit celle d'un sainct hermitte
Ou d'aultre simple & doulce creature
Tant bien scauoit faire la chatemite,
A ceste cause vne des souris print
A s'approcher, mais ceste faulse beste
Incontinent de ses gris la surprint
Puis la mengea, sans luy faire aultre feste
Pensant auoir par tel moyen le reste
Mais il n'a sceu, car quand les aultres eurent
Congnu la grand malice de sa teste
Prindrēt a suyre, aultant soubdain qu'elz peurēt.

Le moral.

Par la fable on voit que soubz face
Qu'il semble doulce hūble & benigne
Souuent y gist grande fallace

Et affection fort maligne.

Le. c.xxvi. d'un asne & de son maistre.

VN asne fut qui des ans plus de vingt
Auoit seruy vn maistre, sans qu'en rue
Onc eust choppé mais vn coup luy aduint
Quelle choppa, tãt qu'en la fin est chue
Son maistrę adonc la voyant abatue
Comment ingrat & de mauualse sorte
D'vn gros leuier il vous la tant bastue
Qui la laissęę en la place pour morte.

Elle voyant la rudessę & oultrage
Que luy a faictz son maistrę oultrę equité
La estimé d'un treslache courage,
D'vn mauuais coeur, & plain d'iniquité,

Veu que touſiours s'eſtoit bien acquite
De le ſeruir, & que tant ſeullement
Pour auoir faiɑ̃ vn faulx pas, la quiɑ̃é
Apreʒ l'auoir baſtu cruellement.

Le moral.

La fablɇ en moralle ſentence
Monſtre qu'on ne doibt ſ'eſtranger
D'un ſien amy ny le changer
Pour aulcune petitɇ offence.

☙ Le. cxxvii. d'un loup & d'un herichon.

VN loup tendant deuourer & menger
Vn Herichon foubʒ couuerte fallace
Affin de mieulx le pouoir ledenger
Luy diɑ̃, tu as vne mauluaiſe grace
C'eſtaſcauoir qu'en tout temps & eſpace
Portes ſur toy certaines poinɑ̃es d'oʒ
Et que ne vas ny en lieu, ny en place
Que ne les ayʒ touſiours deſſus le doʒ.
  Plus luy a diɑ̃, que les archiers depoſent
Fleches & dars quand plus ilʒ n'ont aſſault
Des ennemys, & qu'en paix ſe repoſent.
Surquoy reſpond le herichon il fault
Et eſt beſoing d'eſtrɇ armé bas & hault

Voyrɤ en tout temps en l'encontre d'un loup
Qui par son art maling, subtil & cault
Tend deuourer aultruy a chascun coup.

Le moral.
En moral l'apologue mis
Monstre qu'on doibt estre pourueu
Tousiours de ce qu'il fault pourveu
Qu'on soit prez de ses ennemys.

☙ Le. c xxviii. d'une escoufle
& d'un Rat.

CErtainɤ escoufle prinsɤ au laqɤ
Y fut longtemps criant helas
Iamais d'yci n'eschapperay
Ains de bref i'y trespasseray

S'aulcun ne furuient d'auanture
Qui me façq au lacqz ouuerture.
Or ainsi quel se tourmentoit
Et quel' plouroit & lamentoit
Vn rat passa qui eust pitié
D'elle, combien qu'inimitié
Aux ratz & souris ayt tousiours
L'escoufle, toutesfoys secours
Il luy donna, quand rongea tant
Ce lacqz des dentz qu'en vn instant
La rompu, ainsi eschappa
Le millan, qui ce rat happa
Puis le mengea sans en effect
Auoir eu regard au bienfaict
Que ce rat luy auoit peu faire
En son grand besoing & affaire.

Le moral.

La fable donne certitude
A qui la veult entendre bien
Que gens remplis d'ingratitude
Rendent souuent le mal pour bien.

☙ Le. cxxix. d'un lymacon re
querant porter sa
maison.

Q Vand Iuppiter forma premierement
Les animaulx, naturɇ & qualité
Il leur donna proprietairement
Commɇ au regnard d'auoir ſubtilité
Au lyon forcɇ, au lieurɇ agilité
Au lymacon de porter ſa maiſon
Et au fourmy d'auoir l'habilité
D'amaſſer grains, quand il eſt en ſaiſon.
  Or eſt eſchu qu'aulcun a faict demande
Au lymacon a quel cauſɇ & pourquoy
Luy qui eſt plain de pareſſe tant grande
Il a voulu porter maiſon ſur ſoy,
Affin (dict il) qu'il ſoit poſſiblɇ a moy
S'il aduenoit que ie feiſſe demeure
Prez d'un voyſin qui me cauſaſt eſmoy
De tranſporter ma maiſon en toutɇ heure.

Le moral.

La fable nous peult inuiter
A estre promptz & diligentz
A tousiours vouloir euiter
Et fuyre aussy meschantes gentz.

Le. cxxx. d'un herichon & d'une couleuure.

VN herichon preuoyant approcher
L'iuer futur, pria vne vipere
De luy prester son terrier pour coucher
Et pour tenir auec elle repaire
Iusques a tant que l'iuer se tempere,
Ce qu'en effect la couleuure a permis
Par le moyen qu'a elle il obtempere
Sans la greuer, ce que luy a promis,
   Mais pour aultant que le terrier & creux
De la couleuure, estoit vn petit moindre
Qu'il ne debuoit, & qu'ainsi tous les deux
Estoient contrainctz de s'approcher & ioindre,
Le herichon venoit souuent a poindre
Ceste couleuure ayant grand desplaisance
D'auoir voulu onc icelluy adioindre
Et accueillir pour luy porter nuysance.
   Tant quel' luy dict qu'il eust a s'en aller
Et yssir hors, si cestoit son plaisir,
Mais luy redict que pour tout son parler

Riens n'en feroit, & que si desplaisir
Il luy faisoit, qu'elle eust a se saisir
D'un aultre lieu sel' vouloit pour loger,
Car quand a luy ne veult se dessaisir
De c'est endroict ny en riens desloger.

Le moral.

La fable enseigne bien exprez
Que plusieurs communement logent
Aucunes gentz qui par aprez
Et en fin souuent les deslogent.

Le. c.xxxi. d'un lieure & du Regnard.

COmme le lieure protestoit
Contre le regnard, qu'il estoit
Beaucoup plus noble & precieux

Que luy, entant qu'il couroit mieulx
Le regnard luy vint a redire
Vray eſt point ne veulx contredire
Que cours & fuys trop mieulx que moy,
Mais i'ay engin plus fin que toy
Pour lequel bien ſouuent i'obtiens
Qu'euite mieulx que toy les chiens.

Le moral.

Par la fable on peult inferer
Qu'un engin & art naturel
Eſt en tout temps temps a preferer
A quelconque effort corporel.

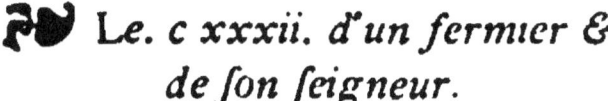 Le. c xxxii. d'un fermier &
de ſon ſeigneur.

AVlcun fermier aſſez inepte & rude
Vint voir vn iour en la ville ſõ maiſtre
Homme treſdoẽte, eſtant ſeul a l'eſtude
Parquoy peuſt lors ce fermier s'entremettre
A l'enquerir, comme ſeul pouoit eſtre
L'aultre luy dict, ſeul nay eſté encoire
Sinon depuys qu'icy t'es venu mettre
Auecques moy dedans mon eſcriptoire.

Le moral.

La fable en ſon moral declare

Qu'un hommɇ ayant litterature
S'eſtime ſeul, ſi d'auanture
Il eſt auec vn hommɇ ignare.

🕭 Le. cxxxiii. d'ū loup couuert
　　de la peau d'une brebis.

VN loup couuert & veſtu de la peau
　D'une brebis, deuouroit chaſcun iour
　A tout le moins vn mouton du troppeau
D'aulcū paſteur, mais luy voyāt le tour
Qui luy iouoit, luy donna ſon retour,
Car il a prins & puis aprez pendu
Au plus hault arbrɇ & plus prochain d'entour
En tel eſtat la laiſſe ſuſpendu.
　Or de ce cas tous les aultres paſteurs
Ont ce bergier tresfort redargué

En estimant & pensant en leurs coeurs
Que par colere il se fut argué
Tant qu'il eust vn de ses moutons tué
Et puis pendu, mais il leur dist alors
Que ce n'estoit qu'un loup habitué
D'auoir la peau d'un mouton par dehors

Le moral.

La fable monstre que soubz face
Ou habit de simplicité
Gist souuent couuerte fallace
Et lupine ferocité.

✑ Le. cxxxiiii. d'un pere & de son enfant.

VN pere fut ayant son filz vnicque
Mauuais garçon & menant viɒ inicq̄
Commɒ a tout ieu & vicɒ abandonné
Sans estrɒ a riens a bien fairɒ adonné,
Parquoy son perɒ en son cœur en a prins
Grand desplaisir, tant qu'il la fort reprins
En l'exhortant doulcement a bien viure
A bien se duyrɒ & a vertu ensuyure
Sans plus ainsi iouer, ou tauerner
Hanter bordeaux, & mal se gouuerner.
 Mais ce gallant luy a dict (ô mon pere)
S'a vostre dirɒ & conseil n'obtempere
Encontre moy courroucé n'en soyez
Et n'ayez deul, car il faut que croyez
Que i'ay peu ouyr des prescheurs plus de mille
Desquelz le moindrɒ estoit trop plus habile
Pour bien parler, qu'oncques ne fustes, mais
Ce neantmoins ilz ne peurent iamais
Par leurs sermons me faire diuertir
De mon vouloir, n'en riens me conuertir.

Le moral.

Par la fablɒ est determinè
Qu'en vain & pourneant on exhorte
A bien fairɒ, vn hommɒ obstinè
Et qui est de mauuaise sorte.

Le. cxxxv. d'un pasteur & de son chien.

Vieux pasteur avoit iadis vn chien
Auquel bailla son troupeau a garder
Luy enchargeant & commandant q̃ bien
Il eust sur luy tousiours a regarder
Pour le desfendre, aussi contregarder,
Ce que le chien peust au pasteur promettre,
Mais tost apres & sans beaucoup tarder
Il a esté desloyal a son maistre.
  Car chascun coup esgorgeoit vn aigneau
Ou vn mouton le meilleur qui fut point
En simulant & faignant bien & beau
Qu'au vray le loup l'auoit mis en tel poinct,

Mais le bergier vint vn coup si apoinct
Que le chien mesmɇ il trouua sur le faict,
Parquoy luy dict plus de ton contrepoinct
Ne me iourras, ains mourras en effect.
  Quand cestuy chien eust ouy tel' menace
Au pasteur dict, tu me ferois grand tort
Et auroyes cœur plain de mauluaise grace
De me vouloir tuer & mettrɇ a mort
Congnu, que c'est au loup que ton effort
Doibz employer pour le perdrɇ & destruyre
Et non vers moy, qui te sers de renfort
Encontre luy s'a ton troppeau veult nuyre
  Immo c'est toy que doibz faire mourir
A respondu le bergier, quand soubz l'ombre
De mes moutons garder & secourir
Tu les mengeuz & leurs portes encombre
Diminuant de iour en iour le nombre
Plus que le loup, parquoy sur vn millier
Pirɇ ennemy ie ne reputɇ ou nombre
Que le celluy lequel est familier.

Le moral.

La fablɇ au moral signifie
Qu'un ennemy couuert plus grefue
Qu'aultre duquel on se deffie
Parquoy dessert peine plus grefue.

Le. cxxxvi. d'un belier vou
lant batailler contre vn taureau.

VN belier voyant qu'il mattoit
Tous aultres par ſa grand vaillance
Et qu'au iouſter les abbatoit
Deuint ſi plain d'oultrecuidance
Qu'il voulut par ſon arrogance
A vn taureau donner l'aſſault
Qui luy monſtra ſon inconſtance
En le mattant du premier ſault.
　Quand le belier vint a ſentir
Qu'il eſtoit vaincu, il s'eſt prins
A ſe marrir & repentir
Confeſſant luy eſtre meſprins
D'auoir ce combat entreprins
Diſant tacitement & coy
Qu'il eſtoit de follie eſprins
D'aſſaillir vn plus fort que ſoy.

Le moral.

La fable au moral bien comprinſe
Monſtre que c'eſt follie extreſme
Et oultrecuidée entreprinſe
D'aſſaillir plus fort que ſoy meſme.

Le. cxxxvii. d'une veufue & de son asne verd.

Certaine veufue appetāt iours & nuictz
Sentir encor les plaisirs & deduictz
Du ieu d'aymer, dont n'estoit assouuie
Desiroit fort & auoit grand enuie
D'abandonner son estat de vefuage
Et derechef prendre aulcun personnage
Qui fut ouurier pour la bien labourer,
Et pour son bat fermement rembourer
Mais el' n'osoit pour le blason des gentz
Lesquelz sont promptz & aussi diligentz
A mal parler & mesdire des femmes
Les reputant meschantes & infames
Si leur aduient qu'elles se remarient,
Pourtant qu'en dictz & parolles varient,
Ce qu'entendant vne siene commere
Laquelle eust bien par eage esté sa mere
Luy vint a dire & a persuader
Qu'a bien grand peine el' pourroit euader
Qu'on n'en parlast pour le commencement,
Mais qu'en aprez le bruit tout doulcement
S'appaiseroit & viendroit auoir fin
A traict de temps, oultre pour & affin
De luy donner mieulx le cas a entendre

Luy dict, qu'elle euft a son asne blanc prendre
Et que de verd el' le feift paindre en huylle
Et puis qu'ainfi l'enuoya par la ville
Pour voir comment les gens sesbahiroient
Et comme auffi aprez luy ilz yroient
Pour quelque temps, mais aprez l'auoir veu
En telle sorte & plufieurs foys reueu
N'en feroient plus ne bruit ne mention
Lequel confeil de bonne inuention
A cefte veufue execute & faict
Et tout ainfi la trouué en effect
Que luy auoit fa commere predict
Parquoy fans plus le blafon ne le dict
Des gens doubter, a voulu fe remettre
En mariage affin qu'elle peuft eftre
A fon plaifir & qu'a chafcune foys
Quelle vouldroict on fourbift fon harnoys.

Le moral.

La fable au fens moral contient
Que quand vne chofe eft nouuelle
Vn chafcun tient fon blafon d'elle
Mais toft aprez compte on nen tient.

☙ Le. cxxxviii. d'un aygle &
d'un Regnard.

Vn iour passé quelqu' aigl' audacieux
Print & rauit six petis regnardeaux
Lesquelz pour metz aussi delicieux
Que sõt poulletz ou ieunes canardeaux
Les a portez a ses petis oyseaulx,
Ce temps pendant que leur pere regnard
Tracassoit champs villages & hameaulx
Pour auoir coqz & poulles par son art
 Quand ce regnard fut reuenu chez luy
Il apperceut l'aygl' auoir emporté
Ses regnardeaux, dont tristress' & ennuy
Dedans son cœur a conceu & porté
Tant que vers l'aygl' adonc s'est transporté
En luy priant qui les eust a luy rendre
Et soubtenant qu'il s'estoit mesporté
De les venir iusqu'a son terrier prendre.
 Neantmoins l'aygl' estimant a part soy

Que ce regnard n'eust sceu fort l'empescher
A la raison de la haulteur, en quoy
Estoit son nid, est venu despescher
Les regnardeaux en maintz morceaux de cher
Pour en nourrir les siens en la presence.
De ce regnard, mais vendue bien cher
A l'aygle fut aprez tell' insolence
  Car le regnard des gris & du museau
Vint tellement fouyr en la racine
De l'arbre auquel' auoit cedit oyseau
Posé son nid, qu'enfin le defracine
Dont a l'instant est cheu par tel' machine
Et quand & quand tous les petiz aussi
Que le regnard a mis tous en ruine
Par les menger, en se vengeant ainsi.

Le moral.

La fable donne enseignement
Qu'homme n'est si foyble ou petit
Qu'encore petit a petit
Au grand ne donne empeschement.

Le. cxxxix. d'un loup marin appetant regner en la mer.

VN loup marin quelque iour deſcendit
De la grãd mer en fleuue de doulcq́ eau
Auquel a luy tout poiſſon ſe rendit
Cõmq́ a ſon roy, pource qu'il eſtoit beau
Et plus puiſſant que brochet ou barbeau
Craint & doubte ſur tout aultre poiſſon
Fut il ſaulmon, turbot & aloſeau
Ainſi que l'ayglq́ au regard d'un moyſſon,
 Quand il ſ'eſt veu, ainſi doubté & craint
Et en ce lieu auoir tellq́ eminence
Il a eſté d'ambition attainĉt
En appetant plus grand preéminence,
Parquoy ſur tel fol deſir & credence
Saillit du fleuuq́ & vint en plaine mer
Cuydant regner & par ſon imprudence
Se fairq́ illec roy des poiſſons nommer.
 Mais le daulphin puiſſant & vertueux

Voyant ce loup de gloire treſſaillir
Commę arrogant & ſort preſumptueux
Il l'eſt venu tellement aſſaillir
Qu'il la contrainct au pluſtoſt de ſaillir
Hors de la mer, & de ſoy retirer
En demonſtrant ſon ſens bien luy ſaillir
D'auoir voulu a tel' choſę aſpirer.

Le moral.

La fable monſtrę a n'attenter
En cas lequel eſt impoſſible
Ains de cela ſe contenter
Qu'acquerir a nous eſt poſſible.

☙ Le. cxl. d'une brebis & de ſon paſteur.

Ainſi comment vne brebis diſoit
A ſon bergier qui ſe monſtroit vers elle
Fort inhumain quand ne luy ſuffiſoit
D'auoir le laict de ſa propre mamelle
Dont nourriſſoit ſa famillę & ſequelle
Ains chaſcun an encoire la tondoit
Tant qu'en perdoit ſa beaulté corporelle
Et que ſouuent aux champs en morfondoit,
A quoy ſoubdain le paſteur reſpondit
(O poure follę entend, qu'il eſt a moy

S'il me plaisoit sans aulcun contredict
De faire prendre & tes enfans & toy
Et chascun faire escorcher a part soy
Sans que personne en riens m'en sceust garder,
Ce qu'entendant la brebis se teust coy
De paour qu'elle eust de son corps hazarder.
Le moral.
Par ceste fable entendre on peult
Qu'on ne doibt murmurer en riens
Vers celluy qui a droict (s'il veult)
de nous oster & vie & biens.

Le. c xli. d'un charetier & de son char.

Certain charetier quelquefoys
Enquist son char tout faict de boys,
Pourquoy la pire de ses roes
Tant en beaux chemins comme en boes
Coustumierement se trainoit
Et sans cesse & fin se plaignoit
Ce que les aultres ne font point,
Mais le char luy dict sur ce poinct,
Ne voys tu point euidamment
Que gens malades notamment
Sans trop plus que les aultres plains
De pleurs de querelles, & plains?

Le moral.
La fable entendue au moral
Clerement enseigne que ceulx
Qui souffrent douleur peine & mal
Coustumierement sont facheux.

¶ Le. c xlii. d'un riche homme
& de ses amys.

Vlcun riche homme appetant a sçauoir
Ses vrays amys & aultres ß semblable,
Conuocqua tous ceulx qui pouoit auoir
En leur faisãt chez luy bãcquet notable
Or ainsi comme ilz estoient seiz en table
Ce riche a faindt que tous ses ennemys
La vouloient mettre a mort ineuittable
Si deffendu n'estoit par ses amys.

A ceste cause iceulx pria bien fort
De le vouloir secourir & deffendre
Et luy ayder entant que leur effort
En cestuy cas & faict se peult estendre,
Mais oncques nul y a voulu entendre
Exceptez deux qu'ilz a trouuez loyaulx
Dont les voulut pour ses vrays amys prendre
Estimant tous les aultres desloyaulx.

Le moral.
Morallement la fable prouue
Qu'a besoing & necessité
Et non en la felicité
Les parfaictz amys on approuue.

☙ Le. cxliii. d'un regnard &
d'un lieure.

Commͤ vn regnard eſtoit chaſſé de prez
Et d'eſtre prins auoit quaſi la fiebure
Pria les chiens leſquelz couroyent aprez
De le quicter, en leur monſtrant vn lieure
Caché dedans vn buyſſon de ienieure
Duquel la chair eſtoit plus tendrͤ & ſade
Que d'un agneau ou d'une ieune chieure
Et au contrairͤ eſtoit la ſiene ſade.
 Or quand le lieurͤ entendit le parler
De ce regnard, il print ſoubdain la fuytte
Et chiens aprez commencerent aller
Sans plus donner a ce regnard pourſuyte,
Ce neantmoins toute leur courſͤ & ſuyte
Si n'ont il peu ce lieurͤ encor happer
Car il couroit de trop mieulx & plus viſte
Que nul des chiens deſirantz l'attraper
 Or eſt eſchu qu'aprez vn iour ou deux
Le lieure vint a trouuer ce regnard
Auquel il dict, qu'il eſtoit dangereux
Fort de la languͤ & pire qu'un leſart
Quand l'aultre iour il lemeiſt en hazart
D'eſtre ſurprins, par aux chiens l'accuſer,
Mais le regnard vſant de ſon faulx art
De flatterið, adonc peuſt s'eſcuſer
 Diſant au lieurͤ en effect tu as tort
De me blaſmer pour t'auoir faict honneur
Qu'euſſes tu dict ſi ieuſſes faict rapport

Qui t'euſt porté opprobrɇ & deſhonneur
Par denigrer ce que tiens de bon heur
C'eſt aſcauoir ta chair tant courtɇ & tendre?
Fors qu'a bon droict ainſi qu'un blaſonneur
Ou vn menteur, a m'accuſer pretendre

Le moral.

La fablɇ en moralité ſonne
Que ſouuent ſoubz vmbrɇ & eſpece
De collauder vne perſonne
on la mait en ruinɇ expreſſe.

☙ Le. cxliiii. d'un aultre lieure & regnard & de Iuppiter.

VN aultre lieurɇ a Iuppiter pria
 De luy donner ſubtilité vulpine,
Et vn regnard auſſi le depria
Luy ottroyer legierté leporine,
Mais Iuppiter dict que des l'origine
Du mondɇ, il a a chaſcun imparty
Son naturel, auquel veult qu'il s'incline
Sans appeter des aultres le party.

Le moral.

La fablɇ enſeigne que dieu donne
Et conferɇ a la creature

Don particulier de nature
Ainsi que son plaisir l'ordonne.

Le. cxlv. d'un bon cheual, mais mal orné.

Adis fut faict vn tournoy de cheuaulx
Pour voir lequel seroit le mieulx appris
Tāt pour courir par montz comme par vaulx
Et en gaignant luy conferer le prix
Auquel tournoy plusieurs de gloire espris
Ont amené cheuaulx fors & puissantz
Bien phalerez & plains de grandz espritz
Pensant du prix les faire iouyssantz.
 Mais sçauoir fault qu'un quidam amena
Vn sien courtault de harnoys mal pourueu
Lequel vn tour ou deux il pourmena

OOo

Or auſsi toſt que les aultres l'ont veu
Si mal en ordrɇ & ainſi deſpourueu
De luy ſe ſont prins a rirɇ & mocquer
Et puis afin que plus ne fut reueu
Ont machiné par mort le ſuffocquer
  Ce nonobſtant malgré eulx & leurs dentz
Ceſtuy courtault ſur les rengs ſe vint mettre
Et a donné ſi fermement dedans
Qu'il eſt venu par bien courir, a eſtre
D'iceulx cheuaulx victorieux & maiſtre
Et par ainſi le prix obtint luy ſeul
Et fut loué a dextrɇ & a ſeneſtre
Dequoy ont eu les aultres fort grand deul.

Le moral.
La fablɇ au moral monſtre comme
On doibt regarder en effect
(Pour bien iuger) a l'œuurɇ & faict
Et non point aux habitz de l'homme.

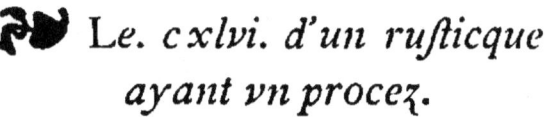 Le. cxlvi. d'un ruſticque
ayant vn procez.

A *Vlcun ruſticquɇ ayant vn gros procez*
Fondé en cas de matiere ciuile
Venoit ſouuent tout pour auoir acces
En la maiſon d'un aduocat de ville

Mais pour aultant qu'il estoit homme vile
Et qu'il venoit sans riens tendre ou bailler
Les seruiteurs d'illec auoyent le stille
De le laisser en la porte bailler.
 Quand ce bon homme a veu que plusieursfoys
On luy faisoit la court faire en la porte
Et que visage on luy monstroit de boys
Il fut querir vn cabry, qu'il apporte
Lequel il feist beller de telle sorte
Que le portier voyant par vn pertuis
Cestuy cabry que ce rusticque porte
Incontinent luy vint a ouurir l'huys.
 En luy disant mon amy vous soyez
Le bien venu, entrez hardiment ens
Monsieur y est tout seul, pourtant croyez
Que n'eussiez peu venir en meilleur temps
Pour vous ouyr, non ainsi que i'entendz
(Dict le bon homme) & que ie voy a l'oeil,
Mais grace en rendre a mon cabry pretends
Car c'est par luy qu'on me faict tel raceuil.

Le moral.

La fable au sens moral comprinse
Enseigne comme au temps present
Faire conuient don & present
Pour iouyr de quelque entreprinse.

Le. cxlvii. d'un ieune homme.

VN ieune filz en son aage virile
Print a espouse & a femme vne fille
Laquelle estoit plaisante & amyable,
Mais tellement estoit insatiable
Du ieu d'aymer que pour luy satisfaire
Cestuy gallant tant souuent luy peust faire
Qu'il en deuint sec, mesgre & douloureux
Tout enerué debile & langoureux,
Or ainsi comme icelluy tout remis
Pour s'eschauffer au soleil s'estoit mis
Il veist vn loup fuyant au fondz d'un val
Aprez lequel tant a pied qua cheual
Plusieurs veneurs couroient pour l'attrapper,
Ce nonobstant il leur peust eschapper

Dont aux chaſſeurs retourner il conuint,
En retournant, ce langoureux leur vint
A demander quaſi par les reprendre
Pour quel' raiſon ce loup n'auoient ſceu prendre,
Pour & aultant reſpondirent lors tous
Qu'il court trop mieulx & trop plus fort que nous
Ha pour certain replicqua le pourq̄ homme
Ce loup ne doibt eſtre marié comme
Ie ſuis pour lors, congnu pour abreger
Qu'il ne feroit au courir ſi legier
Ny de ſon corps tant deliurq̄ & aleſgre
Ains comme moy ſeroit debilq̄ & meſgre.

Le moral.

Par ceſt apologuq̄ il appert
Qu'homme ſubiect & incité
Aux œuures de lubricité
Sa force corporellq̄ en perd.

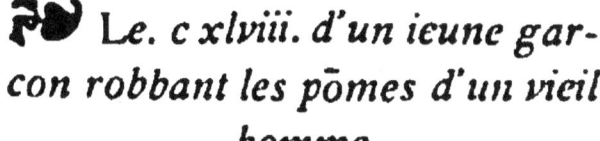 Le. c xlviii. d'un ieune gar-
con robbant les pōmes d'un vieil
homme.

A Vlcun vieillard voyant vn ionuēceau
En vn iardin mōte iuſqu'au couppeau
D'un ſien pōmier, pour pōmes y cueillir
Vint icelluy par menacq̄ acceuillir

En luy difant, qu'il euft toft a defcendre
Ou aultrement il luy pourroit mefprendre
Et neantmoins faulue fa bonne grace
Et pour fon dirє & toute fa menace
Ce ieune gars defcendre n'a voulu,
Quand ce vieillard le veift fi refolu,
Tant obftiné pertinax & fuperbe
Il luy iecta de groffes bottes d'herbe
Difant en luy, certes i'efprouueray
S'aulcune forcє en herbes trouueray
Pour du pommier te faire deualler
Sans plus ainfi mes pommes aualler,
Puis que regard tu n'as a la menace
Ny a propos que ie te dis & face,
Mais de cela ne fe feift onc que rire
Ce ieunє enfant, ains fut plus prompt a dire
A ce vieil hommє opprobrє & vitupere,
Quand fe mocquant encor luy improperе
Qu'il eftoit tout de vielleffє affoté
Plain de folyє & quafi radotté,
Ce quentendant ce vieil homme dict lors
Qu'il effayroit par luy iecter au corps
Quelle vertu pierres pouoient auoir
Et pour affin de l'entendrє & fcauoir
D'unє eft venu cefluy gallant attaindre
Par tel façon, qu'adonc le peuft contraindre
A deualler & a bien toft defcendre

Puis deuant luy a deux genoulx se rendre
Luy requerant pardon de son meffaict
En confeffant auoir faulte de faict
Que pierres ont, plus de force efficace
Et de vertu qu'aulcune herbe ou menace.

Le moral.

La fable en fens moral tranfmife
Monftre aux grandz petiz & moyens
A effayer tous les moyens
De paix ains qu'ufer de main mife

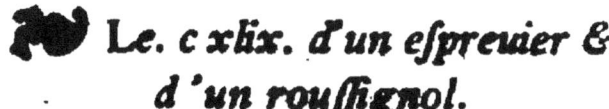

Le. cxlix. d'un efpreuier &
d'un rouffignol.

VN efpreuier ayant grand faim
Vn rouffignol furprint en laer

Qui luy pria que fauf & fain
Il luy pleuſt le laiſſer aller
Sans le menger ny aualler
Promettant que pour la pareille
De ſon doulx chant a vray parler
Luy recrera fort ſon aureille.
 Mais leſpreuier luy dict, que mieulx
Aymoit de luy remplir ſa pance
Qu'ouyr ſon chant harmonieux
Ou de ſa voix la reſonnance
Entendu que touchant l'inſtance
D'auoir plaiſir ſe peult paſſer,
Mais ſans prendrǫ aulcune ſubſtance
Contrainct ſeroit de treſpaſſer.

Le moral.

La fablǫ au moral expoſée
Monſtre que la choſe qui duict
Doibt eſtrǫ a celle prepoſée
Qui ſeullement playſir induict.

 ❦ Le. cl. d'un lyon eliſant le
pourceau pour fidele amy.

L E lyon voulut acquerir
 Vng amy loyal & fidele
 Des beſtes ſe peult enquerir

Mais nulle il trouua de vray zele
Ains desloyalle & infidele
Fors le pourceau, lequel congnu
Qu'au besoing amytié ne cele
Pour vray amy la recongnu.
  Quand les aultres bestes on veu
Que ce lyon par acointance
D'un tel amy cestoit pourueu
Vile & ord, en toute importance
Ilz l'ont fort reprins d'inconstance,
Mais il leur dict, qu'il a ce faict
Pourtant qu'au besoing sans doubtance
Le porc se monstre amy parfaict.

Le moral.

La table au moral pretend dire
Qu'il fault auoir regard & soing
D'iceulx amys pour vrays eslyre
Lesquelx ne faillent au besoing.

🙾 Le. cli. d'un tahon & de
la mouche a miel.

Comme vn tahon par raisõ & bõ droict
Au tẽps d'yuer mouroit de faim & froid
Pourtant qu'en rien par son oysiueté
Au temps d'esté songneux n'auoit esté
D'amasser biens, & encor moins d'amis
Deuers la mouche amiel s'est transmis
En luy priant qu'elle peust l'acceuillir
Et pour varlet seullement receuillir
Luy promettant l'art de musicque apprendre
A ses enfantz & en cest art les rendre
Tresbien experdz, mais il fut escondit
De ceste mouche, & pourtant el' luy dict
Que mieulx aymoit & auoit plus d'enuie
De leur apprendre art pour gaigner leur vie
Et pour garder d'auoir necessité
Ou de leur pain querre en mendicité
Qu'une science ou de faim ilz mourroient
Et d'ou leur vie auoir ilz ne pourroient.

Le moral.
La fable monftre qu'il conuient
Apprendrǿ aux enfantz art vtile
Pluftoft que fciencǿ inutile
D'ou plaifir feullement prouient.

⚜ Le. c lii. de l'afne efleu trompette des beftes & du lieure ef-
lu meffager.

Ors qu'animaulx & beftes de la terre
Encōtrǿ oyfeaulx auoiēt mortelle guerre
Le lyon roy preuoyant les affaulx
Qui debuoiēt eftrǿ, affembla fes vaffaulx
Et tint confeil pour voir & ordonner
Quand bon feroit de bailler & donner
Iour aux oyfeaulx pour combatrǿ, au furplus
Pour regarder quel' befte feroit plus
Proprǿ a conduirǿ & mener l'auant garde
Et quellǿ auffi pourroit mieulx prendre garde
A gouuerner la bataillǿ & les aelles
Pareillement pour conftituer celles
Qui auroient foing de guetter a lefcart
Les ennemys pour leur bailler leur part.
Or par aprez auoir bien tout l'affaire

Qu'au faict de guerre il appartient de faire
Deliberé & entre eulx disposé
Cestuy lyon a dict & proposé
Qu'en cestuy faict en riens n'estoient vtiles
L'asne & le lieure, ains du tout inutiles
En tant que l'asne a tout ses grandz aureilles
Est paresseuse & tardif a merueilles,
Et quand au lieure il estoit fort timide
Et qu'en luy force ou pouoir ne reside
Parquoy scelon son aduis a tous deux
Mieulx conuiendroit de se tenir chez eulx
Sans se trouuer quand les coups se donroient
Considere que plustost ilz pourroient
Nuyre qu'ayder, l'un pour tardiueté
L'aultre a raison de sa timidité,
Quand ce lyon eust acheué son dire
L'ours deuant tous au lyon vint a dire
Il est bien vray (O noble & puissant roy)
Que naturelz accidentz ont en soy
L'asne & le lieure assez mal conuenables
Au faict de guerre & mal recommendables,
Mais nonobstant en leur baillant office
Laquelle soit conuenable & propice
A leur personne ayder pourront beaucoup
Et pour le cas decider bien acoup
Et les moyens entendre fault que l'asne
A haulte voix & resonnante organe

Et pour aultant de droiƈ il luy compette
D'auoir l'officɇ & charge de trumpette
Pour inciter les cœurs de voʒ gentʒ darmes
A vaillamment se gouuerner aux armes,
Puis quand au lieurɇ en tant qu'il est agile
Legier du corps & de courir habile
Bien nous pourra ayder & soullager
Pour nous seruir d'un loyal messager
Sans craindrɇ en riens ou auoir paour des coups
Veu que par droiƈ est deffendu a tous
De faire mal, violencɇ & oultrage
Tant aux heraulx qu'a ceulx qui font message,
Or tout ainsi que lours a recordé
Les aultres l'ont tenu & accordé.

Le moral.

La fable donnɇ enseignement
Qu'il n'est point homme tāt impropre
Lequel ne seruɇ aulcunement
Mais qu on luy baillɇ office propre.

☙ Le. cliii. des coulombʒ &
des espreuiers.

LEs pingeons & les colombelles
 Voyant les eſpreuiers entrę eulx
 Fairę & mouuoir guerres mortelles
Ont tant faiƈt qu'en la fin iceulx
Ont appaiſé, mais tresfacheux
Leur fut par apreʒ ceſt accord
Et auſſi trop plus angoiſſeux
Que n'auoit eſté leur diſcord
 Car quand les eſpreuiers ſe veirent
L'un enuers l'aultre bons amys
Pingeons & colombes rauirent
Et a mort les ont tous ſubmis
Comme leurs mortelʒ ennemys
Les contraignant ſe repentir
De les auoir en accord mis
Pour telʒ maulx leur faire ſentir.

Le moral.

La fable monſtre laiſſer viure
Les mauluais en noyſǄ & diſcorde
Car quand entrǄ eulx ſont en cōcorde
Aux bōs ſōt veuz tout mal pourſuyure.

🙰 Le. c liiii. de la femme portāt
feu en la maiſon de ſon mary.

A Vlcun ſagǄ hommǄ eſpouſant vne femme
Et lors inquis que pretendoit la flamme
Ou le flambeau que l'eſpouſǄ en ſa dextre
Touſiours portoit iuſqu'a tant qu'el' peuſt eſtre
En la maiſon de ſon eſpoux venue,
A reſpondu ſur tel deſconuenue
Que le flambeau que la femme portoit
Signifioit que le feu apportoit
En la maiſon de ſon mary, affin
De conſommer & de tout mettrǄ a fin.

Le moral.

La fablǄ au moral nous apprend
Que mainte femmǄ eſt quaſi comme
Vn feu lequel ard & conſomme
Les biens du mary qui la prend.

🙰 Le. c lv. d'un commiſſaire
larron.

VN lieutenant de certaine prouince
Accusé fut d'auoir robbé & pris
Aulcūs deniers appartenātz au prince
Dont grandement il a esté repris
Et condampné les rendre au double prix
Ainsi aprez auoir eu grand honneur
En la prouince il fut par son mespris
Destitué & mis en deshonneur.
   Or en rendant voyre en son grand regret
L'argent duquel il estoit redeuable
Aulcun a dict tout hault non en secret
Ce lieutenant aux femmes est semblable
Aux quelles est chose fort aggreable
Et grand playsir, quand on leur faict enfantz
Mais ce leur est douleur intolerable
A mettre iceulx hors des materneulx flans

Le moral.
Par la fable on voit le plaisir
Que l'homme a de piller & prendre
Et aussi le grand desplaisir
Qui ensuit quand il le fault rendre.

Le. clvi. d'un vieil homme
& de la mort.

Comme la mort adiournoit vn vieillard
Et pretendoit le naurer de son dard
Il luy pria qu'en ce val transitoire
Elle voulsist le laisser vivre encoire
Veu qu'il n'auoit adonc testamenté
Aussi qu'en riens ne s'estoit dementé
De preparer ce qu'appartient de faire

Ains que venir en tel cas & affaire
Luy requerant fort d'auoir patience
Que de son ame & de sa conscience
Eust a penser, auant que le saisir
Et qu'a son corps faire aulcun desplaisir,
Mais ceste mort luy demanda, pourquoy
Il n'auoit eu de ce regard en soy
Quand il voyoit chascun coup de ses yeulx
Qu'elle prenoit aultant ieunes que vieulx
Et qu'il n'y a plus aulcun personnage
Qui a present soit viuant de son eage
Qui estoit bien assez pour l'aduertir
Qu'il se debuoit a mourir conuertir,
A quoy ne sceust ce viellard contredire
Mais s'excusa tant seullement par dire
Qu'il n'auoit veue oncques icelle mort
Insinuant qu'au vray auroit grand tort
D'ainsi le prendre, a laquelle replicque
A lheure mesme, icelle mort replicque
Quand de ton corps la force decliner
T'apparoissoit & tes sentz desiner,
N'estoit ce pas chose a toy bien certaine
Que ie venoye & estois fort prochaine
Ouy pour tout vray, pourtant estime & croy
Que ie n'auray en riens pitié de toy
Ains te feray mourir presentement
Malgré ton veul & ton consentement

Le moral.

La fable nous peult demonſtrer
Qu'ayons a viurɇ en telle ſorte
Que nous eſtimons rencontrer
Touſiours la mort en noſtre porte.

☙ Le. c lvii. d'un auaricieux
parlāt au ſac ou eſtoit ſō threſor.

VN hommɇ duarɇ ayant acquis
Or & argent a grand puiſſance
En mourant le ſac a inquis
Quelʒ gentʒ aurolent la iouiſſance
Le plaiſir & l'eiouiſſance
Du threſor qu'auoit amaſſé,
Mais qu'il ſut par mortelle chance
De ce mondɇ en l'aultre paſſe.
  Le ſac luy a dict, ce feront
Tes heritiers qui ſoirs & mains
Tous tes threſors deſpenſeront
Auec paillardes & putains
Auſſi quelques diables certains
Leſquelʒ tourmenteront ton ame,
Mais qui la tiennent en leurs mains

Dedans leur infernalle flame.

Le moral.

La fable monſtre que celluy
Eſt fol qui amaſſe richeſſe
Dont aultres font chere ſans ceſſe
A ſon preiudice & ennuy.

🕮 Le. c lviii. *d'un curé & de ſon chien.*

VN curé fut lequel auoit vn chien
  Qu'il cheriſſoit en telle ſorte & guiſe
  Qu'aprez ſa mort chanter en feiſt treſ-
  bien
En l'enterrant au cœur de ſon egliſe
Dont de ce cas (bien digne de repriſe)
Il fut cité & condamné d'office
A trente eſcuz pour ſa folle entrepriſe
Et pour auoir commis tel malefice,
  Qu'and ce curé veiſt qu'auec grandz deſpendz
Il eſtoit mis en vne amende telle
Luy craignant eſtre en priſon & ſuſpendz
S'en eſt venu auec grande cautelle
Au promoteur prier qu'en ſa querelle
Il fut ouy, ce quon' luy accorda,
Lors pour ſauluer ceſte amende en laquelle

On l'auoit mis ſes propos recorda.
  Il eſt certain (monſieur) qu'en terre ſainſte
J'ay faiſt mon chien inhumer voyrement
Pour & aultant que ſans menſongꝫ & ſainte
Ceſtoit vn chien de bon entendement
Sagꝫ & diſcret ce qu'il a grandement
Bien demonſtre, quand a l'eſtat & faiſt
Du teſtament lequel treſſagement
Ains que mourir, il a paſſé & faiſt.
  Car par ceſtuy (la lettrꝫ ainſi le porte)
Il ma chargé comment executeur
De vous bailler dix eſcuʒ que i'apporte,
Ce qu'entendant monſieur le promoteur
A ce curé de tel' bourdꝫ inuenteur
Abſoubʒ du tout & mis hors du regiſtre
Commꝫ annuncé vers luy commꝫ vn menteur
Et accuſé a tort & a faulx tiltre.

Le moral.
La fablꝫ au moral determine
Que maint officier de iuſtice
Par ſon auaricꝫ & rapine
Robbꝫ en exerceant ſon office.

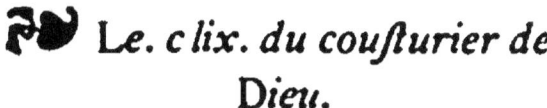 Le. clix. du couſturier de
Dieu.

VN cousturier fort amyable
Des poures, mais plus que le diable
Quand au reste subiect au crocq,
Robboit chascun iour drap ou frocq
Dont il accoustroit de tous poinctz
Iaquettes robbes & pourpoinctz
Lesquelz donnoit gratis aux gentz
Qui luy sembloient estre indigentz
Tellement qui fut en tout lieu
Nommé le cousturier de dieu

Le moral.

La fable enseigne que soubz l'umbre
Et couleur d'aulcun bon affaire
Plusieurs font dommage & encombre
Aux aultres, ce qu'il n'est affaire.

Le. clx. de deux aultres cousturiers.

Ainsi comment deux cousturiers encoire
L'un deuant l'aultre/en auleun territoire
Tenoient boutieque, estantz de meurs & biens
Fors differentz & n'accordant en riens,
Est aduenu que cil qui estoit riche
Se maintenoit tousiours chagrin & chiche
L'aultre au contraire auquel estoient enfantz
Et non grandz biens, chascun iour viuoit, sans
Prendre soucy, assez ioyeusement
En requerant affectueusement
De iour en iour aprez boire & menger
Quand en besongne il venoit se renger
Sainct nicolas, a plaine & haulte voix

Pour luy ayder, tellement qu'une foys
L'aultre voyſin l'entendant inuocquer
Ceſtuy bon ſainᴄt, de luy ſe peult mocquer
En luy diſant, par propos vitieux
Qu'il aymeroit plus cher & par trop mieulx
Qu'un iuif, lequel eſtoit Dauid nommé
Et d'eſtre richᴇ entre tous renommé
Luy d'euſt ayder, veu que plus de ſoulas
Il luy donroyt que ſon ſaint nicoulas.
Or ce pendant que telz motz proferoit
Et que ce iuif au bon ſainᴄt preferoit
Ce iuif paſſant d'auanture la ouy
Qui de ce fut grandement reſiouy,
Combien qu'en riens en feiſt ſemblant a l'heure
Dont auſſi toſt qu'il fut en ſon demeure
Il feiſt tuer vne Oye bien graſſe
Dedans le creux de laquellᴇ, il vous taſſe
Secrettement dix eſcuz au ſoleil
Puis en tel' ſortᴇ & en tel' appareil
Il enuoya porter au couſturier
Qui eſtoit chichᴇ auarᴇ & vſurier
Pour & aultant que pour l'auoir priſé
Sainᴄt nicoulas il auoit deſpriſé.
Or de ce don & preſent euſt grand ioye
Ce couſturier, tellement que l'oye
Vint a monſtrer au couſturier, lequel
Auoit enfantz non grandz biens a lhoſtel
En luy diſant regarde tout contant

Ceſtꝭ oyꝭ icy & voy ſi onc aultant
Sainct nicolas t'en a donné ou faict
Ainſi comment enuoyé m'a de faict
Dauid le iuif, pour auoir dict vn iour
Que mieulx valloit ſon aydꝭ & ſon amour
Que le ſecours du ſainct que tu reclames
Quād l'aultrꝭ ouyt telz faulx propos & blaſmes
Il luy redict que pour vray ceſt oye
Ne valloit pas grand ſomme de monnoye
En adiouſtant que s'il vouloit prier
Sainct nicolas & ſon non deprier
Qu'il luy donroit pour vnꝭ oye vn bœuf
Ou vn taureau, voirꝭ auſſi toſt qu'un œuf,
Quand au ſurplus, ceſtuy couſturier meſme
Voyant le richꝭ auoir du tout ſon eſme
Et ſon deſir a l'argent & non pas
De ceſte oyꝭ a fairꝭ vn bon repas
Luy demanda ſil la vouloit point vendre
Lequel dict ouy, au moyen de luy rendre
Cinq ſoulz pour l'oyꝭ, adonc ſans delayer
L'aultrꝭ eſt venu cinq beaulx ſoulz luy payer
Et par ainſi c'eſt oyꝭ euſt, laquelle
Il porta lors pour luy & la ſequelle
De ſa maiſon, ſubſtenter & repaiſtre
Et auſſitoſt que ſur table peuſt eſtre
La nappe miſꝭ il a ſon bien amé
Sainct nicolas prie & reclamé

R R r

Puis est venu a cestq oye partir
Pour a chascun vn morceau departir
En ce faisant dedans son corps trouua
Dix beaulx escuz, lesquelz ne reprouua
Ains a serrez & iceulx mis a poinct
Pour achater vn bœuf sans faillir poinct
Le lendemain, lequel il feist aprez
Passer deuant la maison tout exprez
De son voysin, qui adonc les inquis
Comme ce boeuf si tost auoit acquis
L'aultre luy dict, que par sa grand bonte
Sainct nicolas du bœuf l'auoit monte
Se monstrant plus liberal & fidele
Que cestuy iuif meschant & infidele,
Quand le richq hommq eust ce cas entendu
Tout esbahy & perplex fut rendu
Iusques a tant que le iuif en sa voye
Le rencontra, luy demandant si l'oye
Qui luy auoit enuoyéq & transmise
Estoit pas bonnq & de saueur exquise,
Surquoy peust lors ce cousturier redire
Qu'a vray parler il n'en scauroit que dire
Veu qu'il n'auoit gousté oncques d'icelle
Ains il auoit vendue toutq & telle
A son voysin, adioustant que plus cher
Aymoit cinq soubz que le corps ou la chair

De cestɉ oye, oyant le iuif ce mot
Il luy a dict ô tresmalheureux sot
Qui n'as mengé cestɉ oyɉ a bonnes dentz
Consideré qu'eusses trouué dedans
Son ventrɉ & creux, dix escuz tous de poys
Que i'y auoyɉ entrelachez, ainçois
Que l'enuoyer cela donne entendre
Ce cousturier de deul se cuyda pendre
Tant qu'il a faict son voysin conuenir
Deuant le iugɉ, en voulant soubstenir
Que seullement cestɉ oyɉ auoit vendue
Non les escuz, mais la chosɉ entendue
Iouxte le droict & scelon verité
A esté dict qui l'auoit merité
Perdre l'oye & estre mis encor
Pour son amendɉ a dix couronnes d'or
Pour auoir euɉ a ce iuif asseurance
Fidelité & aussi esperance
Trop plus qua Dieu & a ses benedictz
Glorifiez l'assus en paradis.

Le moral.

La fablɉ au moral signifie
Que fol est cil qui plus certains
Les hommes tient & qui si fie
Beaucouppl⁹ qu'a dieu & aux sainctz.

Fin des Apologues d'Esope.

⚜ Extraict du priuilege de la court de parlement de Rouen.

IL est permis a Robert & Iehan dugort freres libraires demourātz en ceste ville de Rouē, de faire imprimer & mettre en vēte les Apologues d'Esope, mōtant en nombre troys centz soixante & six, traduictz en rithme francoyse par M. Guillaume haudent prebstre, Et deffendu a tous Libraires & Imprimeurs, & autres marchās quelz qu'ilz soient, de imprimer ou faire imprimer, vendre, diſtribuer, ne contrefaire en aucune maniere que ce ſoit, le tout ou partie deſdictz apologues. Et ce iuſques a troys ans finis & includz du iour que ladicte impreſſion ſera acheuée. Sur peine de l'amende & confiſcation des liures autres que par leſdictz dugort imprimées ainſi que plus a plain eſt contenu audict priuilege.

   Signé   Surreau.

☙ Acheué d'imprimer le. xxvi. iour d'Aouſt, mil cinq cents quarante ſept.

Dixain pour excuſer l'imprimeur.

D'un coeur benıng (ó vous lecteurs amys)
A l'imprimeur plaiſe vous pardonner
Si de par luy ſont en ceſt œuurɇ admıs
Aulcuns erreurs, leſquelʒ pourroyent donner
Confuſion, ſoit par mal ordonner
L'orthografiɇ, ou mot pour mot tranſmettre
Ou adiouſter choſe qui ny fault mettre
Ou delaiſſer ce qui peult conuenır,
Il vous ſupply tous ces cas luy remettre
En promettant mieulx fairɇ a l'aduenir.

Imprimé a Rouen par Iehan le preſt.

1547.

TABLE ALPHABÉTIQUE

DES APOLOGUES

CONTENUS DANS LES DEUX LIVRES

DE

G. HAUDENT.

	Liv Apol.
Aigle (de l') et de la Corneille.	I. 121
Aigle (d'un) et d'un Chaffeur.	I. 107
Aigle (de l') et d'un Regnard.	II. 1
Aigle (d'un) et d'un Regnard.	I. 160
Aigle (d'un) et d'un Regnard.	II. 138
Aigle (d'un) et d'un Voleur d'oyfeaulx.	II. 10
Aigneau (d'un) d'un Aigle et d'un Corbeau.	I. 164
Aigneau (d'un) et d'un Loup pres d'une eau.	I. 158
Allouette (d'une) et de fes Petis.	I. 194
Allouette (d'une) et d'un Pipeur.	I. 41
Anguille (d'une) et d'une Couleuvre.	II. 78
Arion (de) et des Mariniers.	II. 58
Afne (d'un) d'un Singe et d'une Taulpe.	II. 79
Afne (de l') efleu trompette des beftes et du Lievre eflu meffager.	II. 152
Afne (d'un) et de fon Maiftre.	II. 126
Afne (d'un aultre) et des Grenoilles.	I. 96
Afne (d'un aultre) et d'un Corbeau.	I. 97
Afne (d'un) et d'un Leon.	I. 12
Afne (d'un) et d'un Lyon	I. 49

Afne (d'un) et d'un Peteur.	II.	115
Afne (d'un aultre) et d'un Regnard.	I.	98
Afne (d'un) et d'un Veau.	II.	69
Afne (d'un) ne trouvant fin a fes labeurs.	II.	124
Afne (d'un) fauvage et d'un domefticque.	I.	93
Afne (d'un) veftu de la peau d'un Lyon.	I.	95
Afne (d'un) veftu de la peau d'un Lyon.	II.	53
Afnes (des) de Iupiter.	I.	94
Afneffe (de l') d'un Iardinier.	I.	175
Afneffe (d'une aultre) et d'un Cheval.	I.	176
Afneffe (d'une) malade et d'un Loup.	II.	*
Avaricieux (d'un).	I.	43
Avaricieux (d'un) et de fon Ydole.	II.	8
Avaricieux (d'un) parlant au Sac ou eftoit fon threfor.	II.	157
Beaulx (des) Arbres et des difformes.	II.	73
Belette (d'une) et d'une Souris.	I.	168
Belier (d'un) voulant batailler contre un Taureau.	II.	136
Berger (d'un) et des Rufticques.	I.	163
Beftes (des) a quatre piedz requerant l'ayde des Poiffons.	II.	82
Biche (d'une).	I.	46
Biche (d'une aultre) et des Veneurs.	I.	48
Biche (d'une aultre) et d'un Lyon.	I.	47
Bocheron (d'un) et de Mercure.	II.	34
Bœufz (des) trainnantz un chariot.	II.	101
Bon (d'un) Cheval, mais mal orné.	II.	145
Boucq (d'un) et d'un Loup.	I.	76
Boucq (d'un) et d'un Loup.	I.	174
Bouvier (d'un) et de fon Veau.	I.	106
Brebis (d'une) et de fon Pafteur.	II.	140
Buiffon (d'un) d'un Pliget et d'une Chauve Souris.	I.	38

* Cet apologue eft place fans numero entre les fables 122 et 123 du second livre ; le titre auraut don- eté plus exact en annonçaut *Trois cent so xante et sept apologues.*

TABLE.

Calumniateur (d'un) et du Dieu Phebus.	I.	19
Caphart (d'un) et d'un Evefque.	II.	103
Caftor (d'un) et des Veneurs	I.	27
Cerf (d'un) et d'une Brebis.	I.	136
Cerf (d'un) et d'un Veneur.	I.	153
Cerf (d'un) fe mirant en une fontaine.	I.	147
Chameau (d'un).	I.	100
Chameau (d'un).	I.	183
Chappons (des) gras et des mefgres.	II.	71
Charbonnier (d'un) et d'un Foullon	I	17
Charetier (d'un) et de fon Char	II.	141
Chaffeur (d'un) et d'un Lyon.	I.	197
Chat (d'un) et des Souris	II.	20
Chat (d'un) et d'un Cocq.	I.	162
Chat (d'un) et d'un Regnard.	II.	49
Chaulve (d'une) et des Colombelles.	I.	83
Chaulve (d'une aultre).	I.	84
Chaulve Souris (de la) et des aultres Oyfeaulx.	II.	55
Chaulve Souris (d'une) et des aultres Oyfeaulx	I.	145
Chaulve Souris (d'une) et d'une Bellete.	I.	91
Chefne (d'un et d'un Rofeau.	I.	160
Cheval (d'un, d'un Homme et d'un Cerf.	I.	156
Cheval (d'un) et d'un Afne	I.	21
Cheval (d'un aultre) et d'un Afne.	I.	144
Chien (d'un) et de fon Maiftre	II.	95
Chien (d'un) et de fon Vmbre	I.	113
Chien (d'un) et du Boucher.	I.	10
Chien (d'un) et d'un Afne.	I	121
Chien (d'un) et d'un Bœuf.	I.	165
Chien (d'un) et d'un Loup.	I.	159
Chien (d'un) et d'un Lyon.	I.	206
Chien (d'un) et d'une Brebis.	I.	157
Chien (d'un, invité a un banfquet par un aultre.	II.	9
Chien (d'un) qui mordoit un chafcun	I	187
Chienne (d'une) et d'une Truye	I.	51
Chiens (des) de ville pourfuivant un Chien de village.	II.	91

Chouette (d'une) et des aultres Oyfeaulx. I. 39
Chouette (d'une) et d'une Chaulve Souris. I. 60
Cicongne (d'une) et d'un Oyfeleur. I. 161
Cicongne (d'une) et d'un Signe. II. 74
Cire (de la) appetant durté. II. 113
Colombe (d'une). I. 102
Colombe (d'une) et d'un Piart. II. 67
Colombe (d'une aultre) et d'une Corneille. I. 103
Colombes (des) et de l'Efprevier. I. 129
Colombz (des) et des Efpreviers. II. 153
Commiffaire (d'un) larron. II. 155
Confeffion (de la) de l'Afne du Regnard et du Loup. II. 60
Coq (d'un) d'un Chien et d'un Regnard. I. 36
Coq (d'un) et des Chamberieres. I. 62
Coq (d'un) et des Larrons. I. 79
Coq (d'un) et du Dyamant. I. 112
Corbeau (d'un) et des aultres Oyfeaulx. II. 22
Corbeau (d'un) et d'un Regnard. I. 122
Corbeau (d'un) et d'une Corneille. I. 80
Corneille (d'une). I. 140
Corneille (d'une). I. 196
Corneille (d'une aultre) et d'un Chien. I. 81
Corneille (d'une) et d'une Brebis. I. 166
Corneille (d'une) et d'une Heronde. I. 59
Couleuvre (d'une) et d'une Lyme. I. 148
Coufturier (du) de Dieu. II. 159
Curé (d'un) et de fon Chien. II. 158

DAulphin (d'un) et d'un Poiffon dict Thin. I. 25
Daulphin (d'un) et d'un Signe. I. 70
Deux (de) aultres Compaignons. I. 7
Deux (de) aultres Coufturiers. II. 160
Deux (de) Chevaulx et de leur Maiftre. II. 99
Deux (de) Chiens. I. 74
Deux (de) Compaignons. I. 65
Deux (de) Compaignons defquelz l'un fut Cardinal. II. 84

Deux (de) Coqz et d'un Aigle.	II.	30
Deux (de) Ennemys.	II.	18
Deux (de) Gregnoilles.	I.	66
Deux (de) Grenouilles.	I.	35
Deux (des) haulx Arbres et d'un petit Buysson.	II.	42
Deux (de) jeunes Compaignons.	I.	6
Deux (de) Vaisseaux derain et l'aultre de terre.	I.	189
Devin (d'un).	I.	28

Enfant (d'un) et de sa Mere. I. 31
Enfant (d'un) et d'une Chardreronnette. II. 102
Envieux (d'un) et d'un Avaricieux. I. 195
Escoufle (d'une) et d'un Rat. II. 128
Escoufle (d'une) malade. I. 123
Escreviche (d'une) et son Escrevichon. I. 184
Esprevier (d'un) d'une Colombe et d'un Oyseleur. II. 61
Esprevier (d'un) et d'un Coucou. II. 63
Esprevier (d'un) et d'un Roussignol. II. 149
Estourneau (d'un) se vantant avoir familiarité avec l'Heronde. II. 68

Femme (d'une) aveugle et de son Medecin. II. 17
Femme (de la) portant feu en la maison de son Mary. II. 154
Femme (d'une) voyant mourir son Mary. II. 119
Fermier (d'un) et de son Seigneur. I. 169
Fermier (d'un) et de son Seigneur. II. 132
Forgeron (d'un) et de son Chien. II. 23
Fourmy (d'un) et d'une Colombe. I. 171
Fourmy (d'un) et d'un Criquet. I. 181

Goutte (de la) et de l'Yraigne. II. 59
Grenoille (d'une). I. 142
Grenoille (d'une) d'une Souris et d'une Escoufle. I. 114
Grenoille (d'une) et d'un Regnard. I. 186
Grenoilles (des) et de Iuppiter. I. 128

Grues (des) et des Oyſons et des Veneurs.	I.	44
Guerre (de la) des Chiens des Chatz et des Souris.	II.	61
HErichon (d'un) et d'une Couleuvre.	II.	130
Hermitte (d'un) et d'un Gendarme.	II.	109
Heronde (de l') et des aultres Oyſeaulx.	I.	127
Hommard (d'un) et d'un Regnard.	I.	77
Homme (d'un) chaulve.	I.	33
Homme (d'un) et de ſa Femme.	I.	75
Homme (d'un) et de ſa Poulle.	I.	109
Homme (d'un) et de ſes deux Femmes.	II.	48
Homme (d'un) et de ſon More.	I.	58
Homme (d'un) refuſant un cliſtere.	II.	122
Homme (d'un) riche et de ſon Valet.	II.	90
Homme (d'un) vanteur.	I.	18
Huppe (de la) indignement receue.	II.	104
IAloux (d'un) et de ſa Femme.	II.	121
Ieune (d'un) Beuf et d'un viel.	I.	204
Ieune (d'un) Cerf et de ſon Pere.	I.	42
Ieune (d'un) Enfant de vilage.	I.	61
Ieune (d'un) Enfant et de ſon Pere.	II.	120
Ieune (d'un) Enfant et des Langouſtes.	II.	38
Ieune (d'un) Enfant et d'une Heronde.	II.	33
Ieune (d'un) Garçon robbant les pommes d'un vieil Homme.	II.	148
Ieune (d'un) Homme.	II.	147
Ieune (d'un) Homme et de Fortune.	II.	19
Ieune (d'un) Homme et d'une Chatte.	I.	3
Ieune (d'un) Homme ſe mocquant d'un vieil homme courbé.	II.	85
Invocateur (d'un) du Dyable et de ſon Dyable.	II.	117
Ioueur (d'un) de harpe.	I.	78
Ioueur (d'un) de trompette.	I.	9
Iupiter (de) et de Honte.	I.	86
Iupiter (de) et de Mercure.	I.	85

Iuppiter (de) et du Lymaçon.	I.	87
Iuppiter (de) et d'un Singe.	I.	179
Iuppiter (de) faifant un banfquet aux Beftes.	II.	45
Aboureur (d'un) affectant aultre eftat.	II.	114
Laboureur (d'un) et de Fortune.	I.	64
Laboureur (d'un) et de fes Chiens.	I.	23
Laboureur (d'un aultre) et d'un Sanglier.	I.	200
Laboureur (d'un) et d'un Taureau.	I.	199
Laboureur (d'un) mue en un Fourmy.	I.	90
Larron (d'un) et d'un Chien.	I.	130
Larron (d'un) et d'un jeune Garçon.	I.	198
Legat (d'un) decepvant aulcuns Meneftrelz.	II.	83
Lerotz (des) et d'un Chefne.	II.	94
Lievre (d'un) d'un Aigle et d'un Efcarbot.	II.	2
Lievre (d'un) et d'un Lymaçon.	II.	40
Lievre (d'un) et d'un Regnard.	II.	131
Lievre (d'un aultre) et Regnard et de Iuppiter.	II.	144
Lievres (des) et des Grenoilles.	I.	134
Lievres (des) et des Regnardz.	I.	89
Loup (d'un) couvert de la peau d'une brebis.	II.	133
Loup (d'un) d'un Lyon et d'un Regnard.	I.	55
Loup (d'un) et d'un Agneau.	I.	88
Loup (d'un) et d'un Agneau.	I.	113
Loup (d'un) et d'un Aigneau.	II.	29
Loup (d'un) et d'un Chien.	II.	26
Loup (d'un) et d'un Gruyau.	I.	117
Loup (d'un) et d'un Herichon	II.	127
Loup (d'un) et d'un Regnard.	I.	146
Loup (d'un) et d'une Mere.	I.	110
Loup (d'un) et d'une Tefte d'homme taillée en pierre.	I.	139
Loup (d'un) et d'une Truye.	I.	131
Loup (d'un) marin appetant regner en la mer.	II.	139
Lups (des) et des Brebis.	I.	149
Loups (des) et d'un Corbeau.	II.	57
Lymaçon (d'un) et d'un Aigle.	I.	45

Lymaçon (d'un) et d'un Aigle.	I. 183
Lymaçon (d'un) requerant porter fa maison.	II. 129
Lymaçons (des) et des Grenoilles.	II. 93
Lyon (d'un) aymant la Fille d'un Rufticque.	II. 28
Lyon (d'un) d'un Afne et d'un Regnard.	I. 173
Lyon (d'un) elifant le Pourceau pour fidele amy.	II. 150
Lyon (d'un) et d'un Cheval.	I. 143
Lyon (d'un) et d'un Rat.	II. 111
Lyon (d'un) et d'un Regnard.	I. 154
Lyon (d'un) et d'un Taureau et d'un Bouc.	I. 182
Lyon (d'un) et d'un Thaureau.	II. 27
Lyon (d'un) et d'une Chievre	I. 177
Lyon (d'un) et d'une Grenoille.	I. 170
Lyon (d'un) et d'une Souris.	I. 125
Lyon (d'un) et quelques aultres Beftes.	I. 116
MAlade (d'un) et d'un Medecin.	I. 172
Mariniers (d'aulcuns) implorantz l'ayde d'aulcuns fainctz.	II. 80
Mary (du) et de fa Femme.	I. 56
Medecin (d'un) et des Hommes portant un corps mort.	II. 25
Medecin (d'un) et d'un Patient.	I. 11
Membres (des) humains vers le Ventre.	I. 151
Mercure (de) et d'un Ymaginier.	I. 72
Mercure (dudict) et de Tyrefias divin.	I. 73
Montaignes (des) enflées.	I. 132
Mouche (d'une) a miel et de Iuppiter.	II. 31
Mouche (d'une aultre).	II. 32
Mouche (d'une) et d'un Fourmy.	I. 141
Mouche (d'une) excitante pouldre.	II. 77
Mouches (des) a miel.	I. 71
Mouches (des) a miel et de leur Maiftre.	I. 67
Mule (d'une) fe decongnoiffant.	II. 24
Mulet (d'un) et de deux Viateurs.	II. 51
Mulet (d'un) et d'un Cheval.	II. 106

Nouveau (d'un) Marié et de sa Femme.	II.	75
Noyer (d'un) de l'Asne et de la Femme.	II.	123
Olivier (d'un) et d'un Roseau.	I.	8
Ourme (d'un) et d'un Ozier.	II.	112
Ourme (d'une) et des Bœufz.	II.	72
Ours (d'un) et des Mouches a miel.	II.	97
Ours (d'un) et d'un Lyon et d'un Dain.	I.	37
Oyseau (d'un) dict Alcyon.	I.	63
Oyseaulx (des) craignans les Escarboz.	II.	96
Oyseaux (des) voulantz eslyre plusieurs Roys.	II.	118
Oyseleur (d'un) et d'un Ramier.	I.	26
Oyseleur (d'un) et d'une Berée.	II.	93
Paon (d'un) et de Juno.	I.	167
Paon (d'un) et d'une Grue.	I.	190
Pasteur (d'un) et de la Mer.	I.	13
Pasteur (d'un) et de ses Brebis.	I.	105
Pasteur (d'un) et de son Chien.	II.	135
Pasteur (d'un) et d'un Louveteau.	I.	55
Patient (d'un).	I.	35
Perdrix (une) et des Coqz.	I.	15
Perdrix (d'une) et d'un Oyseleur.	II.	39
Pere (d'un) et de ses Enfans.	I.	4
Pere (d'un) et de son Enfant.	I.	32
Pere (d'un) et de son Enfant.	II.	135
Pescheur (d'aulcun).	II.	12
Pescheur (d'un) en eaue trouble.	I.	69
Pescheur (d'un) et d'un petit Poisson.	I.	20
Pescheurs (d'aulcuns).	II.	15
Pescheurs (d'aulcuns aultres).	II.	13
Pescheurs (d'aulcuns) et de Mercure.	II.	52
Petit (d'un) Boucq et d'un Loup.	I.	135
Pie (de la) et de l'Aygle.	II.	87
Pin (d'un) et d'une Courge.	II.	38
Pipeur (d'un) et d'un Merle.	I.	29

Poiſſon (d'un) d'eau doulce et d'un Veau de mer. — I. 206
Poiſſons (des) ſaillantz hors de la pœlle a frire ſur les charbons. — II. 81
Poulle (d'une) couvant les oeufz d'un ſerpent. — I. 99
Pourceau (d'un) et d'un aultre Cheval. — II. 107
Poure (d'un) Homme appelant la Mort. — II. 16
Poure (d'un) Homme et des Larrons. — II. 14
Puce (d'une) et d'un Quidam. — II. 46
Puce (d'une aultre). — II. 47
Putain (d'une) et de ſon Amoureux. — II. 76

Quatre (de) Taureaux et d'un Lyon. — I. 192
Quidam (d'un) mors d'un Chien. — I. 24

Regnard (d'un) et des Poulles. — II. 36
Regnard (d'un aultre). — II. 37
Regnard (d'un) et d'un Bocheron. — II. 7
Regnard (d'un) et d'un Boucq. — I. 1
Regnard (d'un) et d'un Buiſſon. — II. 5
Regnard (d'un) et d'un Cocodrille. — II. 6
Regnard (d'un) et d'un Leon. — I. 14
Regnard (d'un) et d'un Leopard. — I. 2
Regnard (d'un) et d'un Lievre. — II. 143
Regnard (d'un) et d'un Senglier. — I. 40
Regnard (d'un) et d'une Bellette. — I. 155
Regnard (d'un) et d'une Cicongne. — I. 138
Regnard (d'un) et d'une Teſte d'homme. — I. 16
Regnard (d'un) ſans queue. — II. 4
Regnard (d'un) voyant aulcunes Femmes menger une poulle. — II. 70
Riche (d'un) Homme d'un Oyſon et d'un Cigne. — I. 57
Riche (d'un) Homme et de ſes Amys. — II. 142
Riche (d'un) Homme et de ſes Filles. — I. 104
Riviere (d'une) et de ſa Source. — II. 116
Rouſſignol (d'un) et d'un Eſprevier. — II. 3
Roy (d'un) d'Egipte et des Singes. — II. 50

Rusticque (d'un) ayant un procez.	II.	146
Rusticque (d'un) et d'un Boys.	I.	150
Rusticque (d'un) et d'une Couleuvre.	I.	118
Rusticque (d'un) et d'un Serpent.	I.	137
Rusticque (d'un) et d'une Souris.	II.	89
Rusticque (d'un) requerant Ceres que son blé creust sans espicz.	II.	63
Rusticque (d'un) requerant Hercules.	I.	202
Rustique (d'un) sondant le fondz d'un fleuve qu'il vouloit passer.	II.	66
Sapin (d'un) et d'un Buysson.	I.	193
Satire (d'un) et d'un Homme.	I.	22
Saoulart (d'un) et des Poyres.	II.	105
Saulx (d'un) et des Coings faictz de luy.	II.	41
Senglier (d'un) et d'une Asnesse.	I.	119
Sermentz (de) de Vigne et des Viateurs.	I	92
Serpent (d'un) et de Jupiter.	I.	101
Serpent (d'un) et d'un Corbeau.	I.	82
Serpent (d'un) et d'un Hommart de mer.	I.	53
Serpent (d'un) et d'un Rusticque.	II.	35
Singe (d'un) et de ses deux Petitz.	I.	203
Singe (d'un) et d'un Regnard.	I.	152
Singe (d'un) et d'un Regnard.	II.	21
Singes (des) de Mauritanie.	II.	54
Soleil (du) et d'Aquilon.	I.	185
Sorciere (d'une).	I.	63
Souris (d'une) de ville et d'une aultre de village.	I.	120
Souris (d'une) procree en une huche.	II.	62
Souris (d'une) voulant contracter amytié avec un Chat.	II.	125
Tahon (d'un) et de la Mouche a miel.	II.	151
Tahon (d'un) et d'un Lyon.	I.	111
Taulpe (d'une) et de sa Mere.	II.	43
Thor (d'un) et d'une Mesiraigne.	I.	201
Truye (d'une) et d'un Chien.	II.	100

Vaultour (d'un) et des aultres Oyſeaulx. I. 178
Vendeur (d'un) de poree et de ſon Chien. I. 50
Veneur (d'un) et d'un Courrieur. II. 108
Veneur (d'un) et d'un Tygre. I. 191
Ver (d'un) de terre et d'un Regnard. I. 108
Veufve (d'une) et de ſa Geline. I. 5
Veufve (d'une) et de ſon Aſne verd. II. 137
Veufvier (d'un) et d'une Veufve. II. 110
Viateur (d'un) et de Iupiter. I. 30
Vieil (d'un) Chien et de ſon Maiſtre. I. 133
Vieil (d'un) Homme et de la Mort. II. 156
Vieil (d'un) Homme prenant une jeune fille en mariage. II. 86
Vieil (d'un) Lyon et des aultres Beſtes. I. 123
Vieille (d'une) accuſante le Dyable. II. 92
Vigneron (d'un) et de ſes Enfans. II. 11
Vigneron (d'un) et des Veſpres et des Perdrix. II. 44

Yraigne (d'une) et d'une Herondelle. II. 65

GLOSSAIRE.

A bord, abord: au bord.
A coup, acoup: à propos, aussitôt.
A celle fin, a cefte fin, pour et a celle fin: pour, afin.
A droiƈt: avec justice.
A droiƈt ou a tort, a tort ou a droiƈt: à tort ou à raison.
A faiƈt: abondamment, entièrement.
A la demande: suivant le désir.
A l'auantage: autant qu'il est possible.
A l'heure: aussitôt, sur le moment.
A mont qu'a val (Tant): aussi bien en haut qu'en bas, des pieds à la tête.
A par, appart: à part.
A plaifir: avec entrain.
A puiffance: vigoureusement, abondamment.
Argument (L') faiƈt a maiori ad minus eft vray comme malus a minori; il s'agit ici des propositions du syllogisme.

A fon aueu: de son plein gré, suivant son désir.
A tant, a taut, a tout: avec.
A traiƈt de temps: à force de temps.
A val: en bas.
Aage: âge.
Abbayer: aboyer.
Acception (El' ne m'eft de grand'): elle ne m'agrée pas beaucoup.
Accordant en rien (N'): différant en tout.
Accourcement: terminaison.
Accouftré: paré, préparé.
Accueillir a un butin: donner le droit de partager un butin.
Achapter, achatter: acheter.
Achapteur, achatpteur: acheteur.
Acierie: acier.
Acquefter: acheter, acquérir.
Acquit (Par): négligemment, sans espoir.
Adieƈter (S'): s'élancer.
Adtourner: indiquer le jour.

Admonester : avertir, donner avis. [*Admonere.*]
Admonition : avertissement.
Adonc, adoncq, adoncques : donc, alors.
Adulatif : flatteur.
Aduis & propos (Auoir) : avoir la pensée et la volonté.
Aduiser : penser, imaginer.
Aelle, œlle : aile.
Aer : air. [*Aer.*]
Affermer : affirmer.
Aguilloner : aiguilloner.
Aguiser, aguyser : aiguiser.
Ailloit (Il) : il allait.
Aigneau : agneau.
Ainçois, ainçoys : avant.
Ains, ayns : avant, avant que, mais.
Ains mait Dieu : que Dieu m'aide!
Alaine : haleine.
Alesgre : allègre.
Allegeance : consolation.
Alliez : rets, panneaux.
Alloser : combler d'éloges, donner des louanges. [*Allaudare.*]
Allyer : mélanger.
Alors : une fois, un certain jour.
Aloseau : alose.
Amanche : emmanché.
Amaritude : amertume, malheur, peine. [*Amaritudo.*]
Ambade : aubade.
Ambigeois, ambigoys : paroles ambigues, trompeuses.
Amer : aimer.
Amorse a (Etre) : être porté à.
Amyable : aimable, ami.

Angoisseux : douloureux, plein de tourments.
Anticiper : accaparer.
Aornement : ornement.
Aorner : orner. [*Adornare.*]
Aoust (Faire son) : faire sa moisson.
Apert, aperte : évident. *Il apert, il appert* : il est évident.
Apertement, appertement : ouvertement, évidemment. [*Aperte.*]
Affaire : caractère.
Aproposer, a proposer : à entrer en propos, à parler.
Appareil : apprêt.
Appareiller (S') : s'apprêter.
Apparoir : apparaître.
Appeter : désirer. [*Appetere.*]
Appeteur : désireux, amateur.
Appetit : désir.
Appreste : préparation, coup préparé.
Approuuer : éprouver, trouver, reconnaître, trouver bon, admirer.
Ardillonner : aiguillonner.
Ardre : bruler. *Il art* : il brûle [*Ardere.*]
Arguer : blâmer. [*Arguere.*]
Arroy : équipage, tenue. *D'assez propre arroy* : d'assez belle manière.
Assault (L') : il assaillit.
Assauoir, ascauoir : avertir. *Leur faire ascauoir* : les avertir.
Asseur : assuré, rassuré, confiant.
Asseurance : confiance.
Assoté : rendu sot.
Assouuie : achevée, accomplie.

Assus (*L'*) : là dessus, là haut.
Astraint de faim : pressé par la faim.
Atourner : arranger, disposer [*Adornare.*]
Attacher : appliquer.
Attaincte : marque, preuve.
Attaincte (*Auoir*) : avoir prise.
Attraire : attirer; *etre attraict* : être attiré [*Attrahere.*]
Attelle (*D'une*): d'une seule fois.
Attenuer : diminuer, rendre moins gros [*Attenuare*].
Au lieu : à l'endroit même, sur place.
Au moyen que : à condition que.
Auant : dans, au milieu de.
Auanture (*D'*), *de coup d'auanture* : par hasard.
Aulcun, d'aulcun, d'aulcuns : quelque, certaines personnes.
Aulcune foys : quelquefois.
Aultrier (*L*): avant-hier, l'autre jour.
Auxquenlx : auxquels.
Auoir : bien, richesse.
Auroient du pire : seraient les plus malheureux.
Aureilles : oreilles. [*Aures.*]
Austerons : ouvriers employés, surtout pendant le mois d'août, à faire la récolte.
Ays : ais, planches.
Ayſtre : aître. [*Atrium.*]

Baillier : donner, livrer; *en baillier d'une autre* : tromper à son tour.
Baller : danser.
Ballier : balayer.

Baz (*Rembourer fon*); grossier jeu de mots qu'on ne saurait honnêtement expliquer.
Baſture (*Sans*) : sans être battu.
Beau femblant (*Montrer*) : être gracieux avec quelqu'un, lui faire bonne mine.
Becquer : becqueter.
Bellement : sans bruit.
Benedictz (*Les*) : les bénis, les saints. [*Benedictus.*]
Benefte : bénie, bonne.
Benignement : avec bienveillance. [*Benigne.*]
Berée : friquet, oiseau du genre des moineaux mais plus petit.
Befongner : faire une besogne, travailler.
Beuuant : buvant.
Blandir : flatter. [*Blandiri.*]
Blafon : discours, moquerie.
Blafonneur : faiseur de contes.
Bien & beau : bel et bien, complètement assurément.
Bocheron : bucheron.
Bochu : bossu.
Boes : boues.
Bordeaux : lieux de débauche.
Boreas : Borée, le vent.
Boult (*Le*) : le bout.
Bouueau : jeune bœuf.
Boyfe : arbre, pièce de bois.
Braire : crier, en parlant d'un animal quelconque. *Tu brioyes* : tu criais.
Brafue : orgueilleux.
Bref (*De bien*), *en bref* : bientôt, aussitôt.
Brenilles ou *Breuilles* : boyaux.
Brefne : brème.

Bruit (Bon) : bonne renommée.
Buſtarın : vaniteux, qui fait l'important.

Cabaſſer : entasser.
Caboche : tête.
Cabri : chevreau.
Canardeaux : petits canards.
Cappe : manteau, vêtement.
Caprine : de chèvre. *Voix capine* : voix de chèvre. [*Caprınus*.]
Cardınalité : cardinalat.
Cas : affaire.
Cault : rusé. [*Callidus*.]
Cauſoit (Qui) : qui était cause.
Cauteleux : rusé.
Cautelle : prévoyance, ruse. [*Cautela*.]
Celer : cacher. [*Celare*.]
Cendal : sandal ou santal, bois de teinture.
Cependant : pendant ce temps.
Ce pendant que : tandis que.
Cercher : chercher.
C'eſt, ceſtuy : ce, cet.
Cueillır : recueillir, ramasser, rassembler.
Chamion : camion, chariot bas pour traîner de lourds fardeaux.
Champagne : campagne.
Champs (Etre ſur) : être dans la campagne.
Chanſe : chance.
Chardreronette, chardonnette : chardonneret.
Charié : transporté, voituré.
Chatemite (La) la chatte câline, l'hypocrite.[*Catta mitis*.]

Chauld : bouillon.
Chaulderon : chaudron.
Chault : rusé.
Chault (Alteré de) : altéré par la chaleur.
Chault(Il), il chaille : il importe.
Chauue (Vne) : une chauve souris.
Chenaille : chiens, meute.
Cheoır : choir.
Cher : chair.
Chere (Faire) : profiter.
Cherer : être agréable.
Cheualeureux : courageux.
Cheuaulcheur, chealcheur : cavalier.
Cheulx, cheux : chez.
Cheuſt : tomba. *Chuſt*, tombé ; *cheute*, tombée.
Cheueſtre : licol, plus spécialement joug auquel on attache la tête des bœufs. [*Capiſtrum*.]
Chieure : chevre.
Choch : choc.
Cıl : celui.
Cigoigne, cicongne, circongneau : cigogne.
Cırconuentıon : tromperie, duperie.
Cıuile (Mode) : mode de la ville. [*Ciuilis*.]
Clamer : appeler, dire.
Clamer (Se) : se proclamer, se vanter.
Clerement : clairement.
Cloz : fermé. *Du poing cloz* : du poing fermé.
Cocodrille : crocodille.
Coint, cointe : joli.
Coniecture : cause.

Conquerre : conquérir.
Conquefter : conquérir.
Confentu : consenti.
Conforts : compagnons de fortune. [*Consors.*]
Contemner : mépriser, *contempné*, méprisé. [*Contemnere.*]
Contant : comptant.
Contendre : disputer, quereller. [*Contendere.*]
Contend, contendz, content : querelle, débat. [*Contentio.*]
Contend, contendz : content, satisfait.
Contentieux : querelleurs. [*Contentiosus.*]
Contentions (Auoir) : avoir querelles, luttes.
Contregarder : garder de près.
Contremont (Mettre les patins) : renverser, mettre les quatre fers en l'air.
Contrepoinct : musique.
Contreuenir : refuser, résister.
Controuuer : imaginer.
Contumace : opiniâtreté. [*Contumax.*]
Conuenir : comparaître, arriver, venir, se rendre.
Conuoyer : marcher avec.
Conuoyteux : désireux, envieux.
Coquerycoq : chant du coq, par onomatopée.
Cordail : corde, petite corde.
Couldroye : lieu planté de coudriers, de noisetiers.
Coulpable : coupable. [*Culpa.*]
Coup (Un) : une fois ; *maint coup* : bien des fois.

Coup & poinct (En venir au) : en venir au moment de combattre. [*Cæsim ac punctim.*]
Coupeau, couppeau : sommet, cime d'un arbre.
Courage : zèle, générosité.
Couronne d'or : monnaie qui tirait son nom d'une couronne figurée sur l'un de ses côtés.
Courrieur : corroyeur.
Courir fus : poursuivre, attaquer.
Courroys (Par) : en usant des procédés des corroyeurs.
Courtault : cheval de moyenne taille.
Coing : coin, instrument pour fendre le bois.
Collauder : combler d'éloges. [*Collaudare.*]
Colle : maladie provenant du chagrin.
Colloquer (Haut fe) : se placer haut. [*Collocare.*]
Colombelle, columbe, coulombe, coulombz : colombe.
Combien que : encore que, bien que.
Commander à Dieu : recommander à Dieu. [*Commendare.*]
Commandement (De moy faictz ton) : dispose de moi à ta volonté.
Comme : comment.
Comme ainfi fut que : il arriva que.
Comment : comme.
Commun (Au) : aux gens du peuple.

Comparence (Faire) : comparaître.
Comparer : comparaître, venir.
Compas (Par) : avec mesure, lentement.
Compaſſer : mesurer
Competer : appartenir, plaire ; *la mort te compete* : la mort t'attend.
Complainɗe : plainte.
Complaindre (Se) : se plaindre.
Compte : conte, récit.
Compte (Faire) : tenir compte.
Compter : raconter.
Conard : sot.
Conardie : sottise.
Concepuoir (Sans) : sans comprendre, si je ne comprends pas.
Condeſcendre : descendre.
Condigne : convenable.
Confort : consolation, aide.
Confus : bouleversé, renversé. [*Confusus.*]
Congnie : cognée.
Congnoiſtre : connaître : *congnu, congneu*, connu. [*Cognoscere.*]
Congregation : concours.
Congreger : rassembler. [*Congregare.*]
Couſt : prix, au figuré malheur.
Couſtumierement : habituellement.
Couſturier : tailleur.
Couuert : caché.
Couuertement : en secret, au fond du cœur.
Couuoyter : convoiter.
Coy : tranquille, sans bruit. [*Quietus.*]
Crache : crèche, étable.
Crappeux : atteint du crapaud, tumeur fétide qui coule aux pieds de certains chevaux.
Credence : croyance.
Crediteur : créancier. [*Creditor.*]
Crene : partie de la flèche garnie de plumes.
Creuſt : crût, de croire.
Creuſt : crut, de croître.
Creux : trou, fond, intérieur.
Creuache : crevasse.
Crime : reproche. [*Crimen.*]
Criquet : cigale.
Crocq : croc, dent, ergot.
Crocq (Sujet au) : habitué à voler, dérober.
Croix : menue pièce de monnaie.
Croix & pille (Sans) : sans la plus petite somme d'argent.
Cueur : cœur.
Cure : soin, sollicitude. [*Cura.*]
Curieux : envieux, fier.
Cuyder : croire, penser ; *cuydant* : pensant.
Cuyder : pensée, croyance.
Cuyr : cuir, peau.
Cy : ici.
Cyens : séant.

Dame : drachme, pièce de monnaie.
Dangier : danger.
Darder (Se) : se lancer.
Darguz : d'Argus.
Dathe : datte, fruit du dattier.
Debeller : faire la guerre. [*Debellare.*]

Debouter : pousser.
Debte : dette.
Debteur : débiteur, redevable.
Debuoir : devoir ; *debuoit* : devait ; *debueroit* : devrait ; *debuerions* : devrions.
Debuter : soulever.
Decerner : estimer, juger. [*Decernere.*]
Decepuoir : tromper. [*Decipere.*]
Decliner : abaisser. [*Declinare.*]
Decordable : discordant.
Dedul& : plaisir, passe-temps.
Deffaict, d'effaict : de fait, en fait, en effet.
Deffault : manque, de manquer. [*Deficere.*]
Deffault, Deffaulte : faute.
Deffectif : méchant, mauvais, ayant mauvaise intention.
Definer : finir, terminer, mourir.
Delecter : rejeter.
Delayer : différer.
Delliure (Tant) : si leste, si libre.
Delphique : de Delphes.
Demembrer (Se) : se briser les reins.
Demener : mener, conduire ; *demener grands regrets* : s'affliger fort ; *demener grande liesse* : éprouver grande joie.
Dementé (S'être) : avoir pensé. [*Mens.*]
Demeure (Sans) : sans retard. [*Sine mord.*]
Demeurer : retarder.
Demonstrance (Soubz la) : sur la foi, sur la démonstration.
Demonter : descendre.
Demourer : demeurer.

Denier, denyer : refuser. [*Denegare.*]
Departie : départ.
Departir : partir, s'éloigner ; *departy* : parti.
Departir : faire des parts, partager. [*Partiri.*]
Deporter : retirer, éloigner.
Deporter (Se) : s'abstenir, discontinuer, renoncer à.
Deprier : prier.
Deprimer : mépriser. [*Deprimere.*]
Derain : d'airain.
Desarroy, desfarroy, d'esfarroy : mauvais état, mauvais traitement, trouble, tourment.
Desconfire : détruire, mettre en déroute.
Desconfort : peine.
Descongnoitre : méconnaître.
Desconuenue : résolution, infortune, circonstance.
Desemparer (Se) : se soustraire.
Desgorger : crier de la gorge.
Desister (Se) : cesser l'attaque, la poursuite.
Despecher : mettre à mort, anéantir
Despecher : dépécer, mettre en morceaux.
Despendre les biens d'aultruy : prendre les biens d'autrui.
Despense : dépense, lieu où l'on met les provisions.
Despit : orgueilleux, porté à la colère.
Despiter : fâcher, irriter.
Despiter (Se) : se mettre en colère.

Desplaisance : déplaisir, ennui.
Desplaisant : fâché, malheureux.
Desprifer : mépriser.
Desroy : querelle, débat.
Desqueulx : desquels.
Desseruir : servir, aider.
Dessoubz : dessous.
Destourbier : trouble. [*Disturbatio.*]
Destourner : voler, dérober.
Destroi, destroy, destroict : danger, embarras, peine.
Desuoyer : se tromper, s'éloigner.
Deteurdre : détordre.
Deualler : tomber, descendre ; *le cordail de quoy s'estoit deuallé* : la corde à l'aide de laquelle il était descendu.
Deuanteau : tablier.
Deuis : paroles.
Deuise : intention.
Deul, d'eul, deuil : chagrin, peine ; *par grand deuil* : par grand malheur.
Deult (Se) : se plaint. [*Dolet.*]
Deuourer : dévorer.
Dextre, destre : droite, *sa dextre* : sa main droite. [*Dextra.*]
Diffame : honte.
Diffinir : définir, démontrer.
Diffiny : raconté en entier.
Dilater : étendre, faire connaître. [*Dilatare.*]
Dilation (Sans) : sans délai, sans retard. [*Dilatio.*]
Discord : désaccord.
Dispouser (Se) : se disposer.
Dissolut : mauvais, fâcheux.
Dissolution : mauvaise action.

Distraire (Se) : s'éloigner, se retirer [*Distrahere.*]
Diuerse : de différentes couleurs.
Diuertir (Se) : se retirer. [*Divertere.*]
Diuin : devin, Dieu.
Deuiner : deviner ; *ce propos il diuine* : il mêle à ce propos le nom de Dieu.
Deuiser : deviser, entretenir familièrement.
Dol : ruse. [*Dolus.*]
Donroit : donnerait.
Dorelotté : dorloté.
Double : dissimulé.
Doubtable : redoutable.
Doubtable (Sans cas) : sans qu'on puisse en douter.
Douloir : se plaindre ; *douloit* : se plaignait. [*Dolere.*]
Doy, doit, doict : doigt.
Doy (Au), fur le doy : amicalement, abondamment.
Droictement : convenablement.
Droicture : droit.
Dru : nombreux.
Duement : fortement.
Duict : habitué.
Duire : convenir ; *la chofe qui duict* : la chose qui plaît.
Durte : dureté.
Duyre (Bien fe) : bien se conduire. [*Ducere.*]

*E*age : âge.
Eage : âgé.
Ebeu d'eau : épuisé, desséché.
Eciter : engager. [*Excitare.*]
Effaict (En) : en effet.

Effect (*Mettre en*) : Mettre à exécution.

Effet (*Tenir & fortir*) : être exécuté suivant la teneur (terme juridique.)

Efficace : pouvoir.

Effort : force, attaque ; *refifter au premier effort* : résister à la première attaque ; *en faifant votre effort* : quand vous feriez vos efforts.

Effroyer : effrayer.

Effrois : frayeurs, cris effroyables, airs terribles.

Eiouiffance, eftouiffance : joie.

El, elz : elle, elles.

Embler : enlever, voler.

Empefchement : embarras.

Emple : amplement.

Emple (On) : on emplit.

Emprins, emprinfe : pris, prise.

Emprint (Il) : il entreprit ; *emprins* : entrepris.

En aprez : ensuite.

En parler : en paroles.

Encharger : donner charge, pénitence.

Encombre, encombrement, encombrier : accident, trouble, mal. [*Incumbere.*]

Encoire : encore.

Encontre, en l'encontre de : contre

Endroict foy : avec soi, avec lui, avec eux.

Enfraindre : briser, rompre, terminer. [*Infringere.*]

Engain : douleur, chagrin.

Engaigné : ennuyé.

Engin : adresse, esprit. [*Ingenium.*]

Enhorter : exhorter.

Enmy, en my ; parmi, dans, sur, au milieu de. [*In medio.*]

Enquerir, enquerre : s'informer, se rendre compte. [*Inquirere*].

Ens : dans ; *entrer ens* : entrer dedans [*Intrare in.*]

Enfuyuir part au butin (*Pour du tout*) : pour avoir part au butin.

Entant que : autant que, parce que.

Entierrer : atteler.

Entour (D') : des environs.

Entrehayants (S) : se portant haine l'un à l'autre.

Entreiecter : jeter, jeter au-devant.

Entrelacher, entrelafcher : entrelacer, insérer.

Entremeftre (S) : s'ingérer, entreprendre.

Entremir : prendre la résolution.

Entremife : ingérence.

Entretant : pendant ce temps.

Entretenir : tenir, retenir.

Equiparer (S') : s'égaler. [*Se æquiparare.*]

Erain : airain, fer.

Erre : air, vent, souffle ; *tenir l'erre du vent* : suivre l'impulsion du vent.

Erre : chemin.

Erre : état, disposition.

Erre : chance, hasard ; *fous l'erre*

de fortune: avec les chances de toute entreprise.
Erre (*l'*): je me trompe. [*Errare*.]
Es: au, aux, dans les; *es champs*: dans les champs.
Esbahyr (*S'*) s'ébahir, s'étonner.
Esbaiffance: étonnement.
Esbanoyer (*S'*): se réjouir.
Escars: écarté.
Eschaulder (*S'*): s'échauder, se brûler.
Eschet (*Il*): il arrive; *s'escheuft*: il arriva.
Escocher: écorcher.
Escondire: éconduire.
Escorner: écorner.
Escoufle. milan.
Escreuiche écrevisse.
Escreuichon: petite écrevisse.
Escriptoire: lieu où l'on écrit, cabinet de travail.
Escripture (*L*)*: les livres, et non comme on pourrait le supposer d'abord les Saintes Ecritures.
Esgriffer: griffer, tuer avec les griffes.
Esguet (*D'*): aux aguets, en embuscade.
Eslargir: donner. [*Largiri*.]

Esme: âme, pensée, espoir, intention; *estre en esme*: avoir l'espoir, l'intention.
Esmer: aimer.
Esmerueiller (*S'*): s'étonner
Esmouuer: remuer.
Esmoyer: prendre de l'émoi, du souci.
Especial: en particulier.
Esperuier: épervier.
Espeffe: épaisse.
Espignoler: plumer.
Espouenter: épouvanter.
Espoufailles: noces.
Esprins: pris.
Effe: est-ce.
Effence: manière d'être, taille, état.
Eftocquer (*S'*): s'appuyer fortement.
Eftoit pour le faire mourir (*C'*): il y aurait eu danger de faire mourir.
Eftrain: paille. [*Stramen*.]
Eftrainde: gêne, assujettissement.
Eftranger (*S'*): s'éloigner, se mettre en dehors.
Eftrangier: étranger.
Eftre: être.

---

* G Haudent se sert de ce mot (Apol. 123, liv. II), à propos d'un singulier dicton qui avait cours de son temps, et qu'il rapporte discrètement, en lui conservant son enveloppe latine; mais les choses, les bêtes et surtout les gens étant, comme chacun sait, depuis trois siècles tout-à-fait changés, et bien entendu améliorés, nous ne craindrons pas de traduire ainsi ce dire suranné. *la Noix, l'Ane et la Femme sont d'une même fâcheuse nature, aucun des trois ne devient bon s'il n'a été dument frappé.*

Eſtre: état, place, situation, cas.
Eſtriuer: contester.
Euaſion (Sans) : sans faux-fuyant. [*Evadere*.]
Euboïque (Terre): Ile d'Eubée.
Euparauant, eu parauant : auparavant, avant.
Exain: essaim. [*Examen*.]
Exain: exhalaison.
Exaimner: dépouiller.
Excercicer (S'): s'employer.
Exempter: excepter.
Experimenter: éprouver.
Explaiƈt: exploit.
Extoller: élever, vanter. [*Extollere*.]

Face (Que je): que je fasse.
Facherie: peine, trouble; *donner facherie*: fâcher, mettre en émoi.
Faƈture: façon, industrie.
Faiƈt, faiz, fais: charge, fardeau.
Faiƈt (Tu as ce): tu as fait cela.
Faillott (Il): il fallait.
Fain: faim.
Faire probation: apporter des preuves. [*Probatio*.]
Faire compte & geƈt de beaucoup de deniers: faire apport et compte de beaucoup d'argent.
Faire mife ou compte (Sans): sans tenir aucun compte.
Familier: de la famille.
Faons: petits de toute espèce d'animaux.
Farcy: gonflé.
Fardement: fard, déguisement.

Faſcher: tourmenter.
Fault : manque; *faulſiſt* : manqua, trompa, de faillir.
Fault (Il): il faut de falloir.
Faulx : faux, trompeur. [*Falsus*.]
Febure: ouvrier, artisan. [*Faber*.]
Feiſt : lit; *feiz* : fis; *felſſent* : fissent.
Ferrement: arme. [*Ferramentum*.]
Feſtiuité: fête, gala.
Feurre: paille.
Fiebure: fièvre. [*Febris*.]
Fille, fillez: filet, filets.
Filz (Vn ieune) : un jeune garçon.
Fin, fine: rusé.
Finablement: finalement.
Finer: finir, terminer ; *fine*: finit; *finé*: fini.
Flache: creux, flasque. [*Flaccidus*.]
Flora: Flore, déesse des jardins.
Flourir: fleurir.
Follatre: fou.
Foncer: tromper.
Fondé: disposé.
Fondre: s'enfoncer.
Forcené: outré de colère.
Forcener: être hors de sens, devenir fou.
Forclos: caché, inconnu.
Forfaiƈture: manque, défaut.
Formi: fourmi. [*Formica*.]
Foruoye (Se): se fourvoie.
Fors: excepté, hormis.
Fort (Le): la valeur.

Fourbiſt ſon harnoys : expression figurée que les convenances empêchent de traduire.
Fourc: première grosse branche d'un arbre. [*Furca*.]
Fourmage : fromage.
Fourment : froment.
Fourneaux : repaire.
Fourras : fourrage.
Foy (*Promeſſe qui ayt*): promesse qui soit tenue fidèlement.
Frain : frein.
Frangible : fragile. [*Frangere*.]
Fraudant de leurs requeſtes : trompant dans leur attente.
Fraudulent : voleur.
Friander : manger un mets particulièrement agréable.
Frieur : frayeur.
Friſque : joli, vif.
Frocq : grossière étoffe de laine.
Froyſſer : briser, rompre.
Fruition (*Auoir*) : avoir l'usage.
Fruſtrement : en vain. [*Fruſtrà*.]
Furt : larcin. [*Furtum*.]

Gaige : Gage.
Gaigne : guignon, chagrin.
Gaing : gain.
Gars : garçon.
Gaudir (*Se*) : se réjouir en se moquant.
Geᷱ : apport.
Geline : poule. [*Gallina*.]
Genitoires : testicules.
Geniture : reproduction ; *ſa geniture* : ses petits. [*Genitura*.]

Gent : gentil, agréable.
Gentilleſſe : noblesse ; *extraiᷱ de gentilleſſe* : issu d'une famille noble.
Gerre : espèce, famille.
Geſir : être couché ; *geſant* : étant couché, gisant [*Jacere*.]
Getz : Geai.
Geulle , gueule.
Glan : gland.
Gloire : orgueil, fierté.
Glout · gourmand, glouton.
Glouttement : gloutonnement.
Gloutonnie : gloutonnerie.
Gogueter : plaisanter.
Gorriere : jolie, gracieuse.
Gort : nasse, filet.
Gref : mal.
Gregnoille, grenoille : grenouille.
Greigneur, greignure : meilleur, plus grand.
Greſillonner : souffrir de nombreuses piqûres.
Creſſe : graisse.
Greuer : appesantir, charger, affliger.
Greuance : chagrin, peine.
Grief, griefue : grave, pénible. [*Gravis*.]
Grippe : grimpé.
Gris : griffes, serres.
Gros de Milan : pièce de monnaie.
Griſſer : grincer.
Groing : murmure, grognement.
Gruyau : petite grue.
Guarir : guérir.
Guariſon : guérison.

Guerpele: mué, sans plumes.
Guet (Eſtre en): être aux aguets.
Guyder: tromper.

Haine: aine, pli de la cuisse; peut-être était-ce le mot *veine* que l'auteur avait écrit?
Haiſtre, hayſtre: hêtre.
Hallecret: sorte de cuirasse légère.
Haller: tirer, attirer, retirer.
Hart, harts, hars: lien.
Hau: ho, holà.
Haulcer: hausser.
Haultaine (Eau): eau profonde; *vn puis hault*: un puits profond.
Hayoit, haïssait; *hayant*: haïssant; *hay*: haï.
Hazier: menues branches.
Heraulx: hérauts.
Herichon: hérisson.
Heronde, herondelle: hirondelle. [*Hirundo.*]
Hers: croisé; *Hers au goſier*: arrêté en travers du gosier.
Heurt, heurs: coup, choc.
Heurteuent (Fils): enfants sans souci, hurluberlus.
Hoirs: héritiers. [*Hæres.*]
Hoſtel: maison, demeure.
Houblé: maltraité.
Houé: travaillé à la houe.
Houoit: se servait de la houe.
Houſſer: battre à coups de houssoir, de balai.
Hucher: appeler en criant fortement.
Huylle (Paindre en): peindre à l'huile.

Huys, huis: porte.

Ia: déjà.
Iambades: gambades, sauts.
Icelle: elle, celle; *iceluy*: lui, celui; *iceulx*: eux, ceux-ci.
Iecter: rejeter.
Ienieure: genièvre.
Ieſoit: gisait, était étendu.
Illec: là, en ce lieu là. [*Illic.*]
Imbuer: remplir; *imbuez*: remplis.
Immo: bien plus. [*Imò.*]
Impartir: partager, faire des parts. [*Impartiri.*]
Impartir: partir.
Improperer: reprocher, blâmer. [*Improperare.*]
Impropere: reproche.
Impropice: non favorable.
Impropre: qui n'appartient pas.
Improprement: mal à propos.
Incliner (S'): se soumettre.
Incluſition: inclination.
Inconſtance: faiblesse.
Incontinent que: aussitôt que.
Incoupable: innocent.
Increper: gronder. [*Increpare.*]
Indocte: ignorant.
Induire: conduire, faire comprendre; *induict*: conduit. [*Inducere.*]
Infaict: infect.
Inquerir: demander. [*Inquirere.*]
Inſtance: demande, requête.
Inſtance (Touchant l'): à l'occasion, au sujet de.
Inſuffiſance: fierté, insolence.
Interdire de la mort: sauver de la mort.

Inuader : attaquer. [*Invadere.*]
Inuafion : attaque.
Ionuenceau : jouvenceau, jeune garçon. [*Juvencus.*]
Iouiffant (*Eftre fait*) : devenir maitre.
Iour (*Sans iamais*) : sans jamais à l'avenir.
Iourdhuy : aujourd'hui, à présent.
Ioufter (*Au*) : en luttant.
Iouxte : selon, suivant la manière, près. [*Juxta.*]
Ire : colère. [*Ira.*]
Irer : mettre en colère ; *iré* : irrité.
Iuer : hiver.
Ius : à bas ; *el rua ius* : elle jeta par terre.

Labeurer, labourer : travailler. [*Laborare.*]
Labit : soin, peine. [*Labes.*]
Lacqs, lacqz, lacz, laqz : lacs, filet. [*Laqueus*]
Laidure : honte.
Laire pour *l'aire* : le plancher.
Langaige : langage.
Larronceau : larron.
Las : hélas.
Laffus : là-dessus, là-haut.
Latent : caché. [*Latens.*]
Lauement : lavage. [*Lavamentum.*]
Le : ils ; *le font venus* : ils sont venus.
Leage : l'âge.
Leans : en ce lieu.
Ledenger : injurier, déranger.

Legaultz : députés, ambassadeurs. [*Legati.*]
Legier : léger.
Legierte : légèreté.
Leon : lion.
Lermoier : larmoyer, pleurer.
Leporine : de lièvre ; *legierté leporine* : légèreté de lièvre. [*Leporinus.*]
Lefard : lézard.
Lefcochant : l'écorchant.
Lefqueulx, lefquelz : lesquels.
Lhuys : la porte.
Lignage : lignée, famille.
Limité (*Lieu*) : lieu assigné, déterminé.
Litterature (*Auoir*) : être instruit.
Loing : loin. [*Longè.*]
Longne de veau : longe de veau.
Lois : une fois, un jour.
Loty (*Auoir*) : avoir destiné.
Lupine : de loup ; *ferocite lupine* : férocité de loup. [*Lupinus.*]
Lyeffe : joie. [*Lœtitia.*]

Mâcher : disposer par la mastication une nourriture à être digérée, au figuré, disposer une chose à être comprise.
Machine : machination, artifice.
Mague : estomac, panse.
Maille : pièce de monnaie de très mince valeur.
Mains (*Soirs et*) : soirs et matins.
Main mife : moyen violent.

Mainer : mener, conduire.
Maint, mainte : plusieurs, beaucoup.
Mais que : aussitôt que.
Mait : met de mettre.
Mal, malle : mauvais, méchant.
Mal prendre : arriver malheur.
Malentendu : mal-appris, grossier.
Malencontre : infortune, malheur.
Mangeuz (Tu les) : tu les mangeas.
Manifester : rendre manifeste, faire connaître.
Manœuure : travail.
Marecs, marhez, marescz : marais.
Maresqueux : marécageux.
Marrir (Se) : se chagriner, s'attrister.
Marry, mary : désolé, chagrin, triste.
Martyrer : martyriser, mettre à mort.
Mat : abattu, triste.
Materneux : maternels.
Matter : vaincre.
Maululz : alouettes.
Meaz (Pour tous) : pour toute chose ; nous disons de même familièrement : pour tout potage.
Meffaict, m'effaict, meffect, m'effect : mauvaise manière d'agir.
Meffaire : faire du mal.
Meist m'eist : mit de mettre.
Menfongeur : menteur.
Menu (Par le) : en détail.

Mercy : grâce, pardon.
Mercy (Je) : je remercie.
Merueilleux : hautain, orgueilleux.
Meschance : mauvaise fortune, méchanceté.
Meschef : malheur, infortune.
Mescru : soupçonné.
Mesgre : maigre.
Mesiraigne : musaraigne.
Mesnommer : changer de nom.
Mesporter (Se) : se mal comporter.
Mesprendre : mal faire, arriver malheur.
Mesprifon, mesprix : mauvaise action.
Meurdrir : mettre à mort.
Meure : mûre, fruit de la ronce.
Mignon : jeune homme, homme rusé.
Mignongne : mignonne.
Mitou : simple, doux jusqu'à être sot. [*Mitis.*]
Mobile : flexible. [*Mobilis.*]
Molefte : déplaisir, tort, tourment. [*Molestia*]
Molefter : tourmenter, accabler.
Mon lequel (Pour fçauoir) : pour savoir lequel ; *mon* indique seulement le doute ou l'interrogation.
Mondain eftre (Ceulx de ce) : les hommes, les habitants de la terre.
Montioie : montagne.
More : maure.
Mors : morsure.
Mors, mords : mordu.
Morteulx : mortels.

Monceau, mouceau : amas, tas.
Moult : beaucoup. [*Multum.*]
Mouuerguerre : faire la guerre. [*Movere bellum.*]
Mouuoir tant a droict qu'a reuers : sauter en avant et en arrière.
Moyneau : moineau.
Moyſſon : moineau.
Mue (Tenir chappons en) : avoir des chappons en cage pour les engraisser.
Muer : changer.
Mument : en gémissant, en grognant.
Muy : muid.
Mye : pas, point.
Mytaine (Faire) : faire le doux. [*Mitis.*]

*N*arré : récit. [*Narrare.*]
Natiuité : naissance. [*Nativitas.*]
Naueau : navet.
Nauiguage : navigation.
Naurer : blesser.
Ne : ni.
Neantmoins (Ce) : mais, malgré.
Nef : navire.
Neuz : nœuds.
Nice : simple.
Notamment : d'une façon notoire.
Notoire : certain.
Nourture : nourriture.
Noyſe : dispute, querelle.
Nutriment : nourriture. [*Nutrimentum.*]
Nuyſance : incommodité.

Ny en la ny en ça : d'aucune manière, d'aucun côté.

*O*bſtant : malgré. [*Obstare.*]
Obtins : obtenu.
Obuier : se mettre à la rencontre. [*Obviare.*]
Occir, occire : tuer ; *occis* : tué. [*Occidere.*]
Oeuil : œil.
Office (L') : le sacrifice, la messe.
Ombliance, oubliance : oubli.
Omblié : oublié.
Omoſner : faire aumône, faire don.
Onc, oncq, oncques : jamais ; *oncques puis* : jamais depuis. [*Unquam.*]
Oppoſite part : partie opposée.
Oppreſſe (Faire) : faire mal.
Oppreſſer : étouffer.
Ord, orde : sale. [*Horridus.*]
Ordement : salement.
Ordonnement (Auſſi) : avec le même soin, le même ordre.
Ores : maintenant.
Ornature : ornement.
Oſtagier : otage.
Ot : haut.
Ottroy : don.
Ottroyer : octroyer, accorder, donner.
Ouailles : brebis, bêtes. [*Ovis.*]
Ouelle : petite bête.
Ouir, ouyr : entendre ; *oyt* : entend ; *ouoit* : entendait ; *ouit, ouyſt* : entendit ; *orront* : entendront ; *ouy* : entendu.
Oultrage (Plain de grand) : très méchant, très féroce.

Oultrager : blesser, donner un coup qui fait plaie.
Oultrageux : porté à faire mal.
Oultre : au-dessus de, au-delà, en dehors, bien plus ; *Oultre équité* : en dehors de toute justice. [*Ultra*.]
Oultrecuyde : vaniteux, énorgueilli.
Oultre et furplus : beaucoup et plus encore.
Oultre plus · encore en plus.
Ourme : orme.
Oyſtre : huître. [*Oſtrea*.]
Oz : os.

*P*ainct, *painctet* : peint.
Painture : peinture.
Paine : peine.
Palmes : branches et bois de palmier.
Pamaifon : pamoison.
Pance : panse, estomac.
Paour : peur.
Paoureux : peureux.
Paracquis : négligemment, sans espoir.
Par ainſi : de cette manière, par ce moyen.
Par chacun iour : chaque jour.
Par droict : justement, avec raison.
Par fortune : par heureux hasard.
Par quelque jour : un certain jour.
Parement : ornement.
Parences : écales, pelures.
Parler (En) : en paroles.
Par tant, partant : pour cela.

Paroy : paroi, muraille.
Parquoy : c'est pourquoi.
Partir : se mettre en route.
Partir : faire des parts, partager. [*Partiri*.]
Party (Le) : la part.
Pas (Sur ce) : à cette question.
Paſſage : circonstance, aventure.
Paſtiz : pâtis. [*Pastus*.]
Patient : malade souffrant. [*Patiens*.]
Pauſe (Vne) : pendant un court moment.
Pecune : pécule, argent. [*Pecunia*.]
Peiſtre : paître.
Pelle, pœlle, poelle, poille : poêle.
Pennades : fiers piétinements du cheval.
Penſer (Se) : se pencher.
Penſer : panser, soigner.
Percher : percer.
Permis lyer (Se font) : ont permis qu'on les liât.
Perſonniers : associés.
Perruche fainct : perruque.
Pertinax : opiniâtre. [*Pertinax*.]
Pertuis : ouverture.
Peſcherie : action de pêcher.
Petit (De) : de peu ; *un petit* : un peu.
Phalere : enharnaché ; *cheual phalere tant à mont qu'à val* : cheval enharnaché par tout le corps ; *cheuaux bien phaleres* : chevaux richement enharnachés.

Phiole : fiole, bouteille.
Piart : pie.
Picquoys : pic.
Pingeon : pigeon.
Piperye, piperie : tromperie, ruse.
Pipeur : oiseleur prenant les oiseaux à la pipée.
Pireus : le Pirée, port d'Athènes.
Pirs : pire.
Plain : plein.
Plaingnoit (Se) : se plaignait.
Plains : plaintes.
Plains (Terreſtres) : plaines, champs.
Planier, planière : plein, grand, beau.
Plaſir : plaisir.
Platte painĉture : peinture, reproduction sans relief.
Plattement : nettement, franchement.
Pliget, plinget : plongeon, oiseau aquatique.
Pliſſon : pelisse.
Plourer, plorer : pleurer.
Plouuier : pluvier.
Poinĉture : piqûre.
Poinĉt (Mieux en) : mieux en état.
Poinĉt (Voir ſon bon) : voir le bon moment.
Poindre : piquer, aiguillonner. *poinĉt :* piqué. [*Pungere.*]
Poinſon : sorte de tonneau.
Pompant : élégant.
Pongnie : poing, griffe, serre.
Ponnant : pondant ; *elles ponnent :* elles pondent; *ponnu :* pondu.

Porée : poreau.
Poſer (Sans) : sans s'arrêter.
Pou : peu.
Pouchin : poussin.
Poulaille : volaille.
Poullier : poulailler.
Poulſer : pousser. [*Pulsare.*]
Pour aultant : pour cela.
Pour aultant que : parce que.
Pour voir de quoy : pour voir l'issue de l'affaire.
Pourtant : parce que, c'est pourquoi.
Pourtant que : d'autant que.
Pourtraire : reproduire les traits en peinture ou en sculpture.
Pourueance : provision.
Poy : peu.
Pratique, praticque : usage, habitude.
Praticquer : avoir l'habitude, travailler.
Preau : pré, prairie.
Prediĉt : déjà dit, dont il a été question, fixé à l'avance.
Premier : d'abord, avant.
Prendre par : prendre la résolution de.
Prepos : propos.
Pretendu (Du) : de la prétention.
Prime : première, primitive.
Primeface (De) : aussitôt. [*Primá facie.*]
Prins : pris.
Print a (Il) : il commença à, il se mit à.
Prix (Et non meilleur) : et aussi cher.

Probation : preuve ; *faire probation* : apporter des preuves.
Prochain : parent.
Proditeur : traître. [*Proditor.*]
Propofer : prendre la résolution.
Propofer : entrer en propos, parler.
Proprement : en propre, appartenant.
Proprietairement(Donner) : donner en propre.
Prou : beaucoup.
Prouident : prévoyant. [*Providens.*]
Pur et a plain (A) : complètement.
Puteau : mare, fosse. [*Puteus.*]

Quand et quand : en même temps.
Quarte partie : quatrième partie.
Quelquefois : une certaine fois.
Quelque nombre : un certain nombre.
Querelle : plainte. [*Querela.*]
Querelle (Iecter) : se plaindre.
Querimonie : plainte. [*Querimonia*]
Quiers (Je) : je cherche, je demande. [*Quærere.*]

Raceuil : accueil.
Raillon : espèce de dard.
Raifon (Eftre) : être juste.
Rane : grenouille. [*Rana.*]
Rauine : torrent.
Reaulment, realment : réellement, véritablement.

Rebours : fâcheux.
Reclamer : vanter.
Recoler : se souvenir. [*Recolere.*]
Reconfort : confiance, assurance, courage.
Record : souvenir. [*Recordatio.*]
Recorder : dire, parler.
Recouuert : retrouvé.
Recoy, reçoy : repos ; *a recoy* : au repos. [*Requies.*]
Recuillir : recueillir.
Redargner : reprendre, critiquer. [*Redarguere.*].
Reffaict : en bon état.
Referer : rapporter. [*Referre.*]
Refociller : réchauffer.
Refrigerer : refroidir. [*Refrigerare.*]
Regaigner : regagner.
Regard (Au) : en comparaison de, relativement à.
Regard (Auoir) : avoir égard.
Regnardeau : petit renard et quelquefois renard.
Reguerdonner : récompenser.
Remis : pardonné. [*Remissus.*]
Remis, remife, remtz : tardif, négligent, sans énergie.
Remordre (Se) : se repentir, avoir des remords.
Rencheuft : retomba.
Renger (Se) : se déranger.
Renger (Se) : se placer.
Renger en befongne (Se) : se mettre à l'ouvrage.
Renger a faire prouffit (Se) : s'employer à donner profit.
Rendre : diriger, faire tomber.
Requerir, requerre : demander,

prier, rechercher. [*Requirere.*]
Requeſte : demande.
Requiz : interrogé. [*Requisitus.*]
Repaire : demeure.
Repairer : demeurer.
Repentu : repenti.
Repeter : redemander. [*Repetere.*]
Reprouuer : rejeter, démentir, refuser.
Reprouué : obstiné.
Reſcoux : secouru.
Reſcript : écrit de nouveau.
Reſonnance (*La*) : le son.
Reſouldre : sauter en l'air.
Reſtaindre : éteindre, le sens de l'Apol. 196, liv. I, sinon la rime, pourrait faire penser que l'auteur a voulu employer le mot *reſtraindre*.
Retz, rethz, rez, rets : filet.
Retorquer : retourner. [*Retorquere.*]
Retour (*Donner ſon*) : payer de retour, prendre sa revanche.
Retraire : retirer. [*Retrahere.*]
Reueiſt : revit de revoir.
Reuoys (*Ie m'en*) : je m'en retourne.
Ribaulx : voleurs.
Robber : voler.
Robuſtre : robuste.
Roch : roc, rocher.
Rochier : rocher.
Roes : roues.
Ronche : ronce.
Rongne : rogne, gale.
Rouſſignol : rossignol.

Royere : raie de terre, sillon.
Rudeſſe : méchanceté.
Ruer : lancer, jeter, précipiter ; *ruer d'un bâton :* frapper avec un bâton.
Ruſtique : villageois. [*Rusticus.*]
Run, rung : rang.

S' : si.
Sade : agréable. [*Sapidus.*]
Saillir : sauter.
Sain : sein.
Sainne : Seine, fleuve.
Sainnement : véritablement, justement.
Sàns faire miſe : sans s'inquiéter.
Sans ſéiour : sans plus tarder, sans délai, aussitôt.
Saouller (*Se*) : se soûler, se rassasier, se repaître, manger avec excès.
Sault (*A double*) : par un double saut.
Saulter : sauter ; *il sault :* il saute.
Saulue : sauve. [*Salvare.*]
Saulx : sauts.
Sauuagine : gibier sauvage.
Scauoir : savoir ; *ſceu, ſceue* su ; *que lon ſcache :* que l'on sache.
Scelon : selon.
Scient : seant, convenable.
Secq : sec.
Seigneurie : noblesse.
Seis, seiz : assis.
Semble (*Se*) : il paraît.
Semondre : inviter.

Seneſtre : gauche. [*Sinister.*]
Sentu : senti.
Sequelle : les gens de la maison. [*Sequella.*]
Serceuil : cercueil.
Serf : esclave, en servitude.
Seri, ſerie : doux, calme.
Serment de vigne : sarment de vigne.
Seruant : serviteur. [*Servus.*]
Seruice (Eſtre en) : être en servitude. [*In servitio.*]
Seul : souil.
Seulx : seuls.
Seur : sœur.
Seur : sûr.
Seurement : sûrement, assurément.
Seurement : en sûreté.
Signe : cygne.
Silueſtre : sauvage, qui vit dans les forêts. [*Silvestris.*]
Simpleſſe : simplicité, sottise.
Singere : se mêle.
Singulier : particulier, de certaine valeur, rare.
Soef, ſoeue : doux, suave.
Solatieux : qui console, qui réjouit. [*Solatium.*]
Soleil (Eſcus au) : pièce d'argent d'une certaine valeur.
Sollicitude (Auoir) : avoir soin.
Songne : songe.
Songner : soigner.
Songneux : soigneux.
Sonner : faire entendre, dire, indiquer.
Sortiſſoit : revenait.
Soubzrire : sourire ; *ſoubrioit* : souriait.

Soubſtenir nature : se nourrir, vivre.
Souef, ſoueſue : suave, délicieux. [*Suavis.*]
Souefuement : doucement, avec soin.
Soueille, ſouille : mare, bourbier, fange. [*Suillus.*]
Souffrette : manque, privation.
Soulas : plaisir.
Souloit : avait coutume. [*Solebat.*]
Soulcier (Se) : se soucier.
Souldre : s'élever en parlant du vent.
Soullies, ſoulliez : souliers.
Soupper : manger.
Souppleſauts : soubresauts.
Sous couleur et eſpece : sous prétexte et apparence.
Sous face : sous apparence.
Sourdre : s'élever, jaillir ; *il ſourt* : il s'élève. [*Surgere.*]
Souuentes fois : souvent.
Subdain : soudain.
Subieɛt a l'homme : soumis à l'homme.
Subit : aussitôt. [*Subito.*]
Submettre : soumettre. [*Submittere.*]
Submis : soumis.
Subſtraire : soustraire, prendre, tirer en dessous.
Subuenir : venir en aide ; secourir, venir à bout.
Suffiſance : parole, raison convainquante.
Suffiſance (A plaine) : grandement, autant que de besoin.

Superabondance : très grande abondance.
Superbe : fier. [*Superbus.*]
Surcrez : surcroît
Surmonter : dépasser, l'emporter sur.
Surprendre : prendre.
Sus : sur.
Suyuir, suivre; *suyuir a bon et a mal* : partager la bonne et la mauvaise fortune.
S'y : si.
Syer. scier.

Tant ou plus: à peu près autant.
Tant soit : si peu.
Tardiuité : lenteur.
Targer : retarder.
Tauerner : fréquenter les tavernes.
Taxer : indiquer, démontrer.
Temps pendant (Ce) : pendant ce temps.
Tencer a quelqu'un : tancer, réprimander quelqu'un.
Tendant se cacher : essayant de se cacher.
Tendre : offrir.
Tenir : retenir ; *sa grosseur len a tenu* : sa grosseur l'en a empêché.
Terrasse : terrain élevé.
Territoire : pays, contrée.
Testamenter: faire son testament.
Teste (Malgré sa) : malgré sa volonté.
Teste (Par sa) : par sa volonté, son caprice.
Teurdre : tordre.

Teust (Se) : se tut.
Tez : tu es.
Thin : thon, poisson.
Thor, thoreau, thaureau : taureau.
Tierce partie : troisième partie.
Tirer au party de : se mettre du parti de.
Tirer en la fin : agoniser.
Tollir: enlever, voler. (*Tollere*).
Tost : aussitôt.
Touche : coup, atteinte.
Toucher : atteindre, frapper.
Toucher en la main : donner une poignée de main.
Tout (Du) : tout-à-fait, complètement.
Tout (Et) : aussi.
Tracasser : voyager.
Traffique (Plain de) : plein de ruse.
Traicter : nourrir.
Train : manière.
Train (Long) : longue route.
Train de marchandise (Excercer le) : faire le commerce.
Traire : tirer. (*Trahere.*)
Transgloutir : dévorer.
Transi : changé. [*Transitus.*]
Transmettre · envoyer, transporter [*Transmittere.*]
Treford, tres ord : très sale, très vilain.
Tricherie : tromperie.
Triumphant : somptueux.
Trippailles : intestins.
Trongne : nez.
Trop plus : bien plus ; *trop mieux* : bien mieux ; *trop moindre* : bien moindre.

Troppeau troupeau.
Troussé préparé. *mensonge assez bien troussé* assez bien tourné.
Trusser (Se) se moquer.
Tuache terme de mépris.
Tumber : tomber.
Turte abattoir.

Vacillage hésitation, va et vient, trouble. [*Vacillatio*.]
Vagabund vagabond. [*Vagabundus*.]
Vaillable valable ; *était beaucoup moins vaillable* : était d'une bien moindre valeur.
Vaillant pour toute valeur, pour tout bien.
Vain : inutile, sans force.
Vaisseau vase.
Val. palis. [*Vallus*.]
Val transitoire (Ce) le monde, la terre où l'homme ne fait que passer.
Varlet : valet, serviteur.
Varyer aller de travers.
Vauguer voguer.
Vaultant (Se) se ventant.
Vetst (Il) il vit do voir.
Vela voilà.
Venerie (S'adonner en) : se livrer à la chasse.
Veoir : voir.
Vergongne : honte.
Vermine (La) : les souris.
Vers bas vers la terre.
Vertueux : courageux.
Vertueusement : courageusement.

Vespre : guêpe. [*Vespa*.]
Vespre soir. [*Vesper*.]
Vesture vêtement.
Vesuage : veuvage.
Veu : vœu
Veu vu de voir
Veue (La) la vue.
Veul, veuil : volonté.
Veult (Il) il veut.
Veufue veuve.
Veufuier veuf.
Vexer : agiter, tourmenter. [*Vexare*.]
Viande : toute espèce de nourriture.
Viateur : voyageur. [*Viator*.]
Vienca : holà'
Vile : peu généreux.
Ville Vil, vilain.
Vire : flèche.
Vitailles : victuailles [*Victualia*.]
Vitupere : mépris.
Vituperer : mépriser. [*Vituperare*.]
Vmbre : ombre.
Vmbre (Sous) : sous prétexte.
Voincture : voiture. [*Vectura*.]
Voire, voyre : même, vraiment, assurément.
Voirre verre.
Voulsist : voulut.
Voultrer : vautrer.
Vouster voltiger.
Voye : chemin ; *en voye*, en route, en voyage. [*Via*].
Voyr : voir.
Voyrement véritablement.
Vraye (Au) pour certain.
Vser (Son) : son usage.

Vsufruict : usage ; l'*usufruict cueille* : la jouissance des biens à la ville.
Vuide : vide.
Vuider : échapper.
Vulpine : de renard ; *cautelle, inuention vulpine* : ruse, invention digne d'un renard. [*Vulpinus*.]

*Y*ci : ici.
Yraigne : araignée.
Yssir : sortir ; *yssoit* : sortait.
Yuer : hiver.

FIN.

www.ingramcontent.com/pod-product-compliance
Lightning Source LLC
Chambersburg PA
CBHW051325230426
43668CB00010B/1154